宗教

當代
佛教思想展望

楊惠南　著

東大圖書公司

國家圖書館出版品預行編目資料

當代佛教思想展望／楊惠南著.－－二版一刷.－
－臺北市：東大，2006
面； 公分

ISBN 957-19-2827-5 （平裝）

1. 佛教－論文,講詞等

220.7   95006486

© **當代佛教思想展望**

著作人　楊惠南
發行人　劉仲文
著作財　東大圖書股份有限公司
產權人　臺北市復興北路386號
發行所　東大圖書股份有限公司
　　　　地址／臺北市復興北路386號
　　　　電話／(02)25006600
　　　　郵撥／0107175-0
印刷所　東大圖書股份有限公司
門市部　復北店／臺北市復興北路386號
　　　　重南店／臺北市重慶南路一段61號
初版一刷　1991年9月
二版一刷　2006年5月
編　號　E 220210
基本定價　參元肆角
行政院新聞局登記證局版臺業字第○一九七號

懷 念 亡 母

序

　　古老的佛教，從釋迦牟尼的設宗立教迄今，雖然傳承延續兩千五百多年，然而在印度本土，卻只有一千七百年的壽命，便消失於印度歷史之舞臺。

　　以印度佛教而言，佛法崛起於印度文明之歷史舞臺，自有釋尊不共之創覺與特見。從原始佛教之簡樸平實，到部派佛教之紛諍分裂；而初期大乘之應運鼎革，批判傳統，開啟新機，都可以說是「思想」生命之再生。大乘佛教在印度本土，歷經法相唯識及真常如來藏，而後出現天神色彩濃厚的密教，終至佛梵不分，佛天一體而滅亡。印度佛教在印度本土的消失，固然有其內因外緣（回教入侵），如果只從內在因素考察，則佛教本身在「思想」方面，已由量變而產生質變，終至在思想上失去傳承力（契理），也失去創新的力量（契機）。簡單的說：文化思想，如果不能「苟日新，日日新，又日新」，亦難逃緣起生滅的自然法則。

　　佛教傳入中國時，中國已有高度文化思想。印度民族性格的佛教，經過轉折融合成為中國民族性格的佛教。這點，從隋唐的天台及華嚴兩宗之出現，以及唐宋以來禪、淨兩宗的深入中國民間基層，可以反映出不同民族文化的「思想」交流下，新型態新文化展露的新風格。一千九百多年的中國佛教，固然有其光輝的史頁，而延續到明清，其思想演變幾乎已到「山窮水盡疑無路」了！清末民初以來，東西文化交流激盪，中國傳統文化（含儒、釋、道）在西潮衝激下，幾乎招

架乏力！有心之士，莫不苦思探索，希望為全人類新文化新思想，開啟「柳暗花明又一村」的新境界！

　　臺大哲學系教授，楊惠南居士新著《當代佛教思想展望》，便是站在以佛教立場為出發點，探索清末民初以來，從社會時空條件，以人物代表為線索，以「思想」探究評判為核心，試圖為「臺灣的佛教」思想界，闢新徑尋出路。書中論題，牽涉廣泛，仁智互見，如何而找出定見，立方針。以思想界而言，層層出新，新環境新問題新人物，固難以定思想於一家也！此有漏世間，緣起法爾如是，不易增減也。

　　不過，楊老師的魄力及前瞻，其豪情壯志，真是使人由衷敬佩！其學養功力，亦令人十分讚嘆！經過楊老師對問題之探討，明白的指引我們思索的方向。我個人深信本書《當代佛教思想展望》，對研究佛教近代史的人，確能鼓舞我們，開拓佛教的新領域；對一位學佛的人，本書的啟示，回顧這些高僧居士大德的足跡，將深沉的影響我們，嚴肅的思索未來。

　　楊老師與筆者相識交遊，十有餘年，不嫌我的才疏德淺，徵序於鄙，辭不獲允，爰略舒管見感懷，權以為序也！

　　　　　　　　　　　　　　　　宏印法師　於海印精舍

自 序

　　中國文化，遠則鴉片戰爭之後，面臨帝國主義及其夾帶進來之西方文化的無情衝擊；近則五四運動以來，受到主張「全盤西化」之人士的強烈批判。前者乃來自不同種族、不同文化之異族的強迫推銷，後者則是發諸自己同胞對於自己文化的盡失信心。然而，不管是來自異族的強迫推銷或發諸同胞的自我反思，對於一些優游並信仰於中國傳統文化的人士來說，無疑地，都是一場可怕的噩夢！

　　為了揮去這一噩夢，這些傳統中國文化的維護人士，提出了各種可能的因應之道。其中，主張義和團式地抵抗異族侵略者有之，主張「外須和夷，內須變法」或「維新變法」者有之，主張「中體西用」者有之。以清末、民初來說，在這些傳統中國文化的維護人士當中，受到西方文化最大衝擊和傷害的儒家人士，自然佔了絕大部分的人數；梁漱溟、熊十力是其中的佼佼者。而傳入中國已經千餘年，並和中國文化已經完全融合的佛教，在這場中、西文化的大衝擊中，由於遭受了魚池之殃，因此也和儒家一樣，出現許多有心的人士，毅然起來保護面臨存亡關頭的佛教。其中，康有為、譚嗣同、梁啟超，固然是三個大家耳熟能詳的人物。但是歐陽漸（竟無）和太虛大師，以及太虛大師的學生——印順導師，卻也是其中不可或忘的人物。

　　值得玩味的是，上面所提到的這些佛、儒二家中的人士，儘管在思想上、師承上，甚或學派上，有著不盡相同的背景，但是，彼此之間卻大都相互往來，以致存在著若即若離的關係。就以代表儒家文化

的梁漱溟和熊十力來說，他們都出自歐陽漸所創辦的「支那內學院」，跟隨歐陽漸學習唯識學。熊十力之所以能到北京大學教書，還是歐陽漸和梁漱溟合力向蔡元培校長推薦的結果呢！而太虛大師則創辦了「閩南佛學院」，印順導師即是該院的學生兼老師。而且，支那內學院和閩南佛學院的師生之間，也常有書信、文章的往來討論和批評。例如，太虛大師和歐陽漸、梁漱溟、熊十力之間，就曾有書信的往來和文章上的交會。屬於兩院學生輩的熊十力和印順導師之間，也曾環繞熊十力的《新唯識論》一書，展開極具火藥味的辯論。甚至同屬支那內學院的歐陽漸、梁漱溟和熊十力之間，也曾因為熊十力的《新唯識論》一書，而有一些文字上的往返辯論；而印順導師，也曾站在「人間佛教」的立場，對其老師——太虛大師的「人生佛教」展開評論。這些林林總總的討論和批判，豐富了民國初年的中國佛學界和一般的思想界。而他們所一再關心的問題有二：(1)到底是儒家或是佛教，才能抵抗西方文化的入侵？(2)如果佛教可以取代儒家的地位，成為抵抗西方文化入侵的主力，那麼，什麼形式或內容的佛教，才能勝任這一重擔？

對於第(1)個問題，代表儒家的梁漱溟和熊十力，以及代表佛教的歐陽漸、太虛大師和印順導師，他們之間必然不會有共同的結論；因此成了各說各話，但卻不失精彩的主張和對話。至於第(2)個問題，支那內學院的歐陽漸認為：（由中國玄奘、窺基所弘傳的）印度無著、世親的唯識學，才是唯一能夠勝任的佛法。然而太虛大師則以為：發展自中國本土的佛教宗派，例如禪宗和天台宗等——他所謂的「法界圓覺宗」，才足以勝任抵抗西方文化的重擔。但是，太虛大師的這一主張，有一先決的條件：中國本土所發展出來的宗派——「法界圓覺

宗」，必須在寺廟的制度、財產上有所改進，並且更加強調佛法的「人生」性，亦即更加重視還活著的「生人」，否則即無法肩負這一重責大任。就寺廟制度、財產的改進而言，即是太虛大師有名的「僧制、寺產革命」；而他所強調的重視「人生」或「生人」的佛教，即是他那有名的「人生佛教」，那是他的「教理革命」中的主要部分。「僧制」、「寺產」和「教理」三種「革命」，構成了太虛大師有名的「佛教革命」的全部。

而太虛大師的學生——印順導師，則有不太一樣的看法。他並不是一個十分關心「中國文化」的人，也不是一個在意西方文化是否入侵中國的人。他所關心的毋寧是：「純正」的佛法，是否能夠更加廣泛而又無誤地在中國甚至全世界流傳的問題。基於這樣的理念，印順導師展開了對他的老師——太虛大師所心儀的「法界圓覺宗」的批判；相反地，他呼籲：回歸純正的印度佛法，亦即回歸原始佛法和初期大乘佛法——中觀學派！他認為，這樣的佛法，才能對治傳統中國佛教的弊病——渡亡、渡鬼、偏重死後往生西方極樂世界、偏重天神信仰等弊病，使得中國佛教，在西方文化的衝擊之下，起死回生。他認為，太虛大師所提倡的「法界圓覺宗」和三種「佛教革命」，最多只能解決中國佛教注重渡亡、渡鬼、偏重死後往生的弊病，但卻無法消除中國佛教偏重天神信仰的特色。只有他所提倡的「人間佛教」，才能一方面解決中國佛教偏重渡亡、渡鬼、死後往生的弊病，二方面又消除中國佛教偏重天神信仰的特色。如此一來，中國佛教才能不偏於鬼道和天道，而成為重視人道的「人間佛教」。

筆者很驚訝地發現：不管是支那內學院的歐陽竟無，或是閩南佛學院的印順導師，都看出中國佛法的積弊難改，而試圖帶領整個中國

佛教，回歸到印度佛法上去。在這一意義之下，太虛大師對於中國佛教的批判，只能算是為印順導師的「人間佛教」打前鋒，做一鋪路的工作罷了！

　　本書所收錄的幾篇論文，主要的即是集中在以上所說之中國佛教現況的討論。這些論文，都曾口頭宣讀於國內、外的學術會議之上。其中有兩篇──〈臺灣佛教的「出世」性格與派系紛爭〉和〈臺灣革命僧──證峰法師（林秋梧）的「一佛」思想略探〉，則是有關臺灣佛教現況的報告和討論。在這兩篇有關臺灣佛教的文章當中，由第一篇可以看出臺灣佛教受到中國佛教深重的惡質影響；特別是在一九四九年政府退守臺灣之後，這一情形尤其顯著。而從第二篇論文，可以看出：一九四九年前，臺灣原本也有自己的佛教。這一具有臺灣本土特色的佛教，即是普遍和農工階級互相結合以反抗統治階級的佛教。無疑地，它是因為臺灣長期受到日本帝國主義的高壓統治之下，所孕育出來的反抗佛教；它可比美於當代西方基督宗教所發展出來的「激進神學」(Radical Theology) 和「解放神學」(Theology of Liberation)！

　　筆者身為臺灣佛教信仰中的一員，僅以這兩篇文章，來和讀者見面，無疑地，應該感到不安和慚愧！這兩篇文章最多只能扮演拋磚引玉的角色，希望會有更多的學者，來共同投入臺灣佛教的研究之中！在當前許多人雖然身住臺灣，卻又不敢「大聲喊出愛臺灣」的政治現況之下，做為一個頂天立地而又熱愛臺灣的臺灣人，也許，臺灣佛教的研究，將是筆者今後所應致力的方向吧！

　　最後，筆者應該向讀者道歉的是，本書雖然是「當代」中國和臺灣佛教的研究成果報告，但是，其實並不是全面性地討論到當代中國

和臺灣佛教的各個層面。例如，雖然出身內學院的熊十力，本書在〈儒家在印順導師之「人間佛教」中的地位〉一文當中，曾有討論；但是更重要的人物，毋寧是他的老師——歐陽漸的唯識學，在本書當中，竟然沒有隻字片語的說明！又如所謂的「民國四大師」當中，本書只討論了太虛大師的「人生佛教」；對於另外的三位大師——虛雲大師、印光大師和弘一大師（李叔同），也完全沒有交代！無疑地，這是一種缺憾！

本書沒有涉及歐陽漸的研究，誠然是最大的遺憾！這個遺憾，也許可以在下面稍做補救；而更加深入、詳盡的研究，只有留待以後了！不過，本書沒有把虛雲大師、印光大師和弘一大師列入研究範圍之內，卻有充足的理由。這一理由是：筆者所長期關心的是佛教的「現代化」問題，因此和這一主題不相干的人物，往往就被筆者所忽略。而不管是虛雲大師、印光大師或是弘一大師，幾乎都是不關心世事的人。即使像印光大師那樣，曾表現出痛心八年抗戰冤死的亡魂，但也僅止於傳統的表現方式——舉辦念佛法會，祈求「國泰民安」！無疑地，他們都是試圖回到曾經燦爛一時的傳統中國文化（佛教）的美夢中去；至於佛教如何「現代化」？對他們來說，那是從來就不曾意識到的問題！（筆者曾寫有一篇有關虛雲大師禪法的論文，口頭發表於臺灣佛教界為紀念虛雲大師一百五十歲冥誕的學術研討會上。但因該文與本書主旨不合，只有另書出版了。）

最後，我們可以來談談歐陽漸居士的唯識學了。首先，他認為只有佛法才能拯救中國，甚至拯救世界。他說：「方今時勢之急，既有若此，然而求識近代學說能有挽此狂瀾預防大禍者，縱眼四顧，除佛法曾無有二……。」（引見〈佛法為今時所必需〉）他認為，不管是科

學或是（西方的）哲學，都已發展到偏頗的地步，因此絕對無法拯救
中國和世界。例如，就（西方的）哲學來說，他曾在〈佛法為今時所
必需〉一文當中，做了這樣的分析和批評：

> 是故今日哲學界之大勢，一方面為羅氏之現象論，一方面為柏
> 氏之直覺論，由前之勢必走入懷疑，由後之道必走入獨斷。
> ……抑又以理推之，今後之哲學當何如耶？吾意繼羅柏而起
> 者，必有風行一世之虛無破壞斷滅派……以羅氏之理論，加入
> 柏氏之方法，自茲而後，由懷疑而武斷，由武斷復懷疑，於外
> 物則一切皆非，於自我則一切皆是；又復加以科學發達以來，
> 工業進步，一面殺人之具既精，一面貧富之差日遠，由茲怨毒
> 潛伏，苦多樂少，抑鬱憤慨之氣，充塞人心，社會人群既無可
> 聊生，從而主張破壞，主張斷滅，機勢既順，奔壑朝東，是故
> 吾謂二氏之後，必有風行一時之虛無破壞斷滅派出世也。

引文中所提到的「羅氏」是英國哲學家羅素 (B. Russell,
1872-1970)，而「柏氏」則是法國哲學家柏格森 (H. Bergson,
1859-1941)。歐陽居士認為，前者的哲學將導致「懷疑論」，後者的
哲學則將導致「獨斷論」。這樣一來，懷疑論和獨斷論互相激盪，再
加上科學工業所帶來的副作用，最後必然導致「虛無破壞斷滅派」的
產生。那時將是人類的浩劫！所以，歐陽居士痛心疾首地呼喚著：「諸
君！諸君！此時非遠，現已預見其倪，邪思而橫議，橫議而狂行，破
壞家庭，破壞國家，破壞社會，破壞世界，獸性橫流，天性將絕！」
（引見〈佛法為今時所必需〉）因此，歐陽居士認為：只有佛法才能
拯救這一日漸沉淪的現象！

　　然而，歐陽居士所認為的，能夠拯救中國和世界的「佛法」，到底是什麼樣的佛法呢？無疑地，那是他所弘揚的唯識法相學（詳下文）。另一方面，他卻極力反對中國傳統佛教所發展出來的禪宗、淨土、天台、華嚴等教派。他對於禪師們「徒拾禪家一二公案為口頭禪，作野狐參，漫謂佛性不在文字之中」，而對「前聖典籍，先德至言，廢而不用」的作為，強力表現出他的不滿。他對淨土宗徒「執一行一門以為究竟」的態度，不表同情。他對天台、華嚴二宗，有更露骨的批判：「自天台、賢首等宗興盛而後，佛法之光愈晦。」禪、淨、天台和賢首等三者，是他對於中國佛教所舉出的「五蔽」當中的三蔽。而他的結論則是：「欲祛上五蔽，非先入唯識法相之門不可！」（以上皆見歐陽漸〈唯識抉擇談〉）

　　歐陽居士為什麼認為「唯識法相學」，能夠對治中國佛教的「蔽（病）」呢？原因是：唯識法相學「非宗教非哲學」，當然也不是科學。它能夠對治「宗教之神秘」、「宗教之迷信感情」。而且，由於唯識法相學的「精深有據」、「超活如量」，可以補救宗教、科學和哲學的偏失。這些觀點，可以從他的〈佛法非宗教非哲學〉等文當中看出來。例如，在〈與章行嚴書〉一文中，他即曾經這樣說：

　　佛法之晦，一晦於望風下拜之佛徒，有精理而不研，妄自蹈於一般迷信之臼。二晦於迷信科哲之學者，有精理而不研，妄自屏之門牆之外。若能研法相學，則無所謂宗教之神秘；若能研唯識學，則無所謂宗教之迷信感情。其精深有據，足以破儱侗支離，其超活如量，足以藥方隅固執，用科哲學之因果理智以為治，而所趣不同，是故佛法於宗教科哲學外別為一學也。

其次，歐陽居士所說的「唯識法相」，是指印度「護法系」的唯識學；亦即玄奘大師及其弟子窺基所弘揚的唯識學。所以他說：「剋實而談，經論譯文，雖有新舊，要以唐人（指玄奘大師）新譯為勝。」又說：「又談著述，唐人（指玄奘、窺基等大師）亦稱最精。」（皆見〈唯識抉擇談〉）至於，他區分「唯識」和「法相」二學的不同，也是古來少見，以致成為當時一些唯識學者所爭議的焦點；無疑地，這也是他的唯識學的特殊之處。但是由於篇幅所限，只有另文討論了。（一個簡略的說明，請參見歐陽居士的一篇短文：〈與章行嚴書〉。）

另外，值得注意的是：歐陽居士是當代「居士佛教」的大力推動者。他是一個十分看不起出家僧人的居士，他在〈辨方便與僧制〉一文中，曾說：「中國內地僧尼約略總在百萬之數，其能知大法、辨悲智、堪住持、稱比丘不愧者，誠寡若晨星；其大多數皆遊手好閒、晨夕坐食，誠國家一大蠹蟲！但有無窮之害，而無一毫之利者！」因此，相對地，他提倡以在家人為主的「居士佛教」。他在〈支那內學院院訓釋・闢謬(5)〉中，曾列舉了「十謬」，其中有幾條牽涉到出家僧人和在家居士之間關係的內容；例如，「居士非僧類，謬也」、「居士全俗，謬也」、「居士非福田，謬也」、「在家無師範，謬也」、「白衣不當說法，謬也」、「比丘不可就居士學，謬也」、「比丘絕對不禮拜（居士），謬也」、「比丘不可與居士敘次，謬也」！

歐陽居士所在的時代，是佛教沒落到「谷底」的時代，出家僧人的素質、地位，到了極須改革的地步。因此，他所試圖建立起來的「居士佛教」，可以說是當時佛教現況的自然反應。然而，這一問題，即使到目前，都是甚具爭議性的問題。事實上，太虛大師站在出家僧人的立場，即曾表示頗不以為然的態度。儘管是這樣，歐陽居士所建立

起來的「居士佛教」之典範，仍然可以提供未來居士佛教建立「（居士）僧團」的良好參考。

最後，筆者還願提出說明的一點是：熊十力的「體用合一」論，多少可能受到他的老師——歐陽居士之「體用合一」論的影響。歐陽居士在〈唯識抉擇談〉中，曾以「體中之體」（一真法界）、「體中之用」（二空所顯真如）、「用中之體」（種子）、「用中之用」（現行）等四句，來說明「體」與「用」之間的關係。然後又說：「生滅向流轉邊是為有漏，向還滅邊是為無漏。從來誤解生滅之義，以為非無漏果位所有，所據以證成者，則《涅槃》『生滅滅已，寂滅為樂』之文也。此蓋不知寂滅為樂之言非謂幻有可無，大用可絕。滅盡生滅別得寂滅，亦幾乎斷滅之見而視佛法如死法也……。」又說：「有為不可歇，生滅不可滅」。又說：「凡法皆即用以顯體」。由這些片斷，可以看出歐陽居士並不認為涅槃（寂滅）之後，即是虛無而沒有「幻有」、「大用」存在的狀態。相反地，那是「有為不可歇，生滅不可滅」的狀態。因此，《涅槃經》中所謂「寂滅為樂」的意思應該是：世俗的生滅現象被消滅而達到「寂滅」的狀態時，即是大用流行的妙樂產生之時！無疑地，這和熊十力所了解的「體用合一」論，有著異曲同工之妙！那麼，熊十力的《新唯識論》，到底「新」在哪裏呢？

本書的出版，只有一個目的：透過當代中國和臺灣佛教思想、現況的討論，為未來的佛教尋找出一條健康而又可行的發展道路！讀者從〈臺灣佛教的「出世」性格與派系紛爭〉一文當中，可以看出當代臺灣佛教以及中國佛教，已經發生嚴重的缺失，因而已經走到必須改弦易轍的關鍵時刻。佛教是一個「活著的」宗教，而不是死去了的、歷史上的宗教，不能只是當做學者研究的對象。關心它的學者，必須

「進入」它的裏面，和它合一，成為自己生命的全部。不能把它看成外在於自己，而和自己不相干的「研究對象」。關心佛教的學者，一定會同意：佛教不是外在於研究者的「客體」，相反地，它必須成為研究者的「主體」！在這樣的體認之下，每一個關心佛教的學者，必然會追問：既然佛教是「活著的」宗教，它必須像是一株生氣蓬勃的巨樹，繼續地茁壯下去！那麼，佛教何去何從呢？是走回衰退的、傳統的老路、死路呢？或是另闢蹊徑，開拓更加廣大的發展空間呢？這是每一個關心佛教未來的人士，所必須面對的問題。本書的幾篇文章，提供了當代佛教的現況說明，希望經由這一說明，能夠引起更多關心當代佛教的人士，來參與討論和研究。這是拋磚引玉的工作，因此，本書取名為《當代佛教思想展望》。

　　最後，還要特別感謝宏印法師，在百忙中為本書寫序！

楊惠南

寫於臺灣大學哲學系
四月八日佛誕節

當代佛教思想展望

·目 次·

臺灣佛教的「出世」性格與派系紛爭

　　臺灣佛教向來被看做是一個與世無爭的「出世」教派。所謂與世無爭的「出世」教派，至少有下面幾個可能的意思：㈠厭棄本土而盛讚他方世界；㈡散漫而無作為的教徒組織；㈢社會政治、文化等事業的甚少參與；㈣傳教方法的落伍。

　　其中，㈠與㈡是臺灣佛教「出世」性格的主體部分，也是㈢與㈣之所以衍生的根本原因；因此，成為本文所要探討的重點所在。而第㈢的甚少參與政治等社會事業的活動，並不意味著佛教徒的未曾參政❶，而是當今臺灣的佛教徒，若不是未曾以佛教的名義參政❷，就

---

❶ 國民黨在一九八八年七月七日至十五日的「第十三屆全國黨員代表大會」當中，曾推選白聖、星雲二法師為中央評議委員（參見《中國時報》，一九八八年七月十日，第一版），並提名悟明法師為中央委員（參見《自立早報》，一九八八年七月十一日，第一版）。可見當代佛教僧侶亦有參政之實例。

❷ 暫設於臺北的中國佛教會，曾在一九八八年三月三十一日所舉行的理事會議當中，通過了廣元法師所提的臨時動議案，將推選出家人或在家信徒，代表佛教參選下屆的立法委員。（參見中佛會，〈佛教代表參加選舉的意義〉，刊於《海潮音》，臺北：海潮音月刊社，一九八八年六月，頁三。）據聞，中國佛教會所預定推出的參選代表是北區的明光法師、中區的聖印法師和南區的淨心法師，但目前這三位法師都未曾明確表示參選的意願。（參見劉玉芳，〈小廟宇哪比大廟堂·大和尚想做名議員〉，刊於《新新聞（周刊）》期六三，一九八八年五月二十三日，頁一六～一八。）

是未曾從佛教的立場提出自己的政治主張。其他文化事業也大體相似。

至於第㈣點的傳教方式，大體是停留在傳統的傳教方式，例如倡印經書❸、放生、經懺等。其中，由於「耕者有其田」的土地改革政策，寺廟無法繼續仰賴土地為生，因此，應付世俗的經懺，成了臺灣佛教僧人重要生活的一部分❹。這也是僧人受到垢病的重要因素之一。

當代臺灣佛教之「出世」性格的形式，有它歷史的因素，也有當今政、教關係的因素；有思想的成分，也有佛教組織的條件。這些，構成了錯綜複雜的網絡；下文將先從它的歷史因素開始論述。

一 當代臺灣佛教的兩大傳承

臺灣的佛教無疑地是從中國大陸所傳入，但是，日本據臺時代和光復後的臺灣佛教，卻有明顯的不同，因而形成了當代臺灣佛教的兩大不同的傳承。光復前的臺灣佛教，以素有「在家佛教」或「居士佛教」之稱的齋教為主流❺；相反地，光復後的臺灣佛教，則以大陸遷

---

❸ 依據姚麗香，〈臺灣地區光復後佛教變遷初探〉，《輔仁學誌（法、管理學院之部）》（二〇），臺北：輔仁大學，一九八八，頁二二九～二四九，臺灣佛教的「重建期」（一九五三～一九七〇年），所發行的佛教著述、刊物極多，但「大部分的作品都只是翻印」。一九七〇年後，情形也許有所改觀，但進步並不太大。

❹ 同前引。

❺ 連雅堂，《臺灣通史》，以為齋教源出佛教禪宗；而稍晚的《臺灣風俗誌》

臺之各省出家僧人為領導中心的純正佛教為主流。這兩大傳承，匯合而成當代臺灣佛教；因此，當代臺灣佛教的「出世」性格，自然與這兩大傳承的佛教有關。

　　光復前的臺灣佛教以齋教為主流，這可以從日本大正八年（一九一九）日本當局所編撰的《臺灣宗教調查報告書》第一卷的統計數字看出來。當時，純正的佛寺全臺只有七十七座，而齋堂卻多到一百七十二間❻。可見齋教在當時的流傳遠較純正佛教的流傳普及甚多。

　　日本當局既然把佛教和齋教區分開來，證明二者之間存在著顯著的不同❼。但是，發生於一九一四年的抗日活動——西來庵事件，由於領導人余清芳，和某些齋堂的住持有過來往，而其抗日的諭告又含「三教合一」的齋教思想❽，因此全臺齋教信徒受到牽連甚多。於是，以臺南齋教為始，其後遍及全臺齋教，試圖聯合組織教會，並歸化到日本禪宗之曹洞宗的保護之下。一九二二年四月，終於在臺北龍山寺前的艋舺俱樂部，成立了臺灣第一個佛教會——南瀛佛教會❾。

和《臺灣民俗》等書，則稱齋教源自禪宗之臨濟宗。但是，鄭志明，〈臺灣齋教的淵源及流變〉，《臺灣民間宗教論集》，臺北：學生書局，一九八四，頁三五～六一，卻認為齋教乃由明末之羅教（無為教）所流變而來。

❻　參見林萬傳，《先天道研究》，臺南：靝巨書局，一九八六，二版，頁一一二六五～一一二六六。

❼　鄭志明，〈臺灣齋教的淵源及流變〉，《臺灣民間宗教論集》，頁五一～五三，曾列舉齋教的重要教義為：㈠真空家鄉；㈡無極聖祖、無生老母；㈢九六原靈、九二原靈；㈣三期末劫；㈤三教合一、萬教合一；㈥神靈世界；㈦天道；㈧飛鸞宣化。其中，除了第㈤的「三教合一」，曾在明末高僧——蓮池、憨山、藕益、紫柏等人的著作當中論及之外，其他都與佛教教義沒有直接的關係。

❽　「三教合一」是齋教思想之一，請參見前註。

4

顯然，這是一個受到日本殖民政府控制、妥協成分極強的團體❿。它的歸化到佛教門下，影響其後臺灣佛教神、佛不分的特色；而它受制於日本殖民政府的妥協色彩，更決定了其後臺灣佛教不問世事的「出世」性格。

就神、佛不分的特色來說，東初法師曾受中國佛教會之命，考察了全臺各地佛教的狀況；在其考察報告——〈了解臺灣佛教線索〉⓫當中，東初曾以一位來臺大陸純正佛教僧人的立場，描述了光復初期臺灣佛教神、佛不分的特色：

> 代表臺灣齋教的，就是寺院齋堂，捨此似無所有。全省寺院齋堂的數目約達千所，其數目超過正式僧尼的數量……臺灣佛教有個基本的缺點，就是佛教徒的生活沒有嚴格合乎佛制的規定。在家與出家也沒有明顯的界線。出家不需要削髮受戒——指一般齋姑而言，甚至龍華派齋堂⓬允許娶妻吃葷……就全部佛教寺院當中，不少的寺院裏，釋迦牟尼佛的旁邊坐著的，不是藥師佛，或阿彌陀佛，而是呂祖、玉皇、三官、女后，

---

❾ 參見林萬傳，《先天道研究》，頁一一二三三～一一二三四；又見鄭志明，《臺灣民間宗教論集》，頁四六～四七。

❿ 鄭志明，《臺灣民間宗教論集》，頁四六，說到南瀛佛教會，受到日本總督府內務局社寺課的管理。其前身——「愛國佛教會」，在其「約束章程」當中，要求信徒不可會盟、不可結群成黨。各派齋堂必須設置名冊，登記會員姓名、年歲和住址等資料。可見這是一個受到日本殖民政府控制的妥協教會。

⓫ 收錄於《東初老人全集》（五），臺北：東初出版社，一九八六，頁二二～二八。

⓬ 臺灣齋教共有先天、龍華和金幢等三派，其中以龍華派的信徒最多。參見林萬傳，《先天道研究》，頁一～二六六。

迷信神化的情形很顯然。釋迦牟尼佛弟子為人念《玉皇真經》，
為人拜斗，成為慣常的事……在苗栗……佛教會辦公室內張
貼為人念《玉皇真經》、《血盆經》的告示。堂前供的北斗第一
××仙，第二××仙。

　　其次，再就受制於日本殖民政府的妥協色彩來說，一九三七年的
七七事變，更加深了這一色彩。原因是，日本殖民政府，為了防範臺
人與中國大陸的人民內應或反叛，極力推行「皇民化」運動。在宗教
方面，積極著手寺廟的整理，除了純粹佛教的寺院之外，其他一律強
迫改為神社❸。於是，齋教不是更進一步地歸順到已經受到控制的佛
教，就是走向被迫改制的命運。在這一情形之下，臺灣佛教不得不走
上不問世事的「出世」之路上去。

　　光復後的臺灣佛教，情況並沒有多大改變；這是因為它的第二個
傳統——隨政府而來的中國大陸佛教，也是一個「出世」教派的緣故。

　　事實上，民國成立前的明、清兩代佛教，就已經是個「出世」的
宗教，而且，也是一個相當腐化的宗教。明末高僧雲棲祩宏（一五三
五～一六一五），在他的《竹窗三筆》當中，即曾大力抨擊當時的僧
人「務雜術」，說他們之中「有作地理師者，作卜筮師者，作風鑑師
者，作醫藥師者，作女科醫藥師者，作符水爐火燒煉師者。」❹此外，
這些僧人還有「畜僮僕供使令者」❺；「有手持緣簿如土地神前之判
官者；有魚擊相應，高歌唱和，而談說因緣如瞽師者；有扛擡菩薩像、

---

❸　詳見鄭志明，《臺灣民間宗教論集》，頁四七。

❹　引見《蓮池大師全集（四）‧雲棲法彙》，臺北：中華佛教文化館，一
　　九七三，頁一六。

❺　同前書，頁二二。

神像而鼓樂喧塡、贊勸捨施，如歌郎者；有持半片銅鐃，而鼓以竹箸，如小兒戲者……。」❻因此，這位德學俱佳的高僧，痛心疾首地說：「末法之弊極矣！」❼

到了清代，情形更加惡化；這從當時的俗諺，即可看出端倪：「無法子就做和尚，和尚見錢經也賣。十個姑子九個娼，剩下一個是瘋狂。地獄門前僧道多！」❽這固然是俗諺，而且誇大不實；但卻也反映了當時一般民眾對於佛教的看法。

清代皇室信仰喇嘛教——佛教的密宗，康熙皇帝和雍正皇帝還表現特殊的佛教情操❾；特別是雍正，師事喇嘛僧章嘉國師，並參拜禪僧伽陵性音，從而開悟，自稱「圓明居士」❿。但是，一者由於他

---

❻　同前書，頁五四。

❼　明末佛教的腐敗情形，還可以從一些新興教派的作品——《寶卷》當中看出來。先是《混元紅陽顯性結果經》等《寶卷》，把當時的佛教稱為「紅陽劫」的佛教，由釋迦佛為教主——「掌天盤」；把過去的佛教稱為「青陽劫」佛教，由燃燈佛掌天盤；又把未來的新興教派稱為「白陽劫」的佛教，由彌勒佛掌天盤。然後，在《普靜如來鑰匙通天寶卷》當中，進而評斷說：「燃燈佛子，獸面人心；釋迦佛子，人面獸心；彌勒佛子，佛面佛心。」（詳見澤田瑞穗，《校注破邪詳辯》，東京：道教刊行會，昭和四十七年，頁四九～五八。）評斷中，說到了當時的佛教徒——紅陽劫的釋迦佛子，是「人面獸心」；這一評斷固然可能含有教派的偏見，但是，它卻一方面反映了明末新興教派的激烈性格，二方面也多少反映了明末佛教的腐敗。

❽　引見野上俊靜（鄭欽仁譯），《中國佛教通史》，臺北：牧童出版社，一九七八，頁一六○。

❾　康熙皇帝曾請明末隱居山林的高僧來到京城弘法，使已漸趨衰微的佛教，再度出現生機。（參見鎌田茂雄（鄭彭年譯），《簡明中國佛教史》，臺北：谷風出版社，一九八七，頁三一五。）

❿　參見前書。

個人的主觀好惡，二者由於他害怕禪師們的結交（具有反清意識的）士大夫，因此，雍正皇帝刻意地壓制禪宗的流行，相對地則提倡淨土宗的念佛法門❷。雍正的這一態度，影響極為深遠。因為明代佛教，由於種種關係，實際上只有禪、淨二宗；到了清初，由於雍正的態度，使得禪宗迅速沒落，以後「中國佛教不問其宗派如何，都以念佛為基本」❷。

　　清代政府不但壓制了禪宗，而且也限制整個佛教的活動，《大清律・禮律・褻瀆神聖條》曾說：「若有官及軍民之家，縱令妻女於寺觀神廟燒香者，笞四十，罪坐夫男；無夫男者，罪坐本婦。其寺觀神廟住持及守門之人，不為禁止者，與同罪！」又說：「僧道不得於市肆誦經托缽、陳說因果、聚斂金錢，違者懲罰！」而〈十朝聖訓〉甚至還說：「至於僧侶，全為無用之人，應嚴加取締……。」❷可見清代的佛教（其實只剩淨土一宗），受到了極大的束縛和壓制，以致在洪秀全的太平天國革命當中，全面地崩潰下去，幾乎接近滅亡的境地❷。

　　在這種情況下，辛亥革命後的中國佛教，也是不太樂觀的。再加上一八九八年張之洞所提「廟產興學」❷的主張，一直影響到民國初年的政治、文化界，以致寺院被強迫改為學堂，「連警察、軍隊皆堂而皇之地進占其地」❷。「民國十八年（一九二九），國民革命軍進駐

---

❷　參見野上俊靜，《中國佛教通史》，頁一六二。

❷　引見鎌田茂雄，《簡明中國佛教史》，頁三一五。

❷　詳見中村元等，《中國佛教發展史》（上），臺北：天華出版社，一九八四，頁四九二～四九三。

❷　參見前書，頁四九四～四九五。

❷　有關「廟產興學」說的產生背景及其發展和影響，請見釋東初，《中國佛教近代史》章五，臺北：東初出版社，一九八七，三版。

寧波（鄞縣）時，假借破除迷信的美名，到處破壞寺院，搗毀城隍廟，將各類神像悉數投棄河中，風氣一開，其他各地亦紛紛發生類似的事端。」❷❼在這種劫難之下，陳榮捷的《現代中國的宗教趨勢》，曾描述民國以來的中國大陸佛教說：

> 中國和尚與尼姑的主要職業是在喪葬等場合誦經作法事，通常他們是藉此而獲得報酬。我們無法逃避一個令人不愉快的事實，那就是：僧伽乃是無知與自私等烏合之眾的團體……產生這種可悲情形的主要原因，在於加入僧伽的那些人的典型。依據可靠的說法，在五十萬和尚與十萬尼姑之中，或者說，在每兩個寺廟五名僧眾之間，大部份對他們自身的宗教都沒有正確的認識。他們的「剃髮」很少是因為信仰。他們「遁入空門」，為的只是貧窮、疾病、父母的奉獻，或者在祈求病癒或消災祈福時承諾將孩子送入寺廟、家庭破碎等，有的甚至是因為犯罪。❷❽

陳榮捷甚至還引用了一位比丘尼——Miao-Tan（妙曇？）❷❾的自白❸❶，歸納出中國比丘尼出家的八個主要原因：㈠真實且深刻的信仰；㈡因奉獻、疾病、失養、無人照顧，或相命者之言或父母之命；

---

❷❻ 引見中村元等，《中國佛教發展史》（上），頁五二六。

❷❼ 同前書，頁五二七。

❷❽ 引見陳榮捷（廖世德譯），《現代中國的宗教趨勢》，臺北：文殊出版社，一九八七，頁一○四～一○五。

❷❾ 這位比丘尼的名字——Miao-Tan，原書並沒有中譯。

❸❶ 這一自白名為〈個人對於比丘尼改革的看法〉，刊於《海潮音》卷一號一一，一九二○年十一月，頁七八～八○。

㈢夫死無望；㈣婚姻不幸；㈤貧窮；㈥家庭不幸或類似問題；㈦受出家的姐妹、近親，或朋友的影響；㈧逃避苛刻的女主人（特指女傭出家）。其中，以第㈣點「婚姻不幸」最多。該比丘尼自白說：在她所看過的十五個剃度的比丘尼中，有七個在剃度時流下了眼淚 ❸❶。

　　陳榮捷乃一介書生，其立論恐或有人懷疑當中的公正性。但出生在浙江的印順法師，卻以一個出家人的身份，做了相似的描述：

　　　　我的故鄉，寺廟中的出家人（沒有女眾），沒有講經說法的，
　　　　有的是為別人誦經、禮懺；生活與俗人沒有太多的差別。在家
　　　　信佛教，只是求平安，求死後的幸福。少數帶髮的女眾，是「先
　　　　天」、「無為」等道門，在寺廟裡修行，也說他是佛教。❸❷

　　而太虛的〈震旦佛教衰落之原因論〉，先是把當時流行於整個中國大陸的僧人，分成了清高流、坐香流、誦經流和懺燄流等四種；然後一一描述這四流的衰敗現況，他對第四之「懺燄流」描述說：「學習歌唱，拍擊鼓鈸，代人拜懺誦經，放燄設齋，創種種名色，褻販佛法，效同俳優，貪圖利養者也。」❸❸ 太虛在最後並進而比較這四種當時的僧人說：

　　　　右四流，攝近世佛教徒略盡。而前之三流，其眾寡不逮後之一
　　　　流之什一；而除第一流外，餘之三流，人雖高下，真偽猶有辨，

❸❶　參見陳榮捷，《現代中國的宗教趨勢》，頁一〇五。
❸❷　引見印順，《遊心法海六十年》，臺北：正聞出版社，一九八五，二版，
　　　頁五。引文中的「先天」、「無為」應該是齋教的兩個流派。
❸❸　引見洪啟嵩、黃啟霖主編，《太虛文集》，臺北：文殊出版社，一九八七，
　　　頁七六。

其積財利、爭家業，藉佛教為方便，而以資生為鵠的則一也。而第四之流，其弊惡腐敗，尚有非余所忍言者。此四流之外，尚有一種守產業者，美衣豐食，一無所事，亦不受戒，亦不讀經，凡佛教中事，一切不知，或能粗知文字書畫，與俗士遊，則光頭禿頂，雖居塔廟，不與佛教徒數者也。❸❹

從以上文證，可以肯定：當代臺灣佛教之第二傳統——大陸淪陷後來臺僧人所引進之大陸佛教，基本上是一個已經沒落的教派，其與社會脫節、不問世事的「出世」性格，乃是必然的成分。

二　西方淨土思想的「出世」性格

㈠西方淨土思想的「出世」性格之分析

以阿彌陀佛為中心的西方極樂世界之淨土思想，基本上是一個主張厭棄世間（娑婆世界）而往生極樂世界淨土的「出世」思想。說它是一「出世」的思想，乃是基於它具有下面數點特色的考察：㈠貶抑現實世界——娑婆世界，而讚揚西方淨土——極樂佛國；㈡捨棄「難行道」之菩薩正常大道，而改行「易行道」之方便法門；㈢強調先成就自己，再利益眾生；㈣以為只有一句「南無阿彌陀佛」的佛號即可往生淨土，而荒廢了其他利世的福德因緣。其中，㈠、㈡是印度

---

❸❹　同前書，頁七七。

經論所本有的，而㈢、㈣則是中國歷代淨土信徒所新開發出來的。但其厭棄世間、荒廢利生實務的「出世」精神，則是一貫且顯而易見的。

就第㈠點來說，《佛說阿彌陀經》一方面說此娑婆世界是一「五濁惡世」**㉟**，二方面又極盡能事地描述西方淨土的清淨美妙**㊱**。另外，《佛說無量壽經》卷下，除了一方面盛讚西方淨土的「微妙安樂清淨」，並貶抑現實世間的「有田憂田，有宅憂宅」乃至「無田亦憂欲有田，無宅亦憂欲有宅」等「憂惱」之外，還更進一步勸告我人說：「何不棄世事」、「何不棄眾事」？而祈求往生西方淨土 **㊲**。這可見西方淨土思想確實是一個貶抑現實世界而讚揚極樂世界的「出世」信仰。

其次，就第㈡點——捨「難行道」而就「易行道」來說，古今論者甚多。印度的龍樹 (Nāgārjuna, 150-250A.D.)，即是第一個提出這一概念的溫和批評者。他在《十住毘婆沙論（卷五）・易行品（第九）》當中，曾批評那些急求證入不退轉地位——「阿惟越致地」的西方淨土行者，是「懦弱怯劣，無有大心」的弱者；他並把淨土行比喻為就像「乘船」一樣的「易行」**㊳**，而捨己利人之菩薩正行則像「陸道步行」一樣的「難行」**㊴**。並批評那些試圖放棄「難行道」而改採「易行道」的主張，乃「非是丈夫志幹之言」、「非是大人志幹之說」**㊵**。

㉟ 五濁是㈠劫濁，末世人心之險惡；㈡見濁，知見上的錯誤；㈢煩惱濁，內心煩惱的熾盛；㈣眾生濁，眾生心鈍體弱、苦多樂少；㈤命濁，壽命的縮短。（參見《大正藏》（一二），頁三四八上。）

㊱ 例如，經文說：「其國眾生無有眾苦，但受諸樂，故名極樂。又舍利弗！極樂國土七重欄楯，七重羅網，七重行樹，皆是四寶周匝圍繞，是故彼國名曰極樂。」（引見《大正藏》（一二），頁三四六下。）

㊲ 詳見《大正藏》（一二），頁二七四中～二七五上。

㊳ 因此，「易行道」即指像乘船一樣，容易修行的西方淨土法門。

㊴ 因此，「難行道」是指像走路一樣，不容易修行的菩薩正常大道。

可見龍樹對「易行道」之淨土行，採取批評的態度。

而今人印順法師，在其《淨土新論》也曾比較易行、難行二道說：

> 禮佛、念佛、讚佛、隨喜、迴向、勸請，特別是口頭稱名，這
> 比起捨身捨心去為人為法，忍苦忍難的菩薩行，當然是容易得
> 多，這是易行道的本義。通常以為由於彌陀的慈悲願力，所以
> 能念佛往生，橫出三界，名易行道，這並非經論本意。修此等
> 易行道，生淨土中，容易修行，沒有障礙，這確是經論所說的。
> 但易行道卻是難於成佛，難行道反而容易成佛。❹

顯然，印順也認為念佛往生西方的「易行道」，並不是菩薩的正
常大道，而且也較「難行道」，更不容易成佛。

印順的這些主張，雖然有其經論上的依據，但卻不能見容於當今
臺灣的佛教界。前文已經說過，中國佛教自從清代的雍正皇帝之後，
就僅存有淨土一宗；而臺灣當今佛教的兩大傳承之一，又恰巧是大陸
撤退到臺灣來的佛教。因此，受到這一傳承影響的當代臺灣佛教，自
然也以淨土思想為正宗。印順批判念佛往生的易行道，在這些自視正
宗的當代臺灣佛教徒看來，必定成了大逆不道而人人可以喊打的對
象。

有關印順的反遭批判，我們將在稍後詳細討論；目前，先來看看
淨土思想的第㈢個「出世」性格——強調先成就自己，再利益眾生。
西方淨土的行者，以為我人有「隔陰之迷」，亦即今生若不成就淨業、

---

❹ 詳見《大正藏》卷二六，頁四一上～中。

❹ 引見印順，《妙雲集（下編④）‧淨土與禪》，臺北：正聞出版社，一九
八七，七版，頁七〇。

了脫生死，那麼，由於必須經歷六道輪迴之「陰」，必定忘卻前世所修之道行，以致仍然「迷」惑真理，而不得超脫。因此，盡速念佛自了，成了這些行者的最大心願，相對地，利他的菩薩行自然荒廢了。例如，當代淨土宗大師——印光法師，即曾自述說：「自量己力，非仗如來宏誓願力，決難即生定出生死。從茲唯佛是念，唯淨土是求。」❷他並比較淨土與一般法門的不同說：

> 又以一切法門皆仗自力，縱令宿根深厚，徹悟自心，倘見、思二惑稍有未盡，則生死輪迴依舊莫出。況既受胎陰，觸境生著，由覺至覺者少，從迷入迷者多……唯念佛求生淨土一法，專仗彌陀宏誓願力，無論善根之熟與未熟，惡業之若輕若重，但肯生信發願，持佛名號，臨命終時定蒙彌陀垂慈接引，往生淨土。❸

可見由於「隔陰之迷」——印光所謂「胎陰」的恐懼，淨土行者寧可先求自己往生，而救度眾生的菩薩事業，要待解脫之後再說。底下一文所顯示的，寧可保全死後之肉體以求往生，卻不願布施器官以救人一命，即為淨土行者的典型例子：

> 佛教認為，人的肉體是「臭皮囊」、「四大假合」，大可不必太過執著……所以佛教對於器官移植十分贊成，並且願意率先領導，大家都去簽志願書才對！但是筆者看到醫生摘取捐贈器官的方法，覺得非常心寒！因為摘取器官，一定是越「新鮮」

---

❷ 印光，〈淨土決疑論〉，《印光文集》，臺北：文殊出版社，一九八八，頁二。

❸ 同前書，頁四。

越好，常常病人還沒有完全斷氣，醫生就提早宣佈他的死亡，以便趕快下手拿器官……臨終是凡聖人鬼分判之際，一髮千鈞，至為要緊，我們應該依照印光祖師的開示，大眾念佛，讓佛菩薩接引升西。兩個眼睛、兩個腎臟頂多救四個人，而且功用不過二、三十年，你到西方極樂世界成佛，可以回來度更多更多的眾生，功德那個大？基本上佛教是不執著這個肉體，要什麼統統可以給你，捐贈器官，遺愛人間也頗契合菩薩布施的精神，問題是臨終之際，我們有更重要的事要辦，所以我對於「佛教徒應該踴躍參加器官捐贈」之說法，實在不敢苟同。❹

　　從上面的引文，可以肯定地斷言：淨土行者視自己之解脫，來得比他人的離苦得樂還要重要。他們以為，自己的能力、功力都有所欠缺，因此應該先自求解脫，再回來利生度眾。基本上他們自我肯定是一群弱者，是一群「佛法中（的）失敗」者❺。因此，龍樹批判易行道之淨土行者是「懦弱怯劣，無有大心」之人（詳前），乃是極為恰當的評斷。這和批判淨土極力之太虛、印順的追隨者——妙欽法師，在其遺囑當中的見解和弘願，成了強烈的對比：

　　我生平不求往生淨土，但此非我反對或破壞淨土。淨土是一最

---

❹ 願西，〈佛教徒是否應該踴躍參加器官移植〉，《晨曦通訊》期四八，臺北：晨曦校友居士林，一九八七年六月，頁一四～一五。
❺ 這是早年學密、晚年卻改信淨土的張澄基，在其《淨土今說》（《慧炬文庫》（四八），臺北：慧炬出版社，一九八二）當中的用語。該文說：世事失敗者，可在佛法中找到希望和慰藉；但在佛法中失敗者，只有淨土才能給予最後的希望和憑仗。（參見江燦騰，〈臺灣當代淨土思想的新動向——思想史的探討〉，臺北：東方宗教討論會第二屆年會，一九八七。）

佳法門，古今僧俗大德，依此法門勤修，生淨土者甚眾，是為
不可否定之事實。但以佛法正常道言，釋尊在因地中，修行三
大阿僧祇劫，於三界內出生入死，救度廣大眾生，是為菩薩正
常道……雖說此是漸修法門，但我自親近太虛大師、印順導師
及自修學佛法數十年之志願，認為如此行法甚善！　❹

　　另一個足以顯示西方淨土信仰之「出世」性格的特色是：第㈣點
之「只有一句南無阿彌陀佛即可往生」的主張。例如，代表當代中國
大陸佛教保守勢力的圓瑛法師，在其〈念佛法門〉一文當中即說：

念佛並無別法，祇要死心去念；即便成功。死心者，要將世間
一切心都死得乾乾淨淨，惟有一念念佛心，更無餘心，一心執
持彌陀佛號，心不離佛，佛不離心。　❹

　　「世間一切心都死得乾乾淨淨」，還能治理世間產業嗎？還能撥
出空閒來救度眾生嗎？答案自然是否定的。淨土行者之荒廢世事及利
生度眾之善行，是很明顯的。相傳宋代淨土宗大師永明延壽，每日念
佛十萬聲，而明末淨土宗高僧雲棲祩宏，曾依樣嘗試，發現「飲食、
抽解皆無間斷」才能勉強湊滿足數 ❹，其他弘法利生的事業，更不用
說，須完全停頓才有可能辦到。像這樣，一心只為了念佛往生，而疏
忽了其他利生度眾的工作，無疑地是淨土宗的「出世」性格之一。

---

❹　〈妙欽法師臨終前遺言〉，《菩提樹》卷二四期七，臺中：菩提樹月刊社，
　　一九七六年五月，頁四六。

❹　引見洪啟嵩、黃啟霖主編，《圓瑛文集》，臺北：文殊出版社，一九八七，
　　頁三七。

❹　詳見祩宏，〈竹窗三筆〉，《蓮池大師全集》（四），頁五～六。

　　總之，由㈠～㈣等各點，足見淨土信仰乃一不關心世事的「出世」思想。前文已經論及，這樣一個「出世」的教派，卻是當代中國大陸佛教的主流。另一方面，由於這一主流，又是當代臺灣佛教的兩大傳承之一，因此，當代臺灣佛教的「出世」性格，成了命定式的必然。

㈡《淨土新論》與淨土信仰的衝突

　　當代臺灣佛教，原本有機會改變它那「出世」的體質，但卻在一次教內的鬥爭當中，註定了它那「出世」性格的命運。這一次的教內鬥爭，牽涉極廣，有思想層面的、教會組織層面的、乃至大陸來臺僧人之派系傾軋和抗日情結等層面的。本節，我們將集中在思想層面之鬥爭的分析；其他各層面的鬥爭情形，則留在下節再討論。

　　這一次教內鬥爭的主角和受害人是《淨土新論》一書的作者──印順法師。《淨土新論》是印順法師一九五一年冬天在香港出版的作品❹，原來與臺灣佛教無關。但是，隨著印順於次年受聘來臺，任職臺北首剎善導寺的導師❺，該書也自然流傳在臺灣佛教界中。

　　一九六五年三月，日僧藤吉慈海教授，曾訪問印順；其後，在日本印度學佛教學大會上，撰文介紹了《淨土新論》❺，並刊於《印度學佛教學研究》十六卷。依據該文所說，《淨土新論》中的觀點，受到當代臺灣佛教界的批評，共有下面兩點：

---

❹　參見鄭壽彭，《印順導師七十年譜》，臺北：慧日講堂，一九七五，頁四一。

❺　同前書，頁四三。

❺　同前書，頁一〇六。

⑴第五章「彌陀中心的淨土觀」中，印順指出阿彌陀即婆羅門教
　之太陽神彌陀羅 (Mitra) 的佛教化；因此，淨土信仰與婆羅門
　教的太陽崇拜有關。

⑵第八章「稱名與念佛」中，印順指出易行道的稱名念佛，雖然
　由於其簡單易行，以致有其普及的功效，但是，大乘佛法捨身
　度眾的深義大行，也因而被大大地忽略了。❷

　　事實上，當代臺灣佛教界之所以批評《淨土新論》當中的觀點，
恐怕不僅止於藤吉慈海所說的以上兩點。印順在其《遊心法海六十
年》當中，曾經自述《淨土新論》之所以引生批評的原因：

　　　另一部《淨土新論》，是依（太）虛大師所說：「淨（土）為三
　　　乘共庇」，說明佛法中的不同淨土。在「往生淨土」以外，還
　　　有「人間淨土」與「創造淨土」。這對只要一句彌陀聖號的行
　　　者，似乎也引起了反感！❸

　　文中，值得注意的有兩點：㈠《淨土新論》的（某些）觀點，乃
依其老師太虛法師的觀點而做的發揮；㈡佛法中，除了「往生淨土」
之外，還有不同的「人間淨土」與「創造淨土」。

---

❷　以上兩點詳見藤吉慈海（溫金柯譯），〈印順法師的「淨土新論」──現
　　代中國淨土教的一個剖面〉，《法海微波》，臺北：正聞出版社，一九八
　　七，頁二七三～二八五。

❸　引見印順，《遊心法海六十年》，頁一九～二〇。另外，印順在〈平凡的
　　一生〉當中，也有相似的說法：「我繼承虛大師的思想，『淨土為三乘共
　　庇』。念佛，不只念阿彌陀佛，念佛是佛法的一項而非全部；淨土不只
　　是往生，還要發願來創造淨土。這對於只要一句阿彌陀佛的淨土行者，
　　對我的言論，聽來實在有點不順耳。」（引見《妙雲集（下編⑩）‧華雨
　　香雲》，頁六五～六六。）

就第㈠點而言，可能也是當代臺灣佛教之所以批判《淨土新論》的原因。這是因為太虛與圓瑛，曾是代表大陸佛教開明與保守的兩派人物，他們在大陸即互相批判，呈現水火不容的局面。而主導臺灣佛教之大陸來臺的僧人，大都屬於保守的圓瑛派（詳下文）。因此，這些僧人來臺之後，自然也會強烈地排斥太虛的門人──印順。

就第㈡點而言，印順繼承了太虛的說法，主張「戒律與淨土，不應獨立成宗」❺❹，因此，以為淨土有許多種類，不應偏弘彌陀淨土。他並且讚嘆屬於「人間淨土」和「創造淨土」之「彌勒淨土」，而貶抑彌陀淨土說：

> 西方淨土，代表著佛果的清淨莊嚴，彌勒淨土代表著在五濁惡世來實現理想的淨土。也可以說：西方淨土是他方淨土，容易被誤會作逃避現實；而彌勒淨土是即此世界而為淨土……約佛果功德的究竟圓滿說，彌勒淨土是不如彌陀淨土的；約切身處世的現實世界說……彌勒淨土，是更切合實際的。❺❺

可見印順不但讚嘆彌陀淨土，恐怕更加心儀彌勒淨土。這在主張「只有」彌陀淨土才是當今「唯一」解脫法門的淨土行者❺❻看來，自

---

❺❹ 《淨土新論》，引見《妙雲集（下編④）‧淨土與禪》，頁一。

❺❺ 同前書，頁三〇～三一。

❺❻ 當代淨土行者大都主張彌陀淨土乃是唯一的解脫法門。例如，印光即曾說：「即今之世，人根陋劣，知識稀少；若捨（彌陀）淨土，則莫由解脫。」（引見《印光文集》，頁一。）又如，圓瑛亦曾說：「諸位不要以聰明自命，好高騖遠，把念佛法門，認為愚夫愚婦之事，或去參禪，或修其他法門。」（引見《圓瑛文集》，頁三六。）又說：「修行要求一生辦到疾出生死者，惟念佛一法門耳。」（同前引）

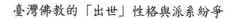

然是大逆不道的觀點❺。

　　批判《淨土新論》的臺灣佛教界，所採取的方式相當的激烈。他們除了展開耳語運動❺之外，還以臺中的一批淨土信仰者為主，展開焚燒《淨土新論》和印順另外一篇演講稿——〈念佛淺說〉❺的激烈行動❻。

　　以西方淨土信仰為主的當代臺灣佛教界，不但以耳語、焚書做為批判印順的方法，而且還展開了有計劃的密告行動。不過，這一密告行動，不只是針對印順的淨土思想，還針對他對佛法，特別是大乘佛法的看法。印順在《遊心法海六十年》中，曾詳細地自述他對佛法的基本信念，其中有幾點應該是不見容於當代臺灣佛教界的觀點：

　　⑴重於考證：「我重於考證，是想通過時地人的演化去理解佛法，抉示純正的佛法，而丟下不適於現代的古老方便……。」❻

　　⑵反對俗化與神化的中國傳統佛教：「佛法是宗教，佛法是不共於神教的宗教……俗化與神化，不會導致佛法的昌明。中國佛

❺　《淨土新論》除了讚嘆彌勒淨土，還讚嘆了東方阿閦佛淨土和同是東方的藥師佛淨土。這自然也是主張「唯有西方淨土」的當代臺灣佛教所覺得不以為然的地方。

❺　印順，《法海微波·序》，頁四曾說：「然而不滿與批評，四十多年來一直保持在口頭的傳說中。」文中所謂的「不滿與批評」，指的是「臺中蓮友」。

❺　本講稿乃在一九五三年冬講於臺北善導寺，並收錄在《妙雲集（下編④）·淨土與禪》，頁七七～一二二。

❻　江燦騰，〈臺灣當代淨土思想的新動向——思想史的探討〉中曾指出，焚燒印順作品的臺中淨土信仰者，以李炳南居士為主。但依據李居士的弟子——紀潔芳女士及朱斐先生的說法，焚燒者不是李居士，而是臺中某退役軍人出家的法師。

❻　引見《遊心法海六十年》，頁五〇。

教，一般專重死與鬼，太虛大師特提示人生佛教以為對治。然佛法以人為本，也不應天化、神化。不是鬼教，不是（天）神教，非鬼化非神化的人間佛教，才能闡明佛法的真意義。」 **62**

(3)後代所演變出來的佛法，並不一定是正確的：「佛陀說法立制⋯⋯不能不因地、因時、因人而有所演變，有所發展⋯⋯演變，發展，並不等於進化，並不等於正確。」 **63** 「所以我不說愈古愈真，更不同情於愈後愈圓滿、愈究竟的見解。」 **64**

(4)偏重印度佛教：「佛法，應求佛法的真實以為遵循，所以尊重中國佛教，而更（著）重印度佛教（並不是說印度來的樣樣好）。我不屬於宗派徒裔，也不為民族情感所拘蔽。」 **65**

其中，第(1)點容易讓人聯想到日本的佛學界，因為他們也是特重考證的一群。而第(2)點即是印順有名的「人間佛教」的主張。他在〈人間佛教諸言〉當中曾說：

太虛大師在民國十四、五年，提出了「人生佛教」⋯⋯大師以為：人間佛教不如人生佛教的意義好。他的倡導「人生佛教」，有兩個意思：一、對治的：因為中國的佛教末流，一向重視於——一死，二鬼，引出無邊流弊。大師為了糾正他，所以主張不重死而重生，不重鬼而重人。以人生對治死鬼的佛教，所以以人生為名。佛法的重心，當然是了生死，成佛道。但中國佛弟子，由了生死而變成了專門了死。如《臨終飭要》、《臨終津

---

62 同前書，頁五〇～五一。

63 同前書，頁五〇～五二。

64 同前書，頁五〇～五三。

65 同前註。

梁》、《臨終一著》等書，都是著重於死的。……中國學佛者，由於重視了死，也就重視了鬼……佛教中，不但應赴經懺，著重度亡；而且將中國的一些迷信習俗，都引到佛門中來，這完全受了中國「人死為鬼」的惡影響……為對治這一類「鬼本」的謬見，特提倡「人本」來糾正他……。二、顯正的：大師從佛教的根本去了解，時代的適應去了解，認為應重視現實的人生。「依著人乘正法，先修成完善的人格，保持人乘的業報，方是時代所需，尤為我國的情形所宜……人生佛教是極好了，為什麼有些人要提倡人間佛教呢？從顯正方面說，大致相近；而在對治方面，覺得更有極重要的理由……佛教是宗教，有五趣說，如不能重視人間，那麼如重視鬼、畜一邊，會變為著重於鬼與死亡的，近於鬼教。如著重羨慕那天神（仙、鬼）一邊，即使修行學佛，也會成為著重於神與永生（長壽、長生）的，近於神教。……」所以特提「人間」二字來對治他：這不但對治了偏於死亡與鬼，同時也對治了偏於神與永生。真正的佛教，是人間的，惟有人間的佛教，才能表現出佛法的真義。所以，我們應繼承「人生佛教」的真義，來發揚人間的佛教。❻

　　文中除了論及太虛之「人生佛教」與印順自己所提倡之「人間佛教」的不同之外，還批判了重於「了死」或「死」的西方淨土作品——《臨終飭要》等；這樣一來，以淨土為主的當代臺灣佛教，自然不放過他，把他視為敵人了。

　　至於印順對於佛法的第(3)、(4)點基本信念，以為後代的（其中有

---

❻　引見《妙雲集（下編①）·佛在人間》，頁一八～二二。

一大部分是屬於大乘佛法），特別是中國的大乘佛法，不一定是正確的這一主張，對於那些信仰中國所開展出來的淨土宗人來說，自然也在反對之列；這是不待贅言的了。

總之，印順對佛教的「基本信念」，儘管他自己並不承認就是採用日本學者的考證法，也不承認自己反對大乘佛法❻，但是，由於這些「基本信念」，容易讓人聯想日本佛教和反對大乘佛教，因此，指責他提倡日本佛教、反對大乘佛教的聲浪，也就廣泛地傳揚開來。

首先，臺灣佛教界開始圍剿提倡日本佛教的圓明法師(楊鴻飛)，而實際上卻傳說圓明受到了印順的指使❻。其次，發動當時臺灣佛教界地位高超的慈航法師，撰文批判印順。有關這點，道安法師在一九五四年十二月二十四日的日記中，曾詳細地記載說：

> ……慈航說印順法師毀謗淨土，否認阿彌陀佛……慈師因二心及□□之唆使，說印順根本不把他放在眼裏，目空一切……又加以圓明罵他，稱讚印順，更是火上加油……準備同圓明、印順二人戰到底，盡情痛快吐露。並把正在寫的而未完篇的〈假如沒有大乘〉文章交演(培)師，演師並交與我一閱。茲附錄於後……他以這種膚淺的學識與道理，想打倒印順的十餘種淵博的著作，真無異癡人說夢，乞丐想當皇帝了。他的動機，無非是眼紅，與受人愚弄而已！❻

---

❻ 他在《遊心法海六十年》頁五○中，說他自己「不是一般的考據學者」。同書，頁一八又說：「有人說我反對大乘，那不是惡意，就是誤會了！」

❻ 詳見〈平凡的一生〉，《妙雲集(下編⑩‧華雨香雲)》，頁五七～五九。

❻ 引見《道安法師遺集》(7)，臺北：道安法師紀念會，一九八○，頁一二七九～一二八四。

　　文中說到了慈航因為反對印順的批評淨土，又受「二心」及被編者（劉國香）隱去姓名的□□等三人的唆使，撰寫〈假如沒有大乘〉一文，來攻擊印順❼。

　　二心及□□，到底是誰？筆者不太清楚。依印順〈平凡的一生〉所述，批判他的大概是以南亭法師、白聖法師和吳仲行（當時的中國佛教會秘書長）、周宣德（子慎）兩居士為主的一批人❼。另外，東初、證蓮、太滄、智光等法師，可能也參與了圍剿的幕後行動❼。其他像默如法師等人，則似乎屬於附和者❼。

　　緊接著，這批人（確實的當事人不詳），透過中國佛教會的名義（他們大都與中佛會有關），發函指稱印順的另一著作——《佛法概論》「為匪宣傳」，並發電臺灣省佛教分會、各縣市支會及各佛教團體，

❼　該文被道安評為「膚淺」，事實上是膚淺得令人發噱。例如其中有一段說：「假如沒有大乘，太虛大師也就不如你們了。假如沒有大乘，《太虛全書》你們也不必應當編校了。假如沒有大乘，大師《全書》也不印流通了……。」（引見《道安法師遺集》(7)，頁一二八二。）

❼　詳見《妙雲集（下編⑩）‧華雨香雲》，頁六一。

❼　印順，〈平凡的一生〉中說：「四十五年那一年，章嘉大師呈請中央，成立了中國佛教整理會，以南亭、東初為召集人。這一中國佛教的動態，暗示著派系的對立。當時，有『蘇北人大團結』的醞釀……從大陸來臺的法師，蘇北人占多數。上有三老：證蓮老（天寧寺老和尚）、太滄老（金山和尚）、智光老（焦山老和尚，南亭法師的剃度師），三老是不大顧問世俗事的，三老下有二老，就是被尊稱為『南老』的南亭法師、『東老』的東初法師了……這一地方性的團結，與中佛會的整理委員會相呼應。」（引見《妙雲集（下編⑩）‧華雨香雲》，頁八八。）另外，東初法師的弟子——聖嚴法師說，他的師父並沒有參與批判印順的事件。

❼　道安在一九五三年三月二十二日的日記中說：「晚，與默如法師討論印順法師之著作中，《淨土新論》……等，如師對印順之印象與著作，大不以為然。」（引見《道安法師遺集》(7)，頁一○七○。）

「協助取締，勿予流通傳播」❼。當時執政黨部的對內刊物，也報導說：「印順所著《佛法概論》，內容歪曲佛教意義，隱含共匪宣傳毒素，希各方嚴加注意取締。」❼

在政、教聯合的批判下，印順不得不承認自己的缺失。他在呈給中國佛教會和執政當局的信函中說：

> 印順於民國三十八年，在香港出版之《佛法概論》，專依佛法立言，反對唯物、極權、殘暴，以智慧慈悲淨化人類……《佛法概論》九十三頁（解說北拘盧洲部分）所敘，因在逃難時，缺乏經典參考，文字或有出入……懇轉請政府明示，以憑修正。❼

對於這一事件，印順自然受害最大。他在一九六三年，事件發生後的第十年，曾痛心地自責說：

> 我的申請再審查❼，還是理直氣壯的。但在申請修正時，卻自認「逃難時缺乏經典參考，文字或有出入」。我是那樣的懦弱，那樣的平凡！我不能忠於佛法，不能忠於所學，缺乏大宗教家那種為法殉道的精神……這是我最傷心的，引為出家以來最可恥的一著！❼

總之，在青黃不接、思想一片真空狀態的光復後五、六年中，臺

---

❼ 詳見〈平凡的一生〉，《妙雲集（下編⑩）・華雨香雲》，頁六二～六三。
❼ 引見前書，頁六二。
❼ 引見前書，頁七二～七三。
❼ 上文所引呈給佛會和當局的信函，是印順的第二次申請函。
❼ 〈平凡的一生〉，《妙雲集（下編④）・華雨香雲》，頁七五。

灣佛教原本可以接受太虛、印順一系的開放思想，而澈底改變其不問世事的「出世」體質；特別是印順當時住持臺北首剎善導寺，中國佛教會中又受到常務理事李子寬（基鴻）的大力支持（詳下文），聲望日隆；因此，極有可能因其出面領導，而使原本在日據時代末期即已「出世」的臺灣佛教，成為積極關懷社會、改造社會（印順所謂「創造淨土」）的「人間佛教」。然而，在這場不能不說慘烈的宗教鬥爭當中，傳統而且已漸趨沒落的勢力，終於獲得了勝利；當代臺灣佛教的「出世」性格，因而成了不可更易的命運。

三　臺灣佛教會的「出世」性格

決定當代臺灣佛教「出世」性格的另一個要素是：散漫而無作為的教會組織。我們將在本節詳細分析。

臺灣最早的佛教組織，應是一九一二年由齋教信徒於臺南等地所成立的「愛國佛教會」。在此之前，臺灣的抗日活動層出不窮；這也是「愛國佛教會」成立的原因，其為日本在臺殖民當局服務，是顯而易見的 **⑲**。

三年後（一九一五），臺南市的重要寺廟──西來庵，發生了抗日的活動，並成立了「大明慈悲國」 **⑳**。齋教徒為了自保，開始籌劃

---

⑲　中村元等，《中國佛教發展史》（中），頁一〇五五～一〇五六，曾列舉「愛國佛教會」的章程，其中第七條是：「輕視官長、誹謗時政……若不受告誡，亦予驅逐。」中村元等並評論說：「由這些條文可看出，成立此組織乃是為了監視教徒的行動，抑壓人民對統治者的反抗。」

⑳　詳見中村元等，《中國佛教發展史》（中），頁一〇五六。

成立佛教會。於是一九二二年，成立了第一個全臺性的佛教會——
「南瀛佛教會」。教會的會長，從剛剛成立到日本戰敗為止，都由日
本當局的官員擔任 **❽**，其為日本殖民政府服務的本質，更為明顯。

　　一九四五年，日本戰敗；次年，臺灣舉行了光復的慶祝儀式。「南
瀛佛教會」也改名為「中國臺灣省佛教會」；這是光復後第一個有組
織的臺灣佛教會。一九四七年，中國佛教總會成立於南京，「中國臺
灣省佛教會」也因而改名為「中國佛教會臺灣省佛教分會」。一九四
九年，大陸淪陷後，南京的中國佛教總會理事長章嘉活佛、常務理事
李子寬，以及江蘇、上海的佛教人士，來到了臺灣，也把佛教總會遷
到了臺北市來。因此，光復初期的臺灣佛教領導中心，除了「南瀛佛
教會」的那批人之外（不久他們就被大陸來臺人士所取代了），主要
的是以江蘇、上海來的僧侶、居士為中心，他們包括：證蓮、太滄、
智光等「三老」，南亭、東初等「二老」，以及一些次級人物，如白聖、
默如、吳仲行、周子慎等人 **❽**。而章嘉是不問世事的；李子寬則因為
是太虛的弟子而受到了排擠，不久就失去了原先的領導地位 **❽**。

　　原先具有領導地位的李子寬，顯然是希望他的同門出家師兄弟
印順，來與他共負領導地位。因此，先是在一九五二年八月，利用其
在中國佛教會中的影響力，派遣印順及其他四人，代表臺灣佛教參加
在日本召開的世界佛教友誼會第二屆大會；緊接著，於同年十月，又

㊶　詳見前書，頁一○五七。

㊷　參見註 **⑫**。其中，有些並不是江蘇、上海人，但卻皈依或活動於這兩地
　　的寺廟。

㊸　一九五三年的密告印順事件，李子寬已由中佛會的常務理事被貶為普通
　　理事。（參見印順，〈平凡的一生〉，《妙雲集（下編⑩）‧華雨香雲》，
　　頁六二～六三。）

聘請印順擔任臺北市首剎善導寺的導師職位❽。這些作為，引起了當時來臺大陸僧人的疑懼。印順在〈平凡的一生〉當中，自述他之所以受到當時大陸來臺僧人排斥的原因有五，其中最重要的兩點是：㈠到日本出席世佛會，「占去了長老法師們的光榮一席」；㈡擔任善導寺的導師，搶了原來導師——南亭法師的職位❽。印順總結地說：「無論是圍攻圓明，慈航法師出面寫文章，以及向黨（政）密告，而真正的問題是：我得罪（障礙了或威脅）了幾乎是來臺的全體佛教同仁。」❽

　　事實上，問題恐怕沒有那麼單純。因為這還應該牽涉到印順的老師——太虛。成立於一九三六年的中國佛教總會，其前身是成立於一九三一年的中國佛教會❽當時即因為開明與保守的路線之爭，分裂為南京總會和上海辦事處，分別由太虛和圓瑛所領導。太虛代表的是開明的改革派，而圓瑛則由江浙佛教界所擁護，代表保守的傳統勢力❽。因此，繼承了中國佛教會的一九三六年總會（當時太虛已經逝世），乃由圓瑛等江浙傳統而保守的佛教徒所領導。一九四九年政府遷臺後，圓瑛雖然沒有跟著來臺，但是其弟子慈航、白聖等江浙佛教人士，卻有不少人跟著來臺。而由這些人所成立的臺灣中國佛教會，

---

❽　詳見鄭壽彭，《印順導師七十年譜》，頁四二～四三。

❽　詳見《妙雲集（下編⑩）‧華雨香雲》，頁六五。

❽　引見前書。

❽　這一佛教會，乃在一九二九年四月，由謝健、黃懺華等「中國佛學會」之成員，會同江浙佛教徒，於上海所發起成立的。（參見印順，《太虛大師年譜》，臺北：正聞出版社，一九八七，七版，頁二八九～二九〇。）但是，正式受到執政黨的承認，是在一九三一年四月。（同前書，頁三二四。）

❽　印順，《太虛大師年譜》，頁三二六說：「圓瑛為江浙諸山叢林、名流居士所擁戴，以反對佛教之革新，（太虛）大師與圓瑛間，乃不可復合。」

自然也是代表著傳統的保守勢力，其沒落的情形可由下面的一段描述略知一二：

中午只四個人吃飯，工人請不來，由清霖煮飯……他發牢騷道：「現在的佛教青年，成事不足，敗事有餘。如本院的僧青年，把內院當作旅館，以臺北為樂園，如此行為，生活浪漫，佛教對彼等有何望焉？」廣元亦說：「內院僧青年，生活過於俗化和腐化，如過年幾天，天天打麻將，連工人老吉，亦在被邀之內。他們平時行為如吃雞蛋、大蒜、蔥，每半夜以雞蛋煮麵，早上十點才起床。每次出外做一日一夜佛事，起碼一百元，對老吉一點道理也不講，諸如此類……。」……其實，這些人早已壞芽，養成惡習慣，放蕩而不守規矩，誰之過歟？慈航之咎也。昔慈航以放縱為籠絡他們的手段，欲達到他們擁護為領袖之目的。因地不真，焉得不果遭迂曲也。❽❾

這是道安法師在一九五五年二月二十四日的日記當中，對於慈航及其所住持之汐止彌勒內院青年僧人的描述，顯示當時來臺大陸僧人生活之一斑。慈航被譽為「菩薩」，在當時佛教界，地位之高無出其右，其座下僧人生活如此，其他非其座下之來臺大陸僧人，也就不是筆者所敢妄下評斷的了❾❶。

---

❽❾ 引見《道安法師遺集》(7)，頁一三二九。

❾❶ 道安在其日記中曾多次批評白聖法師之私德。白聖乃當代臺灣佛教之決定性的人物，當過多任中國佛教會的理事長。從道安的批評中，也可以看出慈航之外的大陸來臺僧人生活之一斑。例如，一九五六年二月九日的日記中即說：「中午白聖法師著人送了一些包子、素雞、素烤麵來內院供眾，並送我一百元，此老欲收買人心，手段相當高明。唯用了一般

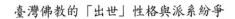

　　從各種跡象顯示，這些僧人之所以能夠繼續領導中國佛教會，執政黨似乎涉入甚深。一九五五年八月二十七日，中國佛教會在臺北召開了第三屆會員代表大會的預備會，次日又召開了正式會議。道安在二十七日的日記中，曾記載當時會議的實況說：

> 下午中國佛教會第三屆會員代表大會預備會，一塌糊塗，□派依□□舞弊，只□□寺一處即有二十七票（代表）之多。他們完全以□為後盾，由□支持，他們舞弊為□所允許。如□□河南人，他為新疆代表，一人任二代表。諸如此類，不一而足。❾❶

　　其中，第二、五、六等四個「□」，猜想是「黨」字。

　　次日，正式大會的選舉結果，開明的李子寬派大敗，而蘇北派則大勝❾❷。

　　執政黨的介入中佛會，似乎不只一次，在一九七四年冬天的第八屆中佛會的選舉當中，執政黨也同樣扮演了積極參與的角色。智銘在〈中佛會八全大會旁觀記〉一文即曾描述說：

> 此次理監事選舉，黨所提的候選人名單，都經過有心人士的刻

　　□棍，專門把持中國佛教會，而使中立好人均不能安於自修，此其大失策者也。」（引見《道安法師遺集》(7)，頁一四六三。）其中，「□棍」猜想是「黨棍」；而「黨」，自然是指執政黨。這一猜想，應離事實不遠，因為《海潮音》五六卷一月號（一九七五）的「社論」，曾批評白聖說：「白聖主持『中佛會』十幾年……只知利用政黨的關係，排除異己，把持教會，操縱選舉，藉機欲財……。」可見白聖與執政黨之間的密切關係。

❾❶　引見《道安法師遺集》(7)，頁一四二九。

❾❷　參見前書，頁一四三〇。

意安排，只要是佛教界資深一點的法師，可以一目了然，不但如此，即使發票、唱票、監票、記票的人，也經過事先的妥善安排，因此，選舉的結果是一面倒，我敢斷言，大會被少數人完全控制掌握……須知，現在的選舉，有個不成文法，那就是：有德又有財者──絕對當選，有財而無德者──一定當選，無財而有德者──必敗無疑……僧風敗喪如此，猶寄望於以「德」取「票」，未免不識時務，花個八九十萬取得個理事，再花個多少萬取得個常務理事，再花個多少萬進軍理事長寶座，這才是常態呀！ ❸

　　筆者不清楚為何執政黨非要介入中國佛教會的組織當中！一九四九年遷臺後的臺灣政局不穩，因此，基於臺灣的安定，執政黨的積極介入宗教，應是第三屆中佛會受到黨政干預的原因吧？而一九七四年黨政的介入第八屆中佛會選舉，又如何解釋呢？也許只有執政黨才能回答這一問題。

　　總之，當代臺灣佛教的領導人士，不管是以「南瀛佛教會」為主的臺灣人或以「中國佛教會」為主的大陸來臺僧人，如果不是為執政當局服務，就是只關心自己榮辱而不關心佛教命脈的一群。這樣地領導佛教，自然使得佛教不可能熱心參與普度眾生的社會服務事業。其中，即使偶有「入世」的政治參與，必然也只限於擁護執政當局的作為，離為民喉舌、為民爭福利的從政目標甚遠。在這一領導階層主持之下的當代臺灣佛教，其不得不註定為一「出世」的教派，成了必然的結論。

---

❸　引見《海潮音》卷五五，一九七四年十一月，頁六。

四 結 論

　　有些社會學家，例如韋伯 (Max Weber, 1864-1920)，認為宗教上的某些要素（戒律等），是推動社會演化的原因 ❹。但是，也有另外一些社會學家，認為宗教乃是社會演化的產物。例如，涂爾幹 (Emile Durkheim, 1858-1917) 在其《宗教生活的基本形式》(*Les forms elementaires de la vie religieuse*) 一書當中，即認為宗教只不過是社會的化身 (transfiguration)❺。其他像馬克思 (Karl Marx, 1818-1883) 的

---

❹ 韋伯在他的《基督新教的倫理與資本主義的精神》第一篇第一章中指出：特出的資本主義事業精神 (kapitalistischer geschäftssinn) 與支配整個生活的宗教虔誠心，往往是互相結合在一起的；這特別表現在基督新教上面，其中尤以喀爾文派 (Calvinism) 最為顯著。（詳見瑪克斯・韋伯（張漢裕譯），《基督新教的倫理與資本主義的精神》(*The Protestant Ethic and the Spirit of Capitalism*)，臺北：協志工業叢書出版公司，一九八七，七版，頁六。）韋伯又在同書第一篇第二章中，採用喀爾文派教徒——富蘭克林 (B. Franklin, 1706-1790) 的訓語，例如「時間即金錢」、「信用即金錢」、「金錢具有孳生繁衍的性質」等等，來證明這些都是所謂的「資本主義的精神」。（詳見前書，頁一○～一一。）韋伯的結論是：喀爾文派等基督新教，開展出資本主義的社會體制。

❺ 引見艾宏 (Raymond Aron)（齊力、蔡錦昌、黃瑞祺譯），《近代西方社會思想家：涂爾幹、巴烈圖、韋伯》，臺北：聯經出版公司，一九八七，二版，頁四三。原譯註說：「化身」(transfiguration) 又譯「轉形」，係指外形變得莊嚴、光采；同時有「理想化」之意。依照涂爾幹的說法，宗教的形成，是由於人類把世界中的事物，區分成神聖 (the sacred) 與世俗 (the profane) 兩種領域，然後從神聖的領域，「化身」（轉化，理想化）為神的世界。（詳見前書，頁四五。）至於神聖、世俗兩領域之所以被劃

無神論思想之前驅者——費爾巴哈 (L. Feuerbach, 1804–1872)，在其
《基督教的本質》一書當中，認為人創造了神，並且是人自己的「類」
(gattung) 之「異化」(alienation) 的結果 ❾❻。而受到費氏深刻影響的馬
克思，更在他的《費爾巴哈論綱》當中，說到了他那有名的論斷：「宗
教的苦難即是現實苦難的表現」、「宗教是被壓迫生靈的嘆息」、「宗教
是人民的鴉片」❾❼。這些例子都說明某些社會學家認為宗教乃人或社

　　分開來，是由於初民為了逃避日常生活中的刻板、單調的工作，因此定
　　期舉行狂歡儀式；而在狂歡儀式當中，常常進入心醉神迷的狀態當中，
　　以致有狂歡前、後之「世俗」與狂歡中之「神聖」之分。（詳見柯尼格
　　(S. Koenig)（朱岑樓譯），《社會學》，臺北：協志工業叢書出版公司，一
　　九八六，一六版，頁一一三。）這一說法，顯然認為宗教中的神祇，並
　　非實有，相反地，是由人類之「神聖」的儀式所生。

❾❻　費爾巴哈以為，單一的個人與成為全體人類之「類」不同；前者是有限
　　的、不完善的存在物，而後者卻是人自己的本質，具有完整性和完善性。
　　由於單一的個人無法把自己提昇為完整、完善的程度，因此他就給自己
　　創造了神這樣一種具有完整性和完善性的觀念。（詳見奧古斯特・科爾
　　紐（劉丕坤、王以鑄、楊靜遠譯），《馬克思恩格斯傳》(I)，頁三一一。）
　　所以，費氏說：「神的意識就是人的自我的意識。」（同前書，頁三五八。）
　　又說：「宗教，至少是基督教，反映了人對自己的關係，或者說得更確
　　切些，反映了人對自己的本質（指『類』）的關係；人把自己的本質看
　　成某種彼岸的東西。神的本質不是別的，正是人的本質，是淨化了的、
　　擺脫了個人局限性，即擺脫了現實的、肉體的人的本質，是客體化了的，
　　即被視為並被當作彼岸的獨力本質而受到敬仰的人的本質。」（同前書，
　　頁三五九。）可見費氏以為神是人所創造的。而馬克思深受此一思想的
　　影響，只不過更進一步用整個社會，特別是其中之經濟力量，而不只是
　　單一之個人，來解釋宗教的產生過程。（詳見詹姆士・斯魯威爾 (James
　　Thrower)（張繼安譯），《西方無神論簡史》，臺北：谷風出版社，一九八
　　七，頁一二七～一二九。）

❾❼　引見《西方無神論簡史》，頁一二九。

會的產物。

　　一個直覺的想法是，韋伯以及與之持有相反觀點的無神論者，例如涂爾幹乃至馬克思等人，都只說到了宗教的一面，因此並非全面而中庸的說法。韋伯看到了宗教能夠導引社會演化的一面，卻多少忽略了宗教被社會所限制、所塑造的另一面❾❽。相反的，涂爾幹等無神論者，看到了宗教被其社會所制約的一面，卻漠視了宗教也可以做為新的、開放社會之主導力量的事實❾❾。因此，一個全面而持平的宗教本質觀應該是：宗教雖是人或社會的演化產品，卻也能夠反過來導引人或社會的演化。

　　就當代臺灣佛教而言，由於它受到了日本殖民當局和執政黨所刻意塑造出來之臺灣社會的影響和制約❿，其性格具有「擁護政府」而不必一定為民喉舌之「出世」的濃厚色彩；這特別表現在教會的組織之上。而西方淨土信仰，則是非制度、非教會組織的思想層面；恰巧（其實，也是必然的）也是「出世」的，以致更加助長了當代臺灣佛教不問世事的消極性格。因此，當代臺灣佛教受到社會的制約太多，卻無助於引導臺灣社會的演化。它和臺灣社會之間的關係，僅僅

---

❾❽　韋伯似乎也注意到社會的經濟同樣能夠制約宗教。（參見柯尼格，《社會學》，頁七七。）但是，這並不是他所想要強調的結論。他所想要強調的結論毋寧是倒過來的命題：社會的經濟，為其宗教所制約。

❾❾　韋伯，《基督新教的倫理與資本主義的精神》，頁一五，即曾批評從「唯物史觀」或「唯物論」來解釋思想（當然包括宗教思想）乃經濟情形之反映，是一倒因為果的說法。

❿　其中，執政黨由於多少繼承了明、清以來之政治思想和體制，因此，施行於臺灣社會的，必然也與明、清兩代的政治思想和體制有關。於是，臺灣當代佛教當然也間接受到明、清兩代，甚至「五千年中國文化」的影響和制約。

存在著單向的、受制約的關係，而無法成為雙向的、亦受制約亦能引導的關係。無疑地，這是當代臺灣佛教的缺陷。

當然，當代臺灣佛教的教會組織——中國佛教會，並不是完全沒有功勞。事實上，由於白聖法師的透過傳戒方式，使得臺灣佛教徒從日本佛教的陰影當中走了出來，也從神佛不分的齋教（龍華派）的陰影當中走了出來 ❶。但是，卻也因為臺灣佛教的「祖國化」 ❷，使得臺灣佛教受到了白聖為領導中心之中國佛教會的控制，自然地，也受到了執政黨的監督 ❸。

在這樣的控制和監督之下（不管是教會的或淨土思想的，也不管

---

❶ 東初，〈臺灣佛教光復了〉曾說：「臺灣光復十年了，政治、教育、建設各方面都祖國化了。唯臺灣佛教受日化影響最深，尚未能完全恢復祖國化，故佛教許多寺廟，不是龍華派（公開娶妻吃肉），就是日化派（妻子兒女養在廟上），寺廟管理權落在信眾手裏，而大多數僧尼都未受過戒，形同全部俗化。」（引見釋東初，《東初老人全集》（五），頁一八八。）可見光復初期，臺灣佛教有二現象：日本化、僧尼未受戒（俗化）。但是，由於白聖的傳戒，使得臺灣佛教「祖國化」了。（參見中村元等，《中國佛教發展史》（中），頁一〇七七～一〇七八。）

❷ 這是東初法師的用語（參見前註）。

❸ 筆者在一次訪問白聖法師的機會中，聽到了這麼一段話：「臺灣當時受了日本佛教數十年來的影響，把真正出家人的生活，變成了日本式的佛教生活。日本式的佛教，出家人可以有家庭，這是我們面臨的最大困擾……後來政府一再向我們表示，政府遷臺以後，臺灣各階層都改變了，唯獨我們佛教沒法子改變……後來我們想到了傳戒，在戒壇上可以把出家的觀念灌輸到受戒人的心理……於是我繼續傳戒，第一次，第二次……這可以說是個轉換點，也可以說是延續了中國傳統佛教的命脈。」（楊惠南，〈白聖法師訪問記〉，《中國佛教》革新四四號，卷二六期二，臺北：十普寺，一九八一年十一月，頁八～一四。）可見白聖的傳戒乃受政府之要求而進行的。因此，執政黨的介入是可以想見的。

是政治的或非政治的），當代臺灣的佛教徒，試圖有一相對於「出世」之「入世」的積極思想或教派的新生，雖然不一定不可能，但至少必須付出相當大的代價。在這種情形下，當代臺灣的佛教徒當做何種努力呢？

後　記

一九八八年二月二十三日，《自立晚報》三版，刊有董芳苑先生的大作——〈宗教信仰與人的生活態度〉。文中說到：佛教強調人生是苦海，鼓勵人要了脫生死。並說：「佛教對臺灣社會宗教人生活層面的影響是靜態與消極的」。他並把佛教（和其他宗教）拿來與「致力於博愛濟世事業」的「基督宗教」（天主教與基督教）相比較，並在結論中明白地評斷：應信仰「鼓勵人生並樂觀人生，又教人懂得去兼善天下的教門」。顯然他暗示的是「基督宗教」。

董先生是臺灣基督教長老會的牧師，也是臺灣神學院的教授兼教務長，有其特定的地位角色，其評斷自然有些地方值得商榷。但是，撇開評斷的部分不談，他對當代臺灣佛教的現況描述，應是公平的。

做為一個佛教的研究者而言，筆者覺得有必要深入探討當代臺灣佛教之所以走向「靜態」、「消極」的原因。（該文刊登後，筆者就有這種動機。）這是本文之所以出現在讀者面前的第一個原因。

其次，由於我個人幾乎是一個專業的佛教研究者，連在學校裏所講授的課程，也大都是佛教的內容，因此有幸研讀到比較一般佛教徒為多的佛教文獻。從這些文獻當中告訴我，真正的（大乘）佛教並不

是眼前所看到的佛教,亦即並不是董先生所說的「靜態的」、「消極的」的佛教。因此,在很早以前,筆者就想著手研究當代臺灣佛教(以及整個中國佛教)之所以走上「靜態」、「消極」的原因。這也許是我著手撰寫本文的遠因吧!

而在去年夏天,東方宗教研討會一年一度的年會當中,江燦騰先生發表了〈臺灣當代淨土思想的新動向──思想史的探討〉一文,似乎認為印順法師對淨土思想的批判,缺乏對中國佛教產物下之淨土思想的同情,他說:「批評者(印順法師)本身對中國的傳統社會環境,所加諸於佛學思想和佛教信仰的歷史條件,未全然有深刻的理解,即加以毫不寬容的批評」。他認為,「理論和現實是有差距的」,因此,在「中庸資質的人口佔最多數的結構裏」,大乘的理想,「實行起來,就不免七折八扣的情況發生啦!」在他的文章裏,隱約含蘊著對現實的妥協,對傳統中國社會、文化(應屬壞的一面)的容忍。問題是:腐敗的現實我們應該妥協嗎?壞的社會和壞的文化要素我們應該容忍嗎?當一個教派為了維護他們自己的信仰和私利,甚至用焚書、密告來對待異己,我們不應該反省嗎?這些問題困擾了我整整一年,卻成了我撰寫本文的第三個動機。

我一向以為宗教是整個社會的一環,因此必然離不開社會的其他環節。宗教反映社會,這是涂爾幹等無神論者對宗教的看法。這一看法雖然只說「對」了一半,卻畢竟仍然屬於「對」的一半。解嚴前,臺灣的現實政治和社會不容民眾置喙;做為臺灣社會這部大「機器」之一個小零件的中國佛教會,自然也令人畏於批評了。因此,在它內部的各種問題,當代的臺灣佛教徒要不是只能裝做不聞不問,就是只有與之妥協了。但是,解嚴後,社會開放了,一般的人民見到了前所

未見的事物，聞到了前所未聞的聲音；而當代的臺灣佛教徒呢？能夠仍然獨自處在淨室而不知淨室外面的風光嗎？或許，這也算是筆者撰寫本文的動機之一吧！

本文撰寫期間，承蒙宏印法師、慧空法師、董芳苑先生、姚麗香女士、朱麗蓉女士、江燦騰先生、戴慧洋（願西）先生等師友的提供資料；這些師友所提供的資料，有些是用來做為直接引證的素材，有些（例如江燦騰、戴慧洋二先生所提供的資料）則是用來當成討論和批評的對象。對於後者，筆者感到十二萬分的歉疚。（怎麼有人像我一樣，一方面要人幫忙，另一方面卻又要批評人家！）但不管是前者或後者，我都要感謝他們的幫忙！

本文口頭發表於「東方宗教研討會」，並且文字發表於《當代》（第三○、三一期，一九八八年十月、十一月）引起非常強烈的回響。在批評本文的意見當中，綜合起來共有兩點：㈠本文引據之文獻，限於印順法師這一面的資料；沒有照顧到中國佛教會和淨土信眾等一面的資料。㈡本文只論及當代臺灣佛教的「黑暗面」，未曾說到它的「光明面」。

對於第㈠點批評，筆者的回答是：到目前為止，中國佛教會和淨土信眾這一方面，並沒有出版文獻可供參考；因此，本文如有偏頗，那是不得已的偏頗，而非觀點上的故意歪曲。至於第㈡點批評，並不具有任何學術意義；就客觀的學術立場來說，研究者只是就事論事，並不必考慮何者是「黑暗面」，因此應該隱瞞，而何者是「光明面」，因此必須大加宣揚。更何況「黑暗面」的揭開，必定有助於「光明面」的發揚呢！（有關這一觀點請參見筆者的另一書面回答——〈知我者謂我心憂，不知我者謂我「心狂」——敬答昭慧法師〉，刊於《當代》

第三二期，一九八八年十二月。）

（本文原刊於《東方宗教研究》新一期，臺北：國立藝術學院傳統藝術研究中心，一九八〇，頁三一五～三四三。原文名為：〈當代臺灣佛教「出世」性格的分析〉。）

臺灣革命僧

——證峰法師（林秋梧）的「一佛」思想略探

　　近年來，由於李筱峰先生的研究❶，臺灣臺南開元寺僧——證峰法師（林秋梧，一九〇三～一九三四）的佛教、政治思想和行動，逐漸受到關心臺灣近代佛教、政治、思想史之人士的注意❷。李先生（和其他幾位先生）的研究成果，著重在證峰法師的政治、社會思想和行動的研究分析，並且有了令人欽敬的成果。本文則希望進一步探討證峰法師的「一佛」思想，並試圖說明：證峰法師如何以「一佛」思想做為中心，建構起其他的政治、佛教的信仰？

一　證峰法師所處的時代

---

❶　李筱峰先生有關證峰法師的研究成果，主要有二：⑴《革命的和尚——抗日社會運動者林秋梧》，臺北：八十年代出版社，一九七九。⑵《臺灣革命僧林秋梧》，臺北：自立晚報社文化出版部，一九九一。

❷　例如，提到或專文討論證峰法師的論文有：⑴江燦騰，〈近代中國佛教的社會運動——以張宗載和林秋梧為例〉，《佛教文化》，臺北：一九九〇，二～五月號。⑵廖仁義，〈臺灣哲學的歷史構造——日據時期臺灣哲學思潮的發生與演變〉，《異端觀點——戰後臺灣文化霸權的批判》，臺北：桂冠圖書公司，一九九〇。

　　就臺灣政治、思想史而言，證峰法師所處的時代，是一個苦難卻
豐富的時代。甲午戰爭結束之後，清朝皇室和日本政府簽訂了「馬關
條約」（一八九五），臺灣從此有整整半個世紀的時間（一八九五～一
九四五），落入日本帝國的統治之中。但也因而逐漸樹立起臺灣人民
的反殖民、反奴役的抗日精神。在這長達半個世紀的抗日活動當中，
又可大分為三個階段：⑴第一期，從一八九五年臺灣宣佈獨立為亞洲
第一個民主國家——「臺灣民主國」，到一九一五年臺南「西來庵（抗
日）事件」❸被敉平為止。這一期的特色是：武裝抗日。⑵第二期，
從一九一四年「臺灣同化會」成立❹，到一九二七年「臺灣文化協會」

---

❸　西來庵事件，又稱噍吧哖事件或余清芳事件，一般記載，是由余清芳（余
　　清風）等臺灣民間佛教——齋教信徒所領導的一次抗日運動。但是也有
　　少數的學者以為，這次事件的主導宗教並不是齋教，而是以瘟疫王爺為
　　崇拜對象的「儒宗神教」。（參見柯毓賢，〈西來庵事件之宗教信仰及其
　　與轉天圖經之關係〉，《東方宗教研究》，臺北：文殊出版社，一九八九，
　　第一期，頁二二九～二三八。）由於事件發生前後，義士們連絡和活動
　　的地點，位在臺南市東巷街的齋教（儒宗神教?）寺廟——西來庵，因
　　此稱為「西來庵事件」。另外，又稱「噍吧哖事件」的原因是：起義的
　　末期，義士們逃到臺南山地村——噍吧哖，日軍因而在噍吧哖大肆屠殺
　　的緣故。李筱峰，《臺灣革命僧林秋梧》，頁一五，曾說：西來庵事件發
　　生時，證峰法師只有十三歲，但是，由於余清芳被捕並遊街示眾之時，
　　曾經過證峰法師的家門，因此推測這一事件多少影響了證峰法師後來的
　　抗日活動。
❹　同化會是由林獻堂等人士所成立的一個文化、政治性組織。同化會的名
　　稱，是因為該會主張「同化主義」的關係。所謂「同化主義」，是日本
　　明治維新時代的元勳，也是自由主義者——板垣退助，一九一四年受到
　　林獻堂等人士的邀請，來臺之後所提倡的思想。該一思想主張：日本做
　　為亞細亞人，當和支那人（中國人）共同合作，而對抗日漸強大的白種
　　人。因此，在臺灣的「內地人」（當時日本人的稱呼），應該尊重人種，

分裂為止。這是所謂臺灣民族運動的「聯合陣線」時期，它的特色是：臺灣資產階級聯合無產階級共同抵抗日本的在臺殖民政府。(3)第三期，從一九二七年「臺灣文化協會」受到臺灣共黨產的控制而左傾❺，到一九四五年第二次世界大戰日本戰敗為止。這是民族主義運動和無產階級運動相互對抗的時期❻。而證峰法師所活動的時代，大約是

充分保護臺灣人的生命和財產。板垣退助在其〈關於臺灣同化會所首倡者〉一文中曾說：「果如余之考究無誤，統治臺灣之根本，惟有採用同化而無他法。」（引見《臺灣總督府警察沿革誌》（中），臺灣總督府警務局，第二篇。中譯本：王乃信等譯，《臺灣社會運動史》（一），臺北：創造出版社，一九八九，頁七。）而在〈臺灣同化會設立要旨〉一文中也說：「同化主義是臺灣本島殖民地官民一般的輿論。」（引見前書，頁八。）基本上，「同化主義」是站在日本人的立場，試圖有效統治臺灣的一種權宜性策略。但是在當時日本當局的高壓統治下，這一言論仍有它的時代意義。

❺ 「臺灣文化協會」，乃由蔣渭水等人，於一九二一年所創立。創立的目的，不外聯合臺灣各種反對勢力（資產階級和無產階級），以便「喚醒臺灣同胞的政治覺悟，造成民族自決的氣運，最後企圖爭取臺灣獨立。」（引見史明，《臺灣人四百年史》（上），臺北：蓬島文化公司，一九八〇，頁五〇三。）一九二七年左右，臺灣文化協會內部分裂為三個不同的思想：(1)以連溫卿和王敏川等無產青年和農民為代表的社會主義思想，主張以階級鬥爭來求得社會、政治的全面改革。(2)以蔣渭水等小資產階級和知識分子為代表的「全民主義」思想，主張聯合（有產和無產的）全民，在農工運動中，維持臺灣的民族主義運動。(3)以蔡培火等資產階級為主的溫和民族主義思想，主張以合法的方式來達成改革臺灣的目的。（以上參見盧修一，《日據時代臺灣共產黨史》，臺北：前衛出版社，一九八九，頁四三。）一九二七年後，這三大派當中的社會主義（共產主義）派，取得了臺灣文化協會的領導權。從此，文化協會走上了左傾的路線。蔣渭水和蔡培火等人，則退出而另組「臺灣民眾黨」（一九二七）與之對抗。（參見史明，《臺灣人四百年史》（上），一〇~五一m。）

❻ 有關日本據臺的半個世紀中，到底可以區分為幾個時期？學術界有大同

在這三期中的第二期末和第三期初。他加入了臺灣文化協會，做為「美臺團」電影巡迴隊的「辯士」（解說員）**❼**；文化協會分裂之後，

小異的看法。本文基本上是依據盧修一，《日據時代臺灣共產黨史》，頁一～二的說明而做出的分期。另外，日本學者矢內原忠雄寫於一九二九年的《日本帝國主義下之臺灣》（周憲文中譯，臺北：帕米爾書店，一九八七，二版），頁一七三，則以一九一八～一九一九年為分水嶺，之前是兒玉、後藤擔任臺灣總督的時期，那是「警察專制統治」的時代；之後（一九一七～一九二八）則是明石總督至川村總督的時期，實施「日本延長主義」和「同化主義」，給予臺灣人民較多的言論自由。而李筱峰，《臺灣革命僧林秋梧》，頁一一～一二，也依據王詩琅，《日本殖民地體制下的臺灣》（臺北：眾文圖書公司，一九八〇），頁一一當中的看法，做出「日本治臺三期」的區分：(1)「綏撫時期」（一八九五～一九一九）；(2)「同化時期」（一九一九～一九三七）；(3)「皇民化時期」（一九三七～一九四五）。其中，第(3)之「皇民化時期」，是指第二次世界大戰時期，在臺灣的日本殖民政府為了加強臺灣人民的順服，所採取的一連串措施。這些措施包括：推行「國語（日語）普及化運動」，獎勵「國語家庭、（山地）部落」，強迫改漢族或高山族的姓名為日本姓名，廢除臺灣原有的神祇信仰以便改信日本民族祖宗之「天照大神」等等。（參見史明，《臺灣人四百年史》（上），頁二九四。）

❼「美臺團」一詞的意義不甚清楚。依據吳三連、蔡培火等著，《臺灣民族運動史》，臺北：自立晚報社文化出版部，一九七一，頁三一七～三一九的說明，美臺團是由蔡培火所創設，原先只有一隊，後來又增加了一隊。經常巡迴於臺灣農村鄉間，放映具有教育意義的電影。放映前還會合唱一首由蔡培火所作的「團歌」，其中有一首是這樣的：「美臺團，愛臺灣，愛伊風好日也好，愛伊百姓品格高。長青島，美麗村，海闊山又昂，大家請認真，生活著美滿！」依此看來，「美臺」一詞可能是「美麗臺灣」或者是「令臺灣變得更加美麗」的意思。文化協會受到臺灣共產黨的控制而左傾後，美臺團的活動也受到文化協會左傾人士的阻擾，因此不久即停止活動。當時的電影是默片，必須有人解說內容，解說者稱為「辯士」。而出家前的證峰法師，即是辯士之一。美臺團停止活動

他又加入了蔣渭水等人所創立的「臺灣民眾黨」❽。因此，這一時期的社會、政治思潮——「民族主義」和主張「無產階級革命」的「社會主義」（共產主義），必然影響到他的佛教思想和修行。有關這些思潮和證峰法師在這方面的佛教思想和行誼，李筱峰先生的研究成果已經說得相當清楚❾；因此，本文僅僅希望透過證峰法師所信仰的「一佛」思想，來探討他的佛教革命和無產階級革命之間的關係。

二　證峰法師的「一佛」思想

證峰法師具有強烈的「一佛」思想，這可以從他所說的下面這段話看出來：

> 那末佛教所信仰的究竟是什麼？就是一佛。一佛的一，不是一二三的一，是全一的一。所以佛教說一佛一切佛。佛是周遍活動於無限大的宇宙中之絕對的靈光。故天空地闊之間，森森羅列的一切事象，無不是這個靈光的片片。所以經裏說「一切眾生悉有佛性」，又說「草木國土悉皆成佛」、「有情非情同時成道」，那末人類自然可以叫做佛的。人類已然都是佛，一定佛是很多的。很多的佛就是所謂一切佛。因為一佛是一切佛，所以一切佛畢竟歸於一佛。❿

時，證峰法師也離開了文化協會而隨開元寺的得圓法師出家（一九二七）。（以上參見李筱峰，《臺灣革命僧林秋梧》，頁七一～八三。）
❽　有關臺灣民眾黨成立的因緣，請參見註❺。
❾　詳見李筱峰，《臺灣革命僧林秋梧》，七～八章。

　　引文中，證峰法師明白地說到下面幾件事情：(1)「一佛」一詞中的「一」，是「全一」的意思；因此，「一佛」可以說即是「全佛」（完整的佛陀）。(2)「一佛」即是「無限大的宇宙中之絕對的靈光」。(3)宇宙中雖然含具「森森羅列的一切事象」，但這些差別事象都是「一佛」（靈光）的「片片」（一部分）。(4)眾生無邊，佛也無邊，但其實都是「歸於一佛」。在這四個重點當中，(1)與(2)是最主要的；因為(3)與(4)不過是它們所衍生的道理罷了。根據(1)，由於「一佛」是「全佛」（完整之佛陀）的意思，因此，這「一佛」實際上含具了一切眾生和一切佛。這即是(4)所說的。其次，根據(2)，由於「一佛」即是「無限大的宇宙之絕對靈光」，因此，宇宙中的一切差別事象，都只是「一佛」的「片片」（一小部分）而已。這即是(3)所說的。

　　事實上，從證峰法師的另一著作──〈佛說堅固女經講話〉當中，還可以更加清楚地了解他的「一佛」思想。他說：

> 個體即一個一個的生命，由全體的來看，自己與他人是不可分開的。個人集合起來便是社會。在社會中用自己之力去扶助別人，而自己以外一切別人之力卻歸於自己保持我們自己。比社會更大的就是宇宙。宇宙是一個大組織體。和社會的各個個人互相依靠扶助而形成整個社會一樣，宇宙中的森羅萬象──人啦、畜生啦、山川樹木啦……一切皆以整然的秩序維持而成的。這樣的宇宙，就是一大佛身。一大佛身的一大生命便是我們所信仰的佛，所以社會中或宇宙中的一與一切、部分與全

---

❿　引見林秋梧，〈階級鬥爭與佛教〉，《南瀛佛教》卷七號二，一九二九，頁五二～五八。

體、自己與佛，結局是不可分開即一的存在。**⑪**

　　引文中，證峰法師更加明白地說到「宇宙中的森羅萬象」，都是「不可分開即一的存在」。這一「存在」，即是我們（佛教徒）所信仰的「一大佛身」，亦即前文所說到的「一佛」。

　　以上是就空間而言「一佛」（全體宇宙）的「不可分開」性。若就時間來說，也有相似的描述：

> 一面由時間上來說……我們的生命乃是過去的生命的連續，又是無窮的未來的生命的根源。現在個人的生命是過去未來的生命的一條連鎖。過去未來三世的生命就是宇宙的一大生命。這叫做佛生命。自己的生命與宇宙的佛生命是不可分的存在。所以沒有個別獨立的所謂自己的生命。**⑫**

　　依據以上兩段引文看來，我們可以得到一個結論：證峰法師所了解的「存在」，不管是一花、一草，或是一人、一佛，其實都只是在時間與空間的連續體中，與整個宇宙「不可分開」、「即一」的「片片」（一小部分）而已。這即是證峰法師所說的「一佛」。所以，他自己下結論說：

> 以上所說所謂自己者，由時間的而言則為無限的天地之生命即佛生命的一連鎖，由空間的而言則是無邊的宇宙、廣大的佛國土的一要素、與大地的靈格、宇宙的大佛是不可分開的同一

---

⑪　引見林秋梧，〈佛說堅固女經講話(5)〉，《南瀛佛教》卷一二號三，一九三四，頁一二。

⑫　引見前書，頁一二～一三。

存在。所以自己就是大地就是佛。更言之佛就是一個唯一不二
的存在。**⑬**

　　證峰法師這種「佛就是唯一不二的存在」的「一佛」思想，應該
是受到他在日本東京駒澤大學就讀時的禪學老師——忽滑谷快天禪
師的影響。證峰法師在〈現世的戰鬥勝佛忽滑谷快天老師〉一文當中，
曾這樣介紹忽滑谷快天所主張的「四一主義」：

　　　　然而他（忽滑谷快天）的態度始終一貫。抱定純一無雜的信仰，
　　　　在宣揚著曹洞純密的宗風。

他在他所著的《四一論》裏，極力提倡著：

　　　　信一佛不信餘佛
　　　　奉一教不奉餘教
　　　　行一行不行餘行
　　　　證一果不證餘果

的四一主義。這便是老師的信仰的精粹。**⑭**

　　其中，「信一佛」中的「一佛」，很可能即是證峰法師所提倡的「一
佛」思想。有關這點並不是筆者的憑空猜想，事實上，證峰法師往往
在宣揚「一佛」思想之後，緊接著就提倡「一行」思想。例如，他在
〈階級鬥爭與佛教〉一文當中，介紹了什麼叫做「一佛」之後，馬上
就接著說：「佛教叫人家信一佛奉一法、同時要循從這個一法去實行。

---

⑬　引見前書，頁一三。

⑭　引見《南瀛佛教》卷一〇號二，一九三二，頁二二。

這叫做一行。一人一行就是一切行。一行一切行，所以一切行結局只是一行。」❶引文中把「一佛」和「一行」相提並論，由此可見，證峰法師的「一佛」思想很可能來自忽滑谷快天所提倡的「四一主義」。

　　不管「一佛」思想是否來自忽滑谷快天的「四一主義」，有一點可以肯定的是：證峰法師的「一佛」思想，乃是「如來藏」思想的發揮。有關這點，除了可以從前面第一段引文中的三句經文❶看出來之外，還可以從下面這段引文得到證明；在這段引文當中，不但內容全都是如來藏佛教所有，而且明顯地用到了「真我」、「真如」、「真心」，乃至「圓覺」等如來藏佛教的名詞：

> 真我者宇宙的神靈，絕對唯一，即佛是也。佛是何物？以下逐條證之……常恆一如……遍在於無限之宇宙……唯一無二也……自在獨立……清淨……是知佛乃一大生命也。故余以大佛稱之。真如、真心、正心、妙眼、如來、法性、圓覺等千名萬名不過此大佛之別號耳。❶

　　從以上的說明，我們可以做一個總結：證峰法師以為，宇宙中的萬事萬物，包括一切眾生和十方諸佛，都是一體而不可分割的一大存在，稱為「一佛」。這一大存在——「一佛」，即是真如、真心；其實即是《涅槃經》、《圓覺經》等佛經中所說的「如來藏」。因此，現象

---

❶　引見前書，卷七號二，一九二九，頁五八。

❶　即「一切眾生悉有佛性」、「草木國土悉皆成佛」，以及「有情非情同時成道」。第一句大概出自《涅槃經》，第二、三句大概出自《圓覺經》或是天台宗祖師們的作品。

❶　引見林秋梧，〈佛教是真理之最大部分〉，《南瀛佛教》卷一二號六，一九三四，頁二一。

界中的差別眾生和差別事物，都只不過是這一佛、一真如、一真心或一如來藏不可分割的一小部分——「片片」。這樣意義的「一佛」思想，其實完全是「唯心論」(Idealism) 的說法，而且是唯「真心」論的說法，以為整個宇宙中的萬事萬物，包括有情的眾生、佛和非情的草木石頭，都由「如來藏」（一佛）所生起。這一唯心論的信仰，注定了證峰法師不可能是一個徹底的馬克思主義的信徒。（有關這點，將在下面做更詳細的分析。）

三　「一佛」思想與階級鬥爭

　　前文已經略微論及，證峰法師所活動的時代，是一個無產階級革命的思想流行於全世界的時代。做為一個思想上前進的分子，證峰法師也趕上了這一流行的列車。因此，在他的佛教思想當中，溶入許多馬克思主義的內容，呈現出前所未有的新氣象。首先讓我們先來看看：證峰法師是如何解釋馬克思所說的「階級鬥爭」一詞？證峰法師以為階級鬥爭的形成，乃是由於人心的「貪欲」，亦即不能明白「心、佛、眾生三無差別」的真理；相反地，卻「妄認四大為身，五蘊為我」，並進而「橫生憎愛」，乃至產生了「搾取著勞働階級的資本家」。他說：

　　　　然則佛教要如何說明上面所述的現象（指階級鬥爭）呢？以教
　　　　理來解釋，卻不過是一種因果的連鎖而已。而此種原因，則在
　　　　於一小部分的人類之貪欲。人類怎樣會起貪欲之念咧？因為他
　　　　們不能明白心佛眾生三無差別的真理，倒妄認四大為身，五蘊

為我，因有我見，故橫生憎愛，種種取捨，差別親疏，序後到
了生產關係益發複雜的時候，遂生出有用非藉科學的方法，不
能揭破的巧妙的手段，搾取著勞働階級的資本家。於是利害相
反的人，則藉端舞弊，結黨行私，或畛域互分，彼此歧視，遂
至發生階級鬥爭。⑱

　　證峰法師以為，要從一個已經存在著階級的社會，達到另一個沒
有階級的平等社會，階級鬥爭是必要的過程。在一篇名為〈階級鬥爭
是非道德行為嗎？──給宗教家們的啟示〉的文章當中，證峰法師引
用了社會主義學者──沙佩爾・卡爾（一八一二～一八七〇）的理
論，為階級鬥爭的必要性做辯護；他說：

　　反對階級意識的論點認為，訴諸一階級的利害，將違背全人類
　　的利害。因此認為階級意識在倫理基準上免不了屬於低層次。
　　但是，如果現存的制度未能澈底改造，經濟上的敵對未能消
　　除，而且掠奪者、有產者與無產者的差別非完全撤除以前，全
　　人類的和合便成為空想，這是脫離現實社會而無法實行的倫
　　理。……所以階級意識便是現今最有效的倫理上的力量。不僅
　　如此，訴諸階級意識的目的，則為促成階級制度撤廢所必要的
　　勢力，而使階級支配崩壞以達成世界人類的單一意識萌芽為
　　最終之目標。由是觀之，所謂階級意識不外是進入社會意識的
　　必經之路。⑲

<hr>

⑱　引見林秋梧，〈階級鬥爭與佛教〉，《南瀛佛教》卷七號二，頁五五。
⑲　引見林洲鰲，〈階級鬥爭是非道德行為嗎？──給宗教家們的啟示〉，《臺
　　灣新民報》，一九三一年六月六日、十三日。原文是日文，目前所引乃

引文中明白地說到，當「掠奪者、有產者與無產者的差別非完全撤除以前」，階級鬥爭乃是必要的手段。所以證峰法師又說：「以無產階級的自覺為基礎，立足於挑戰態度的意識而延伸成階級鬥爭的事實，其實是否定階級社會的具體表現。」❷ 他還認為，所謂的階級鬥爭，並不是無產階級所創造的手段，而是「自古以來形成階級社會之初，就持續有階級鬥爭」。只不過那時的階級鬥爭，是支配者（統治者）為了「保護自己的既得利益」，而「不時運用各種各類的機構對被支配者施壓」。這種支配者（統治者）對被支配者「施壓」的情形，即是支配者對被支配者所採取的「階級鬥爭」。其中，支配者所運用的「機構」之一即是宗教。所以他說：「其中宗教是最穩當且極具效力的工具，史上歷歷可見，無庸否認。」他總結地說：「宗教家們否定階級鬥爭，這在無產階級這一方來說或許可以成立，但在另一方的特權階級來說，則可以肯定早有階級鬥爭的存在。」既然階級鬥爭自古即已存在，因此，他呼籲宗教徒們不必恐懼階級鬥爭；他說：「……宗教家們應可覺悟階級鬥爭是不必恐懼的思想表現……。」❷

然而，無產階級鬥爭畢竟是不得已的一種手段，這一不得已的手段到底是要採取武力革命，或是採取溫和的改革策略？到底要採取純粹由無產階級所策動的階級鬥爭，或是採取無產階級聯合資產階級和小資產階級的「聯合陣線」？這些問題，即使在剛剛尋求發展中的臺灣共產黨團當中，也有路線之爭❷更何況一開頭就不完全站在馬

李筱峰，《臺灣革命僧林秋梧》頁一六九的中譯。另外，依據李先生的說法（頁一九八，註釋九），該文署名「林洲鰲」，乃證峰法師的筆名。

❷ 林洲鰲，〈階級鬥爭是非道德行為嗎？——給宗教家們的啟示〉，《臺灣革命僧林秋梧》，頁一七〇。

❷ 詳見李筱峰，《臺灣革命僧林秋梧》，頁一六八～一七〇。

克思主義立場的證峰法師。也就是說，證峰法師雖然贊同無產階級鬥爭的必要性，但他認為應該採取溫和的鬥爭路線。這一溫和的鬥爭路線，即是他所謂的「中間社會」。他認為，要從這個已有階級的社會，達到另一個沒有階級的圓滿社會，「還要經過一個過渡時代中間社會」。這一過渡時代的「中間社會」，即是孔子所竭力提倡的「王道政策」，也是當時蘇俄所施行的「勞動者農民的××」❷❸。證峰法師甚至認為，這一「中間社會」所採行的措施（指孔子的「王道政策」和蘇俄共產黨的「勞動者農民的××」），「佛陀絕沒有看不出的道理」。而且，「佛陀所實踐躬行的方法，和別的比起來，也是一個千妥萬當的安全瓣」❷❹。證峰法師以為，佛陀所採取的「過渡時代」的方法，即是「叫人家去建設現世淨土」；那是一種「不用他動用人為的力量」（應指「勞動者農民的××」），相反地，「藉禮儀刑法的拘束」等「穩健的步驟」，即可達到沒有階級鬥爭的圓滿社會。證峰法師說：

---

❷❷ 有關臺灣共產黨的內部鬥爭，請參見盧修一，《日據時代臺灣共產黨史》章五節一。又見史明，《臺灣人四百年史》（上），頁五九一～五九三。臺灣共產黨人，由於受到中國共產黨和日本共產黨的雙重影響，因此也不能免於受到這兩黨之間所採取的不同路線之爭的影響。臺灣的共產黨人，除了要應付中共和日共之間的不同路線之爭，還要應付中共內部和日共內部的路線之爭。例如，中共內部有「李立三路線」之爭，而日共內部則有「山川主義」和「福本主義」之爭。這些內部的鬥爭也直接或間接地影響了臺灣共產黨人的團結。而其爭議的焦點則是：到底是要採取純粹無產階級的武力革命？或是採取聯合小資產階級（甚至資產階級）和無產階級的比較溫和的「聯合陣線」革命？

❷❸ 「××」是原文所省略的兩個字，猜想是「革命」一詞。當時臺灣的日本統治當局，禁止共產黨的活動，因此發表出來的文章，都必須避免採用共產黨所慣用的激烈字詞。

❷❹ 詳見〈階級鬥爭與佛教〉，《南瀛佛教》卷七號二，頁五七。

佛教叫人家去建設現世淨土的時候，即在前述的所謂過渡時代，卻不用他動用人為的力量，藉禮儀刑法的拘束，強制的把大眾拿來改頭換面，專以穩健的步驟，熱烈的態度，在日常生活中，喚醒人類本來的面目，鼓吹他們潛在的力量即信仰。❷⑤

　　而所謂「潛在的力量即信仰」，是什麼樣的信仰（潛在的力量）呢？那即是前文所一再論及的「一佛」思想❷⑥。前文已經說過，證峰法師以為，社會之所以存在著相互對立並相互鬥爭的階級，乃是由於人類的「貪欲」所致。在這種「貪欲」之下，人類即無法了解「心、佛、眾生是三無差別」的道理，以致喪失了原本智慧、光明的「本來面目」，亦即前文所說的「如來藏」性。依照證峰法師的「一佛」思想，心、佛、眾生這三者是「無差別」（前文所謂「不可分開」）的一體。因此，如果偏就眾生中的人類來說，每一個人都和其他所有的人是平等而又「不可分開」的。因此，任何一個信仰「一佛」思想的人，當他體悟了自己和他人的「無差別」性和「不可分開」性之後，他一定不會去壓迫他人或去「搾取」他人。他說：「人類若能信仰到這裏，自然是認不出什麼差等、親疏、人我。」❷⑦這樣一來，階級社會即不會形成，階級鬥爭也不會發生。他說：「所以我們只要能了悟一佛一切佛的第一義，則階級糾紛的問題，自然可以迎刃而解。」❷⑧他更進一步總結地說：

---

❷⑤　引見前書，頁五七。
❷⑥　詳見前書。
❷⑦　引見前書。
❷⑧　引見前書，頁五八。

要之，對於階級鬥爭的佛教之態度，始終一貫，是站在無我即大我的境地，以擁護無產大眾、解放被搾取階級為目標，其所採的方法，則排兵革刀槍的暴力行為，專以無抵抗的大抵抗主義為原理的，這與現在一般主義者所倡的激烈手段比較起來，實在可謂天淵之差了。❷⁹

　　當臺灣文化協會受到臺灣共產黨的控制而左傾之後，蔣渭水等人立即退出文化協會，另創以資產階級和小資產階級為主的「臺灣民眾黨」❸⁰。而證峰法師也在這個時候退出文化協會，加入臺灣民眾黨。筆者相信，證峰法師在政治上的這一轉變，應該是基於上述「一佛」信仰的考量❸¹。

　　另外，值得注意的是：透過溫和的階級鬥爭，而消除不平等之階級歧視的社會，馬克思稱為「共產社會」，而證峰法師則認為那即是佛經所說的「極樂淨土」。他說：「然則階級鬥爭消滅了後，沒有階級

---

❷⁹　引見前書。

❸⁰　詳見❺。

❸¹　臺灣民眾黨剛剛脫離臺灣文化協會而成立的時候（一九二七），就存在著分裂的危機。以蔡培火為中心，代表地主等資產階級的「蔡培火派」，以及以蔣渭水為中心，代表小資產階級和知識分子的「蔣渭水派」之間，互相內鬥。前者試圖在日本統治當局之下，透過請願等合法的手段，以達到「臺灣自治」的目的。而後者則試圖聯合農工團體，以期實現「民族自決」。（詳見史明，《臺灣人四百年史》（上），頁六四七～六四八。）不久（一九三〇），「蔡培火派」人士，在楊肇嘉的策動之下，脫離臺灣民眾黨，另外成立「臺灣地方自治聯盟」。臺灣民眾黨以及臺灣地方自治聯盟，終於雙雙走上衰落的道路。（詳見前書，頁六五九～六六一。）在這兩派人士的內鬥當中，證峰法師無疑地偏向具有左傾色彩的「蔣渭水派」。

的社會，到底是什麼狀態呢？……這樣的世界，佛教則叫做極樂淨土。」❸又說：「這樣完全無缺的世界，就是馬克思主義所期待的××社會，亦不過是如此而已。」❸這種意義的「極樂淨土」，顯然和一般淨土宗所說的「極樂淨土」大不相同。事實上，證峰法師所了解的「極樂淨土」，是存在於現實世界當中的社會，而不是一般淨土宗所說的：「極樂淨土」遠在現實世界（娑婆世界）的西方。他甚至認為，淨土宗所信仰的阿彌陀佛、西方極樂世界等，都是有心人虛構出來的；他說：

> 淨土教徒想要依靠的阿彌陀佛，卻不過是幾本經典所介紹出來的傳說中的主人翁而已，並不是事實的歷史上的人物。至於所謂的西方極樂國土亦是一箇很曖昧的地方。所以淨土門所主張的信仰可以把他當做一種教化方便，但決不是祖門的正信。❸

像這樣，在把淨土信仰看成是一種「教化方便」的體認之下，證峰法師甚至還認為：「《阿彌陀經》所說的西方極樂國土也不過是形容這現實的平等社會。」❸因此，他說：

> 極樂淨土卻不限定是西方一處，就是南方北方東方通通都可

❸ 引見林秋梧，〈階級鬥爭與佛教〉，《南瀛佛教》卷七號二，頁五五～五六。

❸ 引見前書，頁五六～五七。引文中的「××」，疑為「共產」兩字。

❸ 林秋梧，《真心直說白話註解》，臺南：開元禪寺，一九三三，頁八；引見李筱峰，《臺灣革命僧林秋梧》，頁一八七。

❸ 引見林秋梧，〈佛說堅固女經講話(5)〉，《南瀛佛教》卷一一號一一，一九三四，頁二三。

以有的。而且人類用自己的力可以建設的。所以我們最所理想，而必要介紹與現代人的，決不是庄社的九嬸婆，或鄉村的老阿伯，那些老人家容易信仰得到的來世的淨土，是用科學的理論都可以證明出來的現世淨土。**❸**

　在這樣的淨土思想的信仰之下，證峰法師甚至還以為：佛經中所謂的「菩薩行」，其實就是「社會改革的前衛分子（的所作所為）」，他們的目標則是在建設「地上的天堂」、「此土的西方（極樂淨土）」。他說：

　甚麼行為叫做菩薩行？……菩薩行就是以活於正信的自己為基柢而圖謀社會人群的幸福無有所恐怖的行為吧。……所以能修菩薩行的便是社會改革的前衛分子。他們的根本目標在於建設地上的天堂、此土的西方。使一切人類（再而及於一切生物）無有眾苦但受諸樂。佛教所謂極樂世界就是描寫著這箇快活的社會。**❸**

　證峰法師不但以為淨土宗所說的「極樂淨土」存在於現實的世界，而且還把一般的淨土信仰和基督教拿來互相比擬，然後下結論說：「故由教義論之，基督教與淨土宗俱屬小乘也。」**❸**而他自己所理解的「極樂淨土」（雖然他並沒有清楚地說到），無疑地才是真正的「大

---

❸　引見林秋梧，〈階級鬥爭與佛教〉，《南瀛佛教》卷七號二，頁五六。

❸　引見林秋梧，〈佛教是真理之最大部分〉，《南瀛佛教》卷一二號六，一九三四，頁二二。原文是一演講稿，由胡微智所記錄。

❸　引見〈佛說堅固女經講話⑸〉，《南瀛佛教》卷一一號一二，一九三四，頁二二。

乘」所應理解的淨土。

　　像這種已經和「一佛」、「無產階級鬥爭」等理念，緊密結合在一起的「淨土」思想，無疑地，必然會更進一步發展出批判臺灣現實佛教界的結果。證峰法師曾在一篇名為〈為臺灣佛教熱叫!!〉的文章當中，巧妙地把「淨土」思想和批判精神結合起來；他說：

> 先覺說：「娑婆即淨土，此方即西方。」極樂世界不是踏破鐵靴就可覓得的，也不是一種的烏托邦(Utopia)、一片的觀念，是有心人、精進者、革命家（不是謀叛者）、個個都容易得到的地方。最捷徑的，就是省識時勢，順應天人，鼓起四大弘願的大勇氣，站在四百萬大眾的前隊，把臺灣島內有形無形一切的魑魅魍魎消除盡清的光明大路。能達到此目的，則臺灣就是臺灣人的一個安安穩穩快快活活的極樂世界，又何須向外追求。 ❸⑨

　　引文中所要消除的「臺灣島內有形無形一切的魑魅魍魎」，範圍無所不包：除了前文所論及的強烈批判傳統淨土宗信仰之外，還有「反對（中元）普渡」運動；批判「厭世消極之枯禪」；批判禮拜媽祖、大道公、有應公、土地公等帶有「道信仰」成分在內的民間佛教；批判占相吉凶、燒符念咒等迷信的佛教；乃至批判女性歧視，相反地提倡女權運動等等 ❹⓪。

　　儘管證峰法師所要批判的佛教現象範圍很大，但是，總結地說，

---

❸⑨　引見林秋梧，〈為臺灣佛教熱叫!!〉，《南瀛佛教》卷六號六，一九二八，
　　　頁五一～五二。

❹⓪　詳見李筱峰，《臺灣革命僧林秋梧》，七～八章。

他所謂的「臺灣島內的魑魅魍魎」，指的無非是：那些不問世事卻阿諛奉承日本當局的僧人。所以他痛心地說：

> 然而今日之僧伽，歧於禪講之論、混於頓漸之辯、少投機、執斷常。於是乎偏袒帝國主義之野禿疊出，助長厭世消極之枯禪叢生，而大乘佛法，則為之不振矣。若夫我臺僧伽，即匪特盡其職者殆無，問其如何為僧伽應盡之天職，如何可解放島內弱少於鞭笞之下，亦多叉手瞠目不知所以對。高等乞丐之嘉名特錫，寄生蟲之徽號頻來，是亦非無謂也，余每與吾師及諸同志，言至於此，未嘗不嘆息悲痛，而引以自警也。❹

四　餘　論

　　證峰法師的「一佛」思想，及其延伸出來、對於淨土宗等臺灣傳統佛教界的批判和鬥爭，其嚴厲的程度，無疑地，是臺灣佛教史、甚至包括中國大陸整個佛教界所少見的。儘管在佛教思想上，他是最「前衛」❹的分子，但是，很多跡象顯示，在政治上，證峰法師並不屬於當時最前衛的一群。正如前文已經說過的，證峰法師在政治、文

---

❹　引見林秋梧，〈活殺自在之大乘佛教──朝鮮僧伽之報國〉，《南瀛佛教》卷八號五，一九三〇，頁二八。

❹　「前衛」一詞是李筱峰先生對於證峰法師之佛學的讚美詞。他在《臺灣革命僧林秋梧》頁二〇九，曾說：證峰法師試圖建設一個不受帝國主義欺凌、不受資本主義壓搾的現世的「人間淨土」、「即使在九〇年代的今日臺灣佛教界，恐怕仍屬前衛之論」。

化上的活動力最強的時代（一九二一～一九三四）❸，正是臺灣思想
史上百花齊放的時代。以臺灣文化協會、臺灣民眾黨、臺灣地方自治
聯盟，以及它們的周邊團體，例如臺灣共產黨（亦即日本共產黨臺灣
民族支部）、臺灣農民組合、臺灣工友總聯盟等為中心的政治、文化
運動，從開始就一直互相傾軋、鬥爭。而其背後的意識型態，不外代
表資產階級、小資產階級和知識分子，以及夾雜著無政府主義在內的
無產階級思想❹。早期，這三（四）股勢力互相容忍，並以臺灣文化
協會為聯合中心，對日本殖民政府進行「聯合陣線」式的民族鬥爭。
然而，文化協會的內部矛盾卻越來越明顯：一九二七年，文化協會被
無產階級所控制而走向左傾的路線；於是，代表資產階級和小資產階
級、知識分子的舊勢力，從文化協會退出而另組臺灣民眾黨。不久，
代表小資產階級和知識分子的一批人士，又在臺灣民眾黨中取得領
導地位，因此，另外一批代表資產階級的人士隨即脫離民眾黨而另組
臺灣地方自治聯盟（一九三〇）。

在這一連串的文化和政治的變遷當中，各種跡象顯示，證峰法師
乃是隸屬於「中間偏左」的路線❺，亦即隸屬於無產階級，以及小資
產階級、知識分子這兩大思想路線之間。他並不是一個澈底的馬克思

---

❸ 證峰法師的政治、佛教生涯，開始於一九二一年（十九歲）時。當時，
他就讀於臺北師範學校（原名臺灣總督府國語學校），結識了蔣渭水，
並加入臺灣文化協會。次年，被臺北師範學校以鬧學潮的名義而開除。
（參見李筱峰，《臺灣革命僧林秋梧》，章三節一～二。）

❹ 早期臺灣的共產主義，往往和巴枯寧 (M. A. Bakunin, 1814-1876)、克魯
泡特金 (A. Kropotkin, 1842-1921) 等人所提倡的「無政府主義」
(Anarchism) 相結合。這可能和無政府主義是一種主張暴力革命的社會主
義有關。（參見史明，《臺灣人四百年史》，頁五〇九～五二六。）

❺ 這點李筱峰在《臺灣革命僧林秋梧》頁二〇八也提到了。

主義的信徒，這可以從下面幾點事實看出來：首先，他的「一佛」思想含有濃厚的「唯心論」思想（詳前文），這和馬克思主義的「唯物論」(Materialism) 立場，有著本質上的矛盾。其次，即使證峰法師是一個「社會主義」(Socialism) 的信徒，他最多也不過是恩格斯 (F. Engels, 1820-1895) 所批判的「空想的社會主義」者❹。這是因為他

❹　恩格斯，在其《科學的與烏托邦的社會主義》一書當中，曾說到：馬克思以前的社會主義，乃是「空想的社會主義」；馬克思以後的社會主義，則是「科學的社會主義」。（詳見張君勱，《社會主義思想運動概觀》，臺北：稻香出版社，一九八八，頁五三～五四。）空想的社會主義者，重要的代表人物有：聖西門 (C. H. de R. Saint Simon, 1760-1825)、傅立葉 (C. Fourier, 1772-1837)、歐文 (R. Owen, 1771-1858)、魏特林 (W. Weitling, 1808-1871)、卡貝 (E. Cabet, 1788-1856) 等人。儘管他們的主張不盡相同，但都有一共同的結論，那就是：試圖把未來美好的社會主義社會，歸諸於神的安排。例如，聖西門在其《新基督教》一書當中，就曾經說：中世紀的基督教已過時，必須有新的基督教；並且透過他所設想的這一新基督教的教義，建立起教會機構，來管理教育、法律等國家事務。又如魏特林把耶穌基督視為共產主義的先驅，他本人則自命為負有解放人類使命的新救世主。（以上見呂大吉編，《宗教學通論》，北京：中國社會科學出版社，一九八九，頁七六五～七六八。）另外，卡貝寫有《伊卡利亞航行記》，宣揚他的「伊卡利亞共產主義」；這也是恩格斯所批判的典型「空想的社會主義」之一。在這個主義的信仰之下，他呼籲到美洲去建立一個擁有一百萬人口的「上帝及其正義的天國」，名叫「伊卡利亞」(Icaria)；那是一個和平、智慧、快樂、幸福的人間天堂。他並且從一八四八年一月開始，率領他的信徒們，航行到美國德克薩斯州，實際地建立起他的「小伊卡利亞公社」。（以上詳見冷定庵，《社會主義思想史》，香港：自由出版社，一九五六，頁六二～六四。又見肖灼基編，《哲學社會科學名人名著辭典》，河北人民出版社，一九八八，頁四二二～四二三。）這些信仰上帝、試圖把社會主義和宗教相融和的「空想的社會主義」者，無疑地都是某種意義的「唯心論」者。而且也和證峰法師所期盼的「現世淨土」，有著異曲同工之妙。

試圖藉著佛教的「一佛」信仰，來達到他所嚮往的理想社會──「人間淨土」的關係。事實上，證峰法師自己清楚地知道「空想的社會主義」一詞的意義，也採用過這一恩格斯的用語，批判孔子所提倡的那種具有社會主義色彩的「大同世界」**❼**。但是，他自己試圖結合社會主義（共產主義）和宗教（佛教）的努力，是否能夠逃過恩格斯等「科學的社會主義」者**❽**的嚴厲批判呢**❾**？也就是說，證峰法師自己，是否也是一個某種意義的「空想的社會主義者」呢？答案恐怕是肯定的。

證峰法師逝世於一九三四年，當時臺灣共產黨還未完全取得文化和政治上的全面控制；他自己也跟隨蔣渭水等人退出日漸左傾的臺灣文化協會；而且在整個政治、文化運動當中，他並不是要角；再

---

❼ 證峰法師曾以「坎人」為筆名，在他自己所創刊的左傾刊物──《赤道報》（一九三○）當中，發表一篇名為〈馬克思進文廟〉的文章。在這篇文章當中，證峰法師曾說：「但是馬克思卻很鎮靜，他好像沒有把孔子這段話（指「大同世界」）看得怎麼重要的一樣。孔子在他眼中，這時候，頂多怕只是一個『空想的社會主義者』罷?」（引見李筱峰，《臺灣革命僧林秋梧》，頁一六四。）可見，證峰法師知道有「空想的社會主義」一詞，也應用過這一詞。

❽ 有關「科學的社會主義」一詞，應是恩格斯在《科學的與烏托邦的社會主義》一書中的用語。恩格斯以為，馬克思以後的社會主義，受到牛頓物理學和達爾文進化論的影響，主張社會變遷也和物理、生物學一樣，有其不可更改的科學定律。這和想像社會的變遷受制於上帝等等「空想的社會主義」不同。（請參見**❻**。）

❾ 恩格斯在《英國工人階級狀況》一書當中，曾把社會主義說成是「工人不信仰宗教的堅定不移的表現」。（詳見呂大吉，《宗教學通論》，頁七七四。）另外，馬克思和恩格斯在一九四五年，起草通過「反克利蓋的通告」，嚴厲指責把共產主義扯上宗教的「宗教共產主義」。（詳見前書，頁七七五。）這些都說明恩格斯，甚至馬克思等人，都反對把宗教拿來和共產主義相融合。

加上當時同時了解佛教和共產主義的人士也不多見,因此證峰法師幸運地逃過了被臺灣共產黨人批判的命運。然而,事過境遷,再來回顧這一左、右兩派思想大鬥爭的時代,我們不得不承認:證峰法師是一個在佛教思想上「前衛」的鬥士,而在政治上則是一個「中間偏左」的、溫和派書生。證峰法師曾作有一首題為〈贈青年僧伽〉的四句詩:「菩提一念證三千,省識時潮最上禪;體解如來無畏法,願同弱少鬥強權!」❺⓪也許在證峰法師對於「時潮」的「省識」之下,他了解到:當時的環境並不適合臺灣人民進行純粹無產階級的武裝革命吧❺①?更何況他已經是一個信仰非暴力主義的出家僧人呢!

最後,還值得一提的是:近來一些臺灣本土佛教的推動者,以為臺灣佛教唯有「不斷地返回原始大乘,再不斷地返回原始佛教──原來釋迦牟尼的教法」,才能「擺脫掉所有亞洲大陸(指的是印度和中國大陸)反人本主義的玄學」❺②。並據而展開對大乘佛教中之「法空」、「無分別智」、「不二法門」、「不入涅槃」等教理的嚴厲批判。甚至針

---

❺⓪　引見《南瀛佛教》卷七號三,一九二九,頁五三。

❺①　矢內原忠雄,《日本帝國主義下之臺灣》,頁一八四~一八五,曾這樣地分析當時臺灣的情勢:「在馬克思主義社會鬥爭理論上,應佔指導者地位的工業勞動者階級,在缺乏純粹大工業的臺灣,發達自欠充分」。而且,「農民勞動者的生活程度低,教育普及程度不高,迷信普遍,因此,中產階級及知識階級具有有力的地位與實力」。在這樣的「時潮」之下,以致臺灣「還無足夠的社會條件可供純粹形態的無產階級運動發展」、「不足以成立純粹排他的無產階級運動」。相反地,當時的臺灣,只適合「以中產階級為中心而結合有產、無產兩階級的全民運動……以獲得政治自由為目的的鬥爭」。也許,證峰法師在這種「時潮」的「省識」之下,才決定採取溫和的「聯合陣線」式的鬥爭方式吧?

❺②　引見宋澤萊,〈臺灣佛教的未來之路〉,《被背叛的佛陀》(續集),臺北:自立晚報社文化出版部,一九九〇,頁一八八。

對以大乘佛教為主流的中國佛教界，一一列舉其「奇形怪狀」，而加以猛烈的攻擊。而其攻擊的對象和內容，包括善惡、對錯、魔佛不分，以及僧侶對執政黨的奉承、阿諛❸。他（們）的結論和呼籲是：「釋迦牟尼的真正教義（指「原始佛教」）是很適合臺灣的⋯⋯因為真正的釋迦之教正是破斥⋯⋯『階級統治論』、『形上玄學論』⋯⋯『集體主義論』、『是非善惡難以辨別論』、『佛魔同體論』、『唯心論』⋯⋯的大敵，它是反抗一切亞洲內陸反人性玄學思想的先知！」❹筆者非常敬佩這些臺灣本土佛教推動者的批判精神，以及他們對臺灣本土的關愛、對不正不義之事的不平而鳴。甚至對於他們所指責的、大乘佛教（和中國佛教）界的某些現象和缺失，例如「對外教的冷酷」（對錫安山基督徒，乃至對領導工運的馬赫俊神父被驅逐出境等事件的冷嘲熱罵）、「荒謬的鬼神崇拜」（唸經、超渡）、對「權力及金錢的嗜好」（所謂「坐擁金銀、身披（執政黨）黨旗」）等等大乘（中國）佛教的「奇形怪狀」的現象和缺失❺，也深表贊同。但是，在敬佩和贊同之餘，筆者卻必須指出的是：臺灣佛教的本土化，並不是非要揚棄大乘佛教，改而推行「原始佛教」不可。而大乘佛教所一再強調的理念——「法空」，以及由之衍生的宗教情操——「普渡眾生」，也並不是完全沒有可取的地方❻。另一方面，「原始佛教」的出家本位主義，

---

❸ 詳見宋澤萊，《被背叛的佛陀‧序：來一個革命吧！臺灣佛教！》，一九八九。又見宋澤萊，〈星雲法師你錯了！〉、〈誰來救救星雲法師！〉，《被背叛的佛陀》，頁三～二九。

❹ 引見宋澤萊，《被背叛的佛陀‧序：來一個革命吧！臺灣佛教！》，頁一七。

❺ 詳見前書，頁二～四。

❻ 大乘佛教由於「法空」教義，可以推論出「涅槃（萬法之一）亦空」的

與世隔絕、離群索居的山林（阿蘭若，āraṇyaka）主義，以乞食為生
而不事生產的苦行主義等等，也並不是完全沒有可以非議之處。（事
實上，大乘佛教的形成，有一大半的原因，乃是有見於「原始佛教」
的這些缺失而做的回應。）

　　另外，臺灣本土佛教的推動者，似乎混淆了兩件原本應該分開的
事情；那就是：(1)佛法的純正意義；(2)佛法的社會意義。就前者而言，
原則上是（但也不能一概而論）：早期的原始佛教遠比晚期的大乘佛
義，來得「純正」❺❼。因此，「返回原始佛教」，在這一觀點之下是有
意義的呼籲。但是，如果就第(2)點——佛法的社會意義來說，情況並
不像臺灣本土佛教的推動者所了解的那樣。因為做為反奴隸、反集
權、反殖民地政策的手段，大乘佛教確實曾經有過風光的歷史；臺灣
齋教所發動的「西來庵事件」，以及證峰法師以「一佛」思想（那是
大乘佛教最後期的「如來藏」思想），進行對日本殖民政府的鬥爭，

　　　　思想，並由「涅槃亦空」的思想，進而推論出「不入涅槃」的心願。然
　　　　後再推論出（不入涅槃而留在世間）「普渡眾生」的宗教情操。這一連
　　　　串的推論過程，牽涉到極為精深的大乘教理。因此並不是本文所能說明
　　　　清楚的，只好另文討論了。至於這些大乘教理和情操，是否如這些臺灣
　　　　本土佛教的推動者所說的那樣，是一種「危險」的思想？也由於篇幅的
　　　　關係，只好另文處理了。

❺❼　這是因為越是晚期的佛教，越是容易受到佛教之外的文化、思想（例如
　　　　印度婆羅門教，中國儒、道二家思想）的影響。但是，應該注意的是：
　　　　佛教是時、空變遷中的一種文化，不可能不受時、空中其他佛教外之文
　　　　化（例如印度婆羅門教或中國儒、道二家思想）的影響。而且，佛教之
　　　　外的其他文化，也並不是完全沒有值得佛教借鏡、吸收的內涵。因此，
　　　　受到時、空中其他文化影響的晚期大乘佛教，不能一概而論地視為不「純
　　　　正」，更不能一概而論地視為（比原始佛教）沒有價值。有關這些問題，
　　　　牽涉甚廣，也只好另文討論了。

即是兩個顯著的例子。更何況「一佛」思想中的「全一」、「即一」、「不可分開」、「佛就是唯一不二的存在」，乃至「（深信『一佛』即）認不出什麼差等、親疏、人我」等理念（詳前文），也正是這些臺灣本土佛教推動者所極力批判的大乘教義。由此可見，推動臺灣佛教本土化（草根化）的人士，應該認真思維佛法的「純正意義」和「社會意義」之間的分野。

　　總之，證峰法師把大乘佛法以及他對現實政治的批判，巧妙地結合起來，成為一種臺灣佛教所獨有的、批判的佛學，非常值得每一個試圖推行臺灣佛教本土化之人士的借鏡。他那環繞在「一佛」信仰之下，而開展出來的「中間偏左」的思想，儘管在政治上並不是最「前衛」的，但在佛法上卻是臺灣佛教史上最值得引以為傲的一頁。他所寫下的這一頁，曾被譽為「臺灣解放佛學」或「（臺灣）激進神學」❸。

---

❸　參見廖仁義，〈臺灣哲學的歷史構造——日據時期臺灣哲學思潮的發生與演變〉，《異端觀點——戰後臺灣文化霸權的批判》，頁二五。事實上，「激進神學」(radical theology)，可以溯源到上世紀末到本世紀三十年代的一批基督教社會主義者所開展出來的神學，亦即「自由神學」(liberal theology)，以及「社會福音派」(social gospel) 所發展出來的神學。而其代表人物有巴特 (K. Barth)、卜仁爾 (E. Brunner) 等人。當代激進神學的代表人物則有：田立克 (P. Tillich)、布特曼 (R. Bultmann)，以及宣揚「世俗神學」(secular theology) 的戈高登 (F. Gogarten)、柯克斯 (H. Cox) 等右派神學家，和宣揚「希望神學」(theology of hope) 的布洛赫 (E. Bloch)、莫特曼 (J. Moltmann) 等左派神學家。但是，不管是左派的激進神學家，或是右派的激進神學家，都以反傳統的方法和概念，來詮解《聖經》。（例如，把「愛鄰居」解釋為「關心政治」。）而且都試圖將基督教的天國，落實於人間。另外，除了以上這些以基督新教為主的激進神學家之外，還有一些以舊教（天主教）為主的神學家，試圖把基督神學和馬克思的社會主義相結合；這即是「解放神學」(theology of liberation)。而其

如果沒有這一頁，那麼，臺灣佛教史（甚至整個臺灣史）必將明顯的暗淡下來。讓我們向這位臺灣佛教史和臺灣史上的前輩鬥士禮敬吧！

（本文撰寫期間，曾借閱李筱峰先生所收集的資料，受益良多。特此致謝。本文曾口頭宣讀於由現代佛教學會所主辦之「臺南區第一屆佛學研討會」上。）

代表人物，主要是一批拉丁美洲的天主教神學家，例如古迪瑞斯 (G. Gutiérez)、理昂柏富 (L. Boff)、克勞柏富 (C. Boff)、杜塞 (E. Dussel) 等人。我們可以從「解放神學」的創始人──古迪瑞斯的一些說法，看出他們的主要訴求：「㈠貧窮具有毀滅性，應該與之戰鬥，並摧毀，而不只是我們行善的對象。㈡貧窮不是偶發事性。……是社會結構的結果，純屬結構問題。㈢窮人是社會的一個階級……如果想要為窮人謀福利，勢必要走向政治行動。」而在解釋「神學的起源」(theological locus) 時，理昂柏富和克勞柏富兩兄弟則說：「這個神學的問題在哪裏？在窮人身上……。」由此可見「解放神學」家們，是一群試圖透過「政治行動」，為窮人謀福利的神學家。（以上詳見宵應斌、何春蕤，〈田立克‧《聖經》批判學與《聖經》闡釋學〉；又見何春蕤，〈談政治就是談神──柯克斯的世俗神學〉；又見白方濟，〈馬克思‧神學與解放神學〉，皆刊於《當代》期三一，一九八八年一月。）

從「人生佛教」到「人間佛教」

　　太虛法師(一八九○～一九四七)的佛教改革運動，雖然有教制、教理等各方面❶，但是稍有成果，以致影響較大者，應該屬於教理方面的改革，特別是他的「人生佛教」的主張。在這方面的影響和成果，

---

❶ 太虛法師的〈志行自述〉一文當中，曾經說到自己一生的志趣：「昔仲尼志在《春秋》，行在《孝經》；余則：『志在整興佛教僧(住持)會(正信會)，行在瑜伽菩薩戒本』，斯本斯行，余蓋決定於民四之冬，而迄今持之弗渝者也。」(引見《太虛大師全書》(三三)，臺北：太虛大師全書編纂委員會，一九八○，三版，頁一八六。)這幾句話後來被人改成「志在整理僧伽制度，行在瑜伽菩薩戒本」。(參看太虛，〈我的佛教改進運動略史〉，《太虛大師全書》(五七)，頁八九。)〈志行自述〉一文是一九二四年春天太虛法師的作品。依照這幾句話看來，似乎是說，太虛一生的真正志向只限於「整興佛教僧會」而已。然而，他在晚年所作〈我的佛教革命失敗史〉一文當中，卻說到了他一生所進行的三種佛教革命。他說：「偶然的關係，我與許多種的革命人物思想接近了，遂於佛教燃起了革命熱情，在辛亥革命的俠情朝氣中，提出了教理(那時叫學理)革命，僧制(那時叫組織)革命，寺產(那時叫財產)革命的口號……我的佛教革命名聲，從此被傳開，受著人們的或尊敬、或驚懼、或厭惡、或憐惜。」(引見前書，冊五七，頁六一。)由此可見太虛法師的「佛教革命」運動，不只像早年〈志行自述〉所說的，只限於「整興佛教僧會」，事實上還像〈我的佛教革命失敗史〉中所說的，共有三方面的改革。其中，第一種之「教理革命」即是本文所要詳述的；而第二種之「僧制革命」和第三種之「寺產革命」，則相當於〈志行自述〉所說的「整興佛教僧會」。

從當代臺灣佛教的改革運動看來，更加顯得突出而明顯。當代臺灣佛教的改革運動，發端於太虛大師的學生——印順法師❷，他提倡一種立基於「人生佛教」卻又超越「人生佛教」的「人間佛教」。這一「人間佛教」的理念，目前在臺灣的佛教界中，特別是在那些對傳統佛教深感不滿的青年佛教徒中，產生了極為重大的影響力。

本文試圖分析太虛法師之「人生佛教」形成的主、客觀因素，並進而探討「人生佛教」的理念如何影響印順法師「人間佛教」的思想建立，以及二者之間是否存在著不同的內涵。

一　「人生佛教」的思想來源

(一)直接的思想來源

太虛法師之「人生佛教」的思想來源，主要的有兩方面：一是來自西方的革命思潮；另一則是來自中國古代佛教宗派，諸如天台宗、禪宗以及般若學的傳統思想。有關這一點，太虛在他的〈我的佛教改進運動略史〉一文當中，曾經引述一九二七年他自己的〈告徒眾書〉

---

❷　事實上，太虛法師「人生佛教」的理念，早在一九一七年十月間來臺灣訪問時，就已傳入臺灣。（詳見〈太虛自傳〉，《太虛大師全書》（五七），頁二一九～二二四。）後來臺南開元寺的抗日僧人——林秋梧（證峰法師），即曾引述太虛的《幻住室隨筆》來證明其「義征」（正義之軍的征討日本帝國主義者）的正當性。（參見林秋梧，〈活殺自在之大乘佛教〉，《南瀛佛教》卷八號三。）

一文，說：

> 余在民國紀元前四年起，受康有為《大同書》，譚嗣同《仁學》，
> 嚴復《天演論》、《群學肄言》，孫中山、章太炎《民報》，及章
> 之〈告佛子書〉、〈告白衣書〉，梁啟超《新民叢報》之〈佛教
> 與群治關係〉，又吳稚暉、張繼等在巴黎所出《新世紀》上托
> 爾斯泰、克魯泡特金之學說等各種影響，及本其得於禪與般
> 若、天台之佛學，嘗有一期作激昂之佛教革新運動。❸

　　引文中所說到的人可以分成下面幾類：(1)活躍於清末、民初的
「維新派」人物，例如康有為、譚嗣同、梁啟超等人。(2)國民革命黨
人，例如孫中山、章太炎、吳稚暉、張繼等人。(3)蘇俄無政府主義
(Anarchism) 的社會改革者，例如克魯泡特金 (Peter A. Kropotkin,
1842–1921)、托爾斯泰 (Lev Nikolaevich Tolstoi, 1828–1910) 等人。
(4)西學的引進者，例如嚴復。由此可見太虛法師早年思想的龐雜性。
　　事實上，就西方思潮而言，太虛在其一九二八年的一次演講稿
──〈人生佛學的說明〉中，曾經說到當時已經成為「普遍之世界文
化」的三件事情，它們是：「一、現實的人生化，二、證據的科學化，
三、組織的群眾化。」❹其中，「現實的人生化」應該就是他所謂的「人

---

❸　引見《太虛大師全書》(五七)，頁六九。這段引文，和現在的〈告徒眾
　　書〉稍有出入。(參見《太虛大師全書》(三四)，頁五八四。) 另外，太
　　虛在其〈太虛自傳〉當中，更加詳盡地說明他之所以受到這些革命新思
　　潮的影響因緣：「就其 (指溫州僧華山) 所攜者，有康有為《大同書》
　　……等。讀後，於譚嗣同《仁學》尤愛不忍釋手，陡然激發以佛學入世
　　救世的弘願熱心，勢將不復能自遏，遂急轉直下的改趨迴真向俗的途徑
　　……。」(引見《太虛大師全書》(五七)，頁一九一。)

生佛教」的思想來源;第三的「組織的群眾化」,應該就是他的僧制革命的思想來源❺;而第二的「證據的科學化」,則促使他試圖以早年從禪宗、天台宗所學來的禪定工夫(他稱之為「瑜伽方法」),用來彌補科學方法所可能的不足❻。而就科學說,太虛以為它和人生觀不可分割,他認為「張君勱以人生觀是非科學的」、「梁任公所謂情志是絕對超科學的」、「任永叔所說人生觀是不能成為科學的」,乃至「情感中的愛和美是不可用科學方法來分析研究的」(大約是任公的主張),都加以否定地說:「我皆不能承認。」❼他在〈人生觀的科學〉一文當中更指出:「則人生只有善由狹義科學,廣義科學以浩浩蕩蕩前進,而達到人生究竟的一條路,並無第二、第三路向;其第二、第三路向,只是錯誤迂迴的路向而已。」❽文中所謂第二、第三路向,

---

❹　引見《太虛大師全書》(五),頁二○七~二○八。

❺　有關太虛的僧制革命,是他所謂的三種佛教革命(教理、僧制、寺產的革命)當中最首要者。詳見❶。

❻　民國初年的「科學與人生觀的論戰」(又叫「科學與玄學論戰」)當中,太虛也曾經參與(不重要的)一角。他在批評以丁在君(丁文江)為主的科學方法觀時,曾說:「……科學之方法,當以擴充感驗的能力為最要。而今於視覺、聽覺雖已有擴充方法,然於嗅覺、嚐覺、觸覺之擴充方法既極短缺,而於意覺,又祇有論理訓練之一法——概念推論。……論理訓練既不能施於意覺發動幽微之際,而分解修繕之以擴充其純正感覺之力量,則於增益意覺等純正感驗之方法,豈可不謀有所改進乎?此則佛教之瑜伽學——或曰止觀學、靜慮學——所由尚。而余認『瑜伽方法』加入於現時狹義的科學方法,即為佛教廣義的科學方法;以之得成由純正感驗所獲之明確理知,即為廣義的科學,亦由乎此。」(引見太虛,〈人生觀的科學〉,《太虛大師全書》(四六),頁一五~一六。)由此可見太虛試圖把他早年從禪宗和天台宗所學來的「瑜伽方法」,加入一般的科學方法當中,以組成他所謂「廣義的科學」之用心。

❼　〈人生觀的科學〉,《太虛大師全書》(四六),頁一四。

指的是梁漱溟在其《東西文化及其哲學》一書當中所說到的三種人生
態度和相對應的三期文化中的兩個。這三種人生態度和對應的三期
文化是：一、向外追求的、對於「物」而研究的西方科學；二、向內
自省，對於「人（倫）」而發揚的中國儒學；三、對於「自己（內心
煩惱）」以「取消問題為問題之解決」為方法的印度佛教。梁氏又說，
當前中國所應走的道路是第二條路（儒家），並據而否定第三條路（佛
教）的迫切性 ❾。而太虛，既然認為「達到人生究竟的一條路，並無
第二、第三條路向」、「第二、第三路向，只是錯誤迂迴的路向而已」、
「單獨各走一路向的人生三態度。更是絕無之事」❿，並說「人生只

---

❽　引見前書，頁五五。

❾　梁漱溟，《東西文化及其哲學・人生的三路向》中曾說：「所有人類的生
　　活大約不出這三個路徑樣法：㈠向前面要求；㈡對於自己的意思變換，
　　調和，持中；㈢轉身向後去要求；這是三個不同的路向。……所有我們
　　觀察文化的說法都以此為根據。」（臺北：里仁書局，一九八三，頁六四。）
　　這即是梁氏有名的文化三類型或人生三路向。第㈠之「向前面要求」，
　　即指西方的科學；第㈡之（調和、持中）自己的意思，即指中國的儒學；
　　而第㈢之「向後去要求」，則指印度文化而言。他在同書第五章〈我們
　　現在應持的態度〉當中，更肯定地說：「……我們中國人現在應持的態
　　度是怎樣才對呢？對於這三態度何取何舍呢？我可以說：第一，要排斥
　　印度的態度，絲毫不能容留；第二，對於西方文化是全盤承受，而根本
　　改過，就是對其態度要改一改；第三，批評的把中國原來態度重新拿出
　　來。」（同前書，頁二三八。）梁氏的意思是：在三種文化或三種人生的
　　路向當中，目前中國所應走的是第㈡種之儒家文化或人生態度。第㈠種
　　的西方科學的路向，不但不適合中國，而且必須「根本改過」、「改一改」；
　　而屬於第㈢種路向的印度佛教，則必須「絲毫不能容留」地加以「排斥」。
　　由此可見梁氏所謂三種文化型態或三種人生路向的大要及其本人對它
　　們的主觀評價。另外，本文正文中所引據之梁氏原文，則出自他的另外
　　一書──《中國民族自救運動之最後覺悟》，頁五三～五四。

有善由狹義科學、廣義科學以浩浩蕩蕩前進，而達到人生究竟的一條
大路」。基本上，太虛法師的「人生佛教」，必須立基於西方科學之上，
那麼，它和太虛的「僧制革命」一樣，受到西方（科學）思潮的影響，
也是可以肯定的結論。

　　有關這一點，還可以從他的《太虛自傳》得到進一步的證明。他
在自述普陀山閉關（一九一四年十月～一九一七年二月）所閱讀的書
籍時，曾說：「並至滬購買了當時所有嚴又陵（嚴復）所譯各書，及
心理學、論理學、倫理學、哲學等譯著，新出的《民國經世文編》、
章氏叢書、《飲冰室全集》、《辭源》等……到普陀的時候，箱籠攜帶
了十餘件，不知者以閉關為何要用這許多東西，其實，我只是預備要
看的經書而已。」❶ 他又自述在關房當中閱讀各書的情形說：「先閱
的，憶是《民國經世文編》，對於當時各種教育思潮的論說，頗生興
趣；繼於嚴譯的各書，重閱《天演論》、《群學肄言》及《原富》、《法
意》、穆勒名學、耶芳思論理學等，泛及其他哲學綱要、倫理學、心
理學諸譯著……。」❷ 可見影響太虛之「人生佛教」的，除了民初諸
革命人士的思想之外，還有西方的各種科學理論。

㈡間接的思想來源

　　影響太虛法師之「人生佛教」理念的，除了上述所提到的各點直
接因素之外，另外還有一些間接的、消極意義的因素。那就是梁漱溟

---

❿　同註❽。

⓫　引見《太虛大師全書》（五八），頁二〇九～二一〇。

⓬　引見前書，頁二一七。

等儒者對於佛教的批評。清末、民初是中、西文化相會而又互相攻擊、融攝的時刻，也是思想瞬息驟變的時代。清末「變法維新派」的人物，諸如康有為、譚嗣同、梁啟超等人，在當時固然是人人喊殺的激進人士；但是轉瞬之間成了被指名批判的分子。所以胡適之曾說：「二十年前康有為是洪水猛獸一般的維新黨。現在康有為變成老古董了。」⑬康有為等維新派的人物變成老古董了，因為比他們更為激進的另外一批思想家──陳獨秀、胡適之、吳稚暉等人起來了。這些思想家們，引入西方的科學、民主、自由等資本主義社會的理念（例如胡適之、吳稚暉等人），甚至引進了馬克思等共產主義的思想（例如陳獨秀），並進而嚴厲地、沒有保留地批判中國舊有的任何思想和制度。胡適之主張「打倒孔家店」、吳又陵高喊「禮教吃人」等等⑭，都是針對傳統中國的思想和社會體制而發出的改革呼聲。其中固然未曾把箭頭直接對準同屬舊社會之產物的中國佛教，但是流風所及，中國的傳統佛教多少也受到了影響。

　　受到無情批判的傳統派人士，有些採取了妥協的態度，承認西方科學的成就以及傳統中國社會的腐敗，因此希望中國文化在西方文化的大衝擊下振興起來，其中代表人物即是梁漱溟。事實上，很多跡象顯示，梁氏一直把中國文化的衰微歸罪於印度佛教（在中國）的過於興盛。因此，他認為要把中國文化振興起來，必須抑制佛教的流行。這也是他之所以對於清末、民初康有為、譚嗣同、梁啟超，乃至楊仁

---

⑬　胡適，〈新思潮的意義〉，《胡適文存》集一卷四，臺北：遠東圖書公司，一九七九，頁七二九。

⑭　參見郭湛波，《近五十年中國思想史》，香港：龍門書店，一九七三，二版，頁三〇六。

山以來的佛教改革運動，抱著反對態度的原因，他在《東西文化及其哲學》一書當中，曾經露骨地表達了他反對佛教改革運動的態度：

> 孔與佛恰好相反：一個是專談現世生活，不談現世生活以外的事；一個是專談現世生活以外的事，不談現世生活。這樣，就致佛教在現代很沒有多大活動的可能，在想把佛教擡出來活動的人，便不得不謀變更其原來面目。似乎記得太虛和尚在《海潮音》一文中要藉著「人天乘」的一句話為題目，替佛教擴張他的範圍到現世生活裏來。……而梁任公先生則因未曾認清佛教原來怎麼一回事的緣故……總想著拿佛教到世間來應用；以如何可以把貴族氣味的佛教改造成平民化，讓大家人人都可以受用的問題訪問於我。其實這個改造是做不到的事，如果做到也必非復佛教。……總而言之，佛教是根本不能拉到現世來用的；若因為要拉他來用而改換他的本來面目，則又何苦如此糟蹋佛教？我反對佛教的倡導，並反對佛教的改造。❺

梁漱溟的《東西文化及其哲學》一書，出版於一九二一年左右，數年後，太虛提出了「人生佛教」的理念。依此看來，太虛在梁漱溟等儒家人物的批判之下，圖謀為其所推行的佛教革命辯護，因而提出他的「人生佛教」的主張，是明顯的事實。因此，「人生佛教」的趨於圓熟，除了直接融和西學和太虛早年所學之禪宗、天台宗學之外，無疑地還受到梁漱溟等儒家人士的反佛態度的間接刺激❻。

---

❺ 引見《東西文化及其哲學》，頁二四八～二四九。

❻ 事實上，對於梁漱溟的反對佛教改造運動，太虛曾在他的〈人生觀的科學〉一文當中為他所提倡的「人乘法」辯護。（參看《太虛大師全書》

　　梁漱溟站在儒家的立場，以為適應當時大勢的文化，應該是屬於第二種形態的儒家文化。這意味著第三形態的佛教文化，並非適應大勢的學說。有關這點，前文已稍有論及❶。太虛除了提出前文所說到的反駁之外，還進一步批評梁氏所謂第三形態之佛教文化是一「取消問題為問題之解決」的說法，乃是對於佛教真面目的誤解。太虛說：

> 然梁漱溟的人生第三態度，是印度無想外道等妄取的斷滅，與佛教小乘之發生稍有關係，而與大乘佛教無關。故梁漱溟所說人生三態度，其第一是此前西洋人之征服天然、發展自我的科學態度，其第二是以前無科學時代的儒、道家態度，其第三是印度外道的態度，而皆非佛教的。佛教的，當以其第一態度之進一步態度為起點。❶

（二三），頁三八～四二。）當時一九二四年，梁漱溟的《東西文化及其哲學》一書出版於一九二一年（一說一九二二年），「人生佛教」一詞沒有正式提出。

❶　梁漱溟在其《東西文化及其哲學・我們現在應持的態度》當中，曾經極其嚴厲地批評第三路向的人生態度或文化型態。例如他說：「我們因未走第一路便走第二路而受的病痛，從第三態度將有所補救呢，還是要病上加病？我們沒有抵抗天行的能力，甘受水旱天災之虐，是將從學佛而得補救，還是將從學佛益荒事功？……你若再倡導印度那樣不注意圖謀此世界生活之態度，豈非要更把這般人害到底？」又說：「我在《唯識述義》序文警告大家：『假使佛化大興，中國之亂便無已』……我希望倡導佛教的人可憐可憐湖北遭兵亂的人民，莫再引大家到第三態度，延長了中國人這種水深火熱的況味！」（頁二四五～二四六）這可見梁氏反對印度佛教的激烈態度。

❶　〈人生觀的科學〉，《太虛大師全書》（四六），頁三三。引文的最後一句——「佛教的，當以其第一態度之進一步態度為起點」，其中所指的「第一態度之進一步態度」，應該是指加入了「瑜伽方法」的「廣義的科學」

太虛還在文章的最後，下了摘要性的結論說：「人生只有對科學以排除謬執、圓成佛智的一條大乘路向，並無第二、第三路向。」**⑲**

從以上所引據的文獻看來，無疑地，太虛的「人生佛教」理念之所以必須以（屬於第一人生態度的）西方科學（以及屬於第二人生態度的中國儒學）做為基礎，乃是受了梁漱溟等儒家學者的刺激而後引發出來的**⑳**。

綜上所述，我們可以對太虛之「人生佛教」的思想來源，做一簡要的歸納。「人生佛教」的理念，來自於下面所列舉的四個方面；其中，㈠至㈢是直接的因素，而第㈣則是間接的刺激所致：

㈠清末、民初諸革命人士之革命思潮；

㈡太虛自己早年所研修之禪學、天台學等傳統中國佛教；

㈢西方諸科學理論；

㈣梁漱溟等批判佛教之儒者的刺激。

另外，諸如清末、民初各執政的政府所推行的「廟產興學」政策，使得太虛心存佛教即將滅亡的危機意識（末法思想），也是促使「人生佛教」之理念成熟的原因。但是，這一影響主要表現在太虛的另外兩種革命（「僧制」和「寺產」的革命）之上，和「人生佛教」純屬思想層面（「教理」革命）的特性稍有不同，因此不在本文討論之內。

（參見**❻**）。

⑲ 引見前註所引書，頁六六。

⑳ 太虛的「人生佛教」，除了是對應梁漱溟對佛教的批判之外，還對應了吳稚暉對佛教的批判。有關這點，請參閱太虛的〈人生觀的科學〉一文，以及他在《海潮音》卷九期一所發表的一封公開信——〈致吳稚暉先生書〉。（收錄在《太虛大師全書》（五一），頁一八七～二〇一。）

二　「人生佛教」的內容與真義

㈠「人生佛教」的提出

太虛法師之「人生佛教」的第一次提出，似乎是在一九二八年刊於《海潮音》卷九期四的一篇文章——〈對於中國佛教革命僧的訓詞〉。在此之前，儘管提到了「人生」❷甚或「人乘正法」❷等名詞，但都沒有出現「人生佛教」一詞。〈訓詞〉中，太虛說到「中國佛教革命的宗旨」共有三方面：一、要革除的方面，指的是被「君相利用為受神道設教以愚民的迷信」以及「中國家族制度所養成的剃派法派」（亦即寺產私相授受的制度）。二、要改革的方面，改「遁世高隱」為「化導民眾」和「利濟民眾」；改「專顧脫死問題及服務鬼神」為「服務人群」、「兼顧資生問題」。而在第三方面則說：

三、要建設的方面：甲、中國從前儒化的地位，今三民主義者若能提取中國民族五千年文化及現世界科學文化的精華建立

---

❷　例如，寫於一九二五年七月的〈人生〉一文。（收錄於《太虛大師全書》（五），頁一九九～二〇四。）印順，〈人間佛教緒言〉一文當中曾經說到：「太虛大師在民國十四、五年，提出了『人生佛教』。」（引見《妙雲集（下編①）・佛在人間》，頁一八。）也許印順指的就是這篇文章吧！

❷　例如，寫於一九一六年的〈佛教人乘正法論〉一文。（收錄於《太虛大師全書》（五），頁一二八～一五二。）

三民主義的文化，則將取而代之；故佛教亦當依此，而連接以
大乘十信位的菩薩行，而建設由人而菩薩而佛的人生佛教。
乙、以大乘的人生佛教精神，整理原來的寺僧，而建設適應現
時中國環境的佛教僧伽制。丙、宣傳大乘的人生佛教以吸收新
的信佛民眾，及開化舊的信佛民眾，團結組織起來，而建設適
應現時中國環境的佛教信眾制。丁、昌明大乘的人生佛教於中
國的全民眾，使農工商學軍政教藝各群眾皆融洽於佛教的十
善化，養成中華國族為十善文化的國俗；擴充至全人世成為十
善文化的人世。 **㉓**

依照引文看來，太虛的「人生佛教」具有下面四個重要的特色，
分別對應引文中所說到的甲、乙、丙、丁等四個重點：

(1)人生佛教是由做一個好人開始，進而學習菩薩的善行，然後成
　佛；

(2)人生佛教的出家僧團，是一個適應現時中國社會環境的團體；

(3)人生佛教的在家信眾必須組織起來，成為一個適應現時中國
　社會環境的團體；

(4)人生佛教的社會意義，乃在於教化一般民眾成為修習十善的
　國民，並擴及全世界之人類。

就這四個重點而言，(1)與(4)其實可以劃歸成為一點，那就是：人
生佛教應以做個好人為出發點。而(2)(3)則可以劃歸成為：人生佛教之
下所組織出來的團體，不管是出家的或是在家的團體，都必須適應現
時中國的社會環境。因此，太虛所謂的「人生佛教」，實不外下面的

㉓　引見《太虛大師全書》(三四)，頁五九七～五九八。

兩大特點：

　　⒜人生佛教的基礎在做一個好人；

　　⒝人生佛教的推行，必須由出家、在家佛教組織的合理化開始做　　　　起。

　　從以上所引據的文獻還可以看出，太虛的「人生佛教」明顯地受到孫中山之三民主義的啟發。這也可以從他接著又說出的一段話，得到進一步的證明；他說：「由中國革命，推及世界革命的國民革命，有三民主義；由國民佛化，推及人世佛化的佛教革命，亦有三佛主義。」❷然後，他接著一一說明他所謂的「三佛主義」。它們是：一、佛僧主義，成立理想中的出家僧團。（例如寺產公有、辦學、利濟社會等。）二、佛化主義，成立理想中的在家信徒團體。（例如輔助學校教育、社會教育，為地方的國家的世界的人群服務，積極參加各種政治的社會進步事業，及救國救世的運動等。）三、佛國主義，在精神方面，「改善各種社會制度，若經濟、政治、教育等；及各種社會文化，若文字、語言、禮俗、風尚、思想、學說、藝術教化等的運動」。在物質方面，「增進水陸空界的交通利便，開闢及發達各種地利、水利與林場、礦場、農場及工廠、商務等生產事業」❷。太虛甚至認為，他的「三佛主義」有其實行上的先後次序。必先從「佛僧主義」做起，然後再實行「佛化主義」，最後才推廣「佛國主義」。也就是說，先從出家僧團的制度合理化做起，（這也是為什麼他在〈志行自述〉當中，自稱「志在整理僧會」的原因吧？）然後再從一般信徒的組織著手，最後則將「人生佛教」推廣到全國人民和全世界的人類之上。

---

❷　引見前書，頁五九八。

❷　以上有關太虛的「三佛主義」，請見前書，頁五九八～六〇三。

而在「佛僧主義」的說明當中，太虛曾經說了下面的一段話：

> 中國的佛教，由僧寺代表了二千年。則中國佛教的僧寺，內有
> 二千年歷史為背景，外有現代全國全世界的環境為背景。以此
> 中國的佛教革命，決不能拋棄有二千年歷史為背景的僧寺。若
> 拋棄了僧寺以言廣泛的學術化的社會化的佛教革命，則如拋
> 棄了民族主義，而言世界革命一樣的危險。有些犯幼稚病的革
> 命僧，欲篡奪了僧寺以俗化成普通的民眾；則如中國的共產
> 黨，欲篡奪了求中國民族自由平等的國民革命，為第三國際階
> 級革命一般的愚蠢而錯誤。❷

以上所引文獻，是太虛到了晚年仍然堅持的信念。他在一九四〇
年所寫的一篇自傳式的文章──〈我的佛教改進運動略史〉當中，即
曾經把這段話再度強調出來❷。依此看來，太虛的「人生佛教」和梁
漱溟等人的極欲保存國故，其實都是出於相同的心情，那就是對於舊
思想、舊制度的某種懷念和肯定。他們要求革命，卻又不能澈底，這
不能不說是他們終歸要走上同一失敗之路的原因吧？

㈡「人生佛教」的特質

A.「人生佛教」在「五乘佛法」中的位置

---

❷ 〈對於中國佛教革命僧的訓詞〉，《太虛大師全書》（三四），頁五九八～五
九九。

❷ 參見《太虛大師全書》（五七），頁九一。

　　前文已經論及，太虛「人生佛教」的特色不外(a)(b)等兩點。其中，(b)是有關組織方面的革命，並不是本文所要探討的重點。而(a)，才是筆者所關心的部分。因此，下面即針對(a)所說的，進一步分析太虛之「人生佛教」的本義。

　　「人生佛教」的理念和太虛早年所提倡的「五乘佛法」有很密切的關係。一九一六年太虛二十八歲的時候，他就寫了〈佛教人乘正法論〉一文，並刊於《覺社叢書》一、二期。文章一開頭即標示「五乘(佛)法」：「佛法有五乘法：曰人乘、曰天乘、曰聲聞乘、曰緣覺乘、曰如來乘，前二世間，後三出世，唯如來乘完全此五。今論所取，但在人乘，此人乘法其本源出於如來乘，故曰佛教人乘正法。」❷這是佛門中的老生常談，我人無法從中了解「人乘法」或稍後之「人生佛教」的特色所在。然而，一九三五年的一篇講稿──〈佛學之人生道德〉當中，太虛卻又在「五乘佛法」(此時他稱之為「五乘共法」)之外，另列「大乘教法」和「三乘教法」兩種，並對「五乘佛法」給予特高的評價。他說：

　　　　佛說的一切教法，可總括為三類：一、大乘教法，二、三乘教法，三、五乘共法。這五乘共法的教義，是說明由人乘進到天乘和聲聞乘、緣覺乘、菩薩乘的進化論，以人生為進化的基礎。這五乘教法最注重於人生道德，為五乘人所共同修學，所以叫做五乘共法。普通人批評佛法為非人生、非倫理，是因為他們對於佛法只知出世的三乘教法，而沒有了解到普遍的大乘教法和五乘共法的意義。其實佛法的根本在五乘教法，就是重在

---

❷　引見前書，冊五，頁一二九。

說明人生的道德——教人應該養成怎樣善的思想和善的行為，方算是人生社會合於理性的道德。 ㉙

引文中，太虛明白地把「五乘法」和大乘教法相提並論，給以最高的評價；可見他對「五乘法」的重視程度。這「五乘法」的特色，從這段引文也可看出端倪，那就是：⑴由人乘進到天乘和聲聞乘、緣覺乘、菩薩乘的進化論，亦即，它是「佛法的根本」；⑵「五乘法」注重人生道德。其中，第⑵點固然是佛門中的老生常談，但是第⑴點所顯示的——佛法必須以人生做基礎而向成佛之道進化——則是「五乘法」的重點所在。這一重點至少含有兩層意義：

（a1）「人乘法」，亦即太虛後來所說的「人生佛教」，必須以「人生」做基礎；

（a2）「人乘法」（亦即「人生佛教」）必須進化到成佛的境地。

B.「人生佛教」必須以「人生」為基礎

有關第（a1）的「人乘法」（「人生佛教」）必須以「人生」做基礎，意味著「人乘法」（人生佛教）不重視「人生」（或太虛所謂「生人」）之外的其他眾生，例如天神和鬼神。所以，一九二八年夏天，當太虛第一次提出「人生佛教」這一理念（同年四月）之後不久，他又在一篇演講稿——〈人生佛學的說明〉當中，詳細地說明了「人生」一詞的意義及其在佛法中的重要性。他說：

佛法雖普為一切有情類，而以適應現代之文化故，當以「人類」為中心而施設契時機之佛學……當以「求人類生存發達」為中

㉙ 引見前書，頁一六一～一六二。

心而施設契時機之佛學，是為人生佛學之第一義。……故「人生佛學」者，當暫置「天」、「鬼」等於不論。且從「人生」求其完成以至於發達為超人生、超超人生，洗除一切近於「天教」、「鬼教」等迷信；依現代人的人生化、群眾化、科學化為基礎，於此基礎上建設趨向無上正遍覺之圓漸的大乘佛學。❸

　　從引文當中可以看出太虛之「人生佛教」或「人乘法」，對於「人生」或「人類」的重視程度，相反地，也可以看出他對於「天教」、「鬼教」所抱持的批判態度。他甚至在晚年（一九四〇）的另一篇講稿中，依照佛法有正法、像法、末法等三期的佛門常談，判攝所有流行於歷史上的佛法，並把「依天乘行果趣獲大乘果」的「天教」、「鬼教」判為三期中的像法時期；而把「依人乘行果趣進修大乘行」的「人生佛教」或「人乘法」，判為三期中的第三期，亦即當前的末法時期❸。他在說明第二之像法時期時說：「在印度進入第二千年的佛法，正是傳於西藏的密法。中國則是禪宗、淨土宗。禪宗出於第一期的末葉，附屬於第一期，故此像法時期足為代表的是密宗、淨土宗，是依天乘行果的道理。」❸可見太虛所批判的「天乘」或「天教」，指的是密宗、淨土宗和部分的禪宗。

　　其次，太虛在說明第三期「依人乘行果趣進修大乘行的末法時期」時說：

---

❸　引見前書，頁二〇八～二〇九。
❸　詳見〈我怎樣判攝一切佛法〉，《太虛大師全書》（二），頁五二五～五二八。另外，太虛把三期中的第一正法時期，判屬為「依聲聞行果趣發起大乘心」的聲聞法。
❸　引見前註所引書，頁五二七。

這是踏上了佛滅後第三千年的時代了，到了這時候——末法的開始，依天乘行果修淨密勉強的雖還有人做到，然而就最近的趨勢上觀察，修天乘行果這一著也不適時代機宜了。因此，也就失了能趣大乘的功效。……而且依聲聞行果是要被詬為消極逃世的，依天乘行果是要被謗為迷信神權的，不惟不是方便而反成為障礙了。所以在今日的情形，所向的應在進趣大乘行。而所依的，既非初期的聲聞行果，亦非三期的天乘行果；而確定是在人乘行果，以實行我所說的人生佛教原理。依著人乘正法，先修成完善的人格，保持人乘的業報，方是時代的所需，尤為我國的情形所宜。**㉝**

　　由此可見太虛所說的「天乘」或「天教」，其實主要是指流行於西藏的密宗和流行於中國的淨土宗。他認為這樣的信仰是迷信的，而且並不適宜「末法時期」的眾生。他在另外一篇名為〈人生佛教開題〉的演講稿中（講於一九四四），更對「死的佛教」和「鬼的佛教」大加撻伐，無疑地，那也是針對密宗和淨土宗而發。他說：

何謂人生？「人生」一詞，消極方面為針對向來佛法之流弊，人生亦可說「生人」。向來之佛法，可分為「死的佛教」與「鬼的佛教」。向來學佛法的，以為只要死的時候死得好，同時也要死了之後好，這並非佛法的真義，不過是流布上的一種演變罷了。還有說：佛法重在離開人世的精神；但死後不滅的精神，具體的說即為靈魂，更具體的說，則為神鬼。由此，有些信佛者竟希望死後要做個享福的鬼，如上海某居士說「學佛先要明

㉝　〈我怎樣判攝一切佛法〉，《太虛大師全書》（二），頁五二八。

鬼」，故即為鬼本位論。然吾人以為若要死得好，只要生得好；若要做好鬼，只要做好人，所以與其重「死鬼」，不如重「人生」。……此所以對向來死鬼的佛教而講人生的佛教也。❸

C.「人生佛教」與「層創進化論」

以上所說是對太虛之「人生佛教」（人乘法）的第（a1）點之特色——「人生佛教」必須重視「人生」或「人類」——的說明。「人生佛教」的第（a2）點特色是：必須由人進化到佛的「進化論」（詳前文）。現在讓我們來看看太虛如何解釋這一點。

一九三八年，太虛寫了一篇文章——〈即人成佛的真現實論〉，文章的開頭附了這樣的一首詩偈：「墮世年復年，忽滿四十八，眾苦方沸騰，遍救懷明達。仰止唯佛陀，完就在人格，人圓佛即成，是名真現實。」❸從這首詩偈，除了可以看出「人生佛教」的第（a1）點特色之外，也可以看出「人生佛教」的第（a2）點特色——由人而佛的「進化論」。這特別是詩偈中的「人圓佛即成」一句。然而，從人而佛的「進化論」並不是這樣的一句話所能說明清楚的。因此我們必

---

❸　引見《太虛大師全書》（五），頁二一八～二一九。引文中所提到的「上海某居士」，依印順〈人間佛教緒言〉一文所說，是指無錫的丁福保。（詳見《妙雲集（下編①）‧佛在人間》，頁二〇。）

❸　引見《太虛大師全書》（二四），頁四五七。這首太虛有名的詩歌，在印順法師所編的《太虛大師年譜》（臺北：慧日講堂，一九七三，二版）頁四二六當中作為：「墮世年復年，忽滿四十八，眾苦方沸騰，遍救懷明達！仰止唯佛陀，完成在人格。人成佛即成，是名真現實。」並說這是太虛在四十八歲滿（一九三八年一月十九日）為迴向給外祖母和母親而作的詩偈。而〈即人成佛的真現實論〉一文，則作於該年的二月八日。《年譜》所錄的，是一首流傳更廣的詩偈。

須從太虛的另外著作當中，進一步探討何謂「人圓佛即成」。

一九四四年秋天，太虛在漢藏教理院發表了一篇名為〈人生佛教與層創進化論〉的演講稿❸。稿中有這樣的一個圖表，用來說明他所謂的「（層創）進化論」：

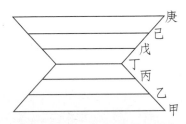

太虛在說明當中，把甲一庚等七層分別給了一個稱呼（引號中的字句，都是太虛文章中的原文）：

㈠「無始終無邊中之宇宙事變」：「括盡了有為無為一切法，換些名辭，也可說為緣起性空法，唯識性相法，華嚴的五重法界，法華的三千性相，其範圍至為廣闊，故初層的線也最長。」

㈡「事變中之有情眾生業果相續」：「在……盡一切法事變當中，特提出有情世間來說，這層是以有情眾生為中心，以有機的生命為重點，在有情上建立一切，其層度比初層稍微狹小。」

㈢「有情業果相續流轉中之人生」：「在有情業果相續中，特提出人生來說……此層以人為中心去看一切眾生之業果相續流轉生死，特別講明人生因果，故比上一層更為狹小。」

㈣「有情流轉中繼善成性之人生」：「此層成立人生果報，繼續修善，完全以人為中心，其他一切環境，全以人的用功致力而達其美善。

這種道理是儒家的特長，而佛教向來將此忽略了。尤其是中國佛法，因儒家已有詳細的發揮，以為佛法不須重視。今講人生佛教特將此點提出來，依人的果報修人的業行，使相續不失人身，作進修的基礎，故其寬度較上下度為最狹，此為人生的樞紐，成凡作佛以此為轉捩點，而人生佛教之重心亦在此。故此層最為重要。」

㈣「人生向上勝進中之超人」：「這裏的超人包括天界天神，但不用天神的名目者，以此層比『天』界天『神』的範圍寬廣，只要超出人類以上的都是。此可包括三界諸天和三乘初發心的修行者……這是人中的向上前進者，故此層量度又稍放寬。」

㈤「人生向上而進化至不退轉地菩薩」：「由勝進中的超人，修大乘行達到不退轉的地位，是為二乘聖者的極果，以菩薩位亦可包括二乘聖者……。」

㈥「無始終無邊中之宇宙完美人生——佛」：「這層與初層一樣寬，但與初層不同，這是佛陀證到的無上正等正覺的最高境界，一切法的範圍有多大而佛的智境亦有多大，窮盡一切法的邊際，就是佛的智慧法身邊際。」

從以上所引文獻看來，太虛的「層創進化論」，有底下兩點特別值得我們注意的地方：

（a2-1）在共有七個層次的「層創進化論」之中，第㈡層的「有情流轉中繼善成性之人生」最為重要。這也是「人生佛教」之所以稱為「人生」佛教的原因。

（a2-2）第㈡層之「有情流轉中繼善成性之人生」，並不是最高、最究竟的；第㈥層的佛，才是最完善的 **❸**。

---

❸ 因此，太虛曾說：「中間人之一層（指第㈡層），因屬人生佛教所特提出

太虛的「層創進化論」，無疑地受到儒家（之刺激）的影響。這可以從他對於(丁)層名字來源的說明看出來：

> 在《易經》裏有兩句嘉言是，「繼之者善，成之者性」；是說明人生以繼善成性為最善最美的標準，這種學說在紛紜繁變的人界中，推為至當的格言，在講世間法的學說裏也算是最完滿的哲學了。這兩句話以佛法來說，可證明有情之業果相續中，人生是善業所感，造人的業因，受人的果報，人生的業因即由各人所行之五戒十善等業行，此業行是善的，故感人生之善的果。故中國的儒家說人性是善的，將此善性繼續而擴大，成賢成聖皆由此也。❸

不過，太虛站在佛教的立場，雖然一方面讚嘆儒家的優點，卻在另一方面指出儒家只重視人事、人間的不足。他說：

> 儒於這七層中，前三系和後三系都顧不及，即所謂「六合之外，存而不論」。是僅顧到人事，人間之外的事，存而不論也。故中間這一層（指(丁)層）最狹，特示明儒家的道理僅說到人間，其沒有佛法的廣度，尤其沒有佛法的高度深度。故居人間而人所依止的一切法，一切眾生，不能深切明徹。其超人之三界天

討論之點，是為適應今世界人類之需要，作為人的立足點，但非是人生究竟的目的，而究竟的目的是在成佛。」（引見《太虛大師全書》（五），頁二二九～二三〇。）這顯示，第(丁)層一者是所有各層當中最重要的一層，因為它是由人向上成佛或向下墮落的轉換點。二者，由於在它的上面還有其他各層，因此第(丁)層所指的「人」，並不是最究竟的，人還必須往上更進一步──「進化」，才能究竟成佛。

❸ 引見《太虛大師全書》（五），頁二二七。

人，三乘之聖者，菩薩境界，乃究竟之佛境界，皆未之聞也。
故佛教與儒教不同，而向來儒家每謂佛法厭世忽略人生，今則
特提倡人生佛教，注重人生的因果業報，繼善成性達佛之極
果。一面又指明儒家的道理不及佛法的宏廣高深也。❸

　事實上，太虛的「層創進化論」不但受到儒家（之刺激）的影響，
而且還可能受到他那一時代西方哲學所流行的「層創進化論」
(Emergent Evolution) 的啟發。在太虛的用語裏，西方哲學所流行的「層
創進化論」被譯為「層剏進化論」，但在當時一般的翻譯當中，大都
譯為「層創進化論」❹。西方哲學的「層創進化論」，是由本世紀初
的哲學家穆耿 (C. Lloyd Morgan)、亞歷山逗（亞歷山大，S. Alexander）
等人所提出來的❹。太虛曾經簡略地介紹了這一「層創進化論」（他
稱為「層剏進化論」），並試圖說明他的「進化論」和這兩位西方哲學
家有所不同。他說：

　　層剏進化論，是英人穆耿、亞歷山逗所發明的，是英國新近的
　　一派哲學，其理論是綜合現代科學的成果及各派哲學和宗教
　　哲學的所長而成的，為很有層次系統的新哲學。有人說我的人
　　生佛教層系與亞氏的層剏進化論的層系相仿，其實不然，他的
　　次第是塔模式的上小下大❷，我的這個次第是上下大而中間

❸　引見前書，頁二三〇。

❹　例如，太虛曾在〈人生觀的科學〉一文當中批評過的張東蓀，在其《新
　　哲學論叢》（臺北：天華出版公司，一九七九）頁三一六～三四九中，
　　即譯為「層創進化論」。另外在吳康，《哲學大綱》（臺北：臺灣商務印
　　書館，一九五九）篇二章四當中，亦有相同的譯名。

❹　有關穆耿和亞歷山逗的思想，請參見前註所引書。

小，不惟是形式的不同，尤其是內容更若雲泥。……他的最底的那一層的時間和空間，是空洞的不是實事的，其物質的和生命的均不在其內，我的初層則將宇宙萬有生滅變化的一切法，都包括淨盡了。而且他的最高層的超人是很狹的，只說到天界，遠不及我的第五層系中的向上勝進中的超人（包括三界及三乘聖者）廣大，這是我與他的不同點。他雖然是在西洋算進步的哲學，但比之人生佛教，則瞠乎其後，還差得很遠呢！ ❹

　　太虛既然不承認他的「層創進化論」受到穆耶、亞歷山逗等西方哲學家的影響（而儒家的影響又僅止於消極的「刺激」而已），那麼，難道沒有什麼其他的思想根源，而純粹是太虛自己的創見嗎？筆者以為，中國古代佛教的天台宗「性具」哲學，正是它的思想來源。天台宗的「性具」哲學，把一切眾生分成十種，稱為「十法界」；十法界的眾生，從最底層的地獄眾生到最上層的佛陀，每一層都是互相包含，稱為「互具」。例如，雖貴為成佛之後的佛法界，卻也含具著地獄界等其他九法界的眾生；在天台宗的文獻當中，即稱此為「（佛不

---

❹　太虛曾為亞歷山逗畫了下面這個圖解，來說明亞氏的「層刱進化論」（詳見《太虛大師全書》（五），頁二三一）。（依❹所引據之張東蓀的著作，亞歷山逗的作品當中並沒有任何相關的圖解，因此，這一圖解是太虛依照亞氏的學說而自己製作的。）圖解如下：

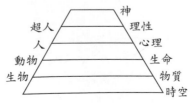

❹　引見《太虛大師全書》（五），頁二三一～二三三。

斷）性惡」的思想。同樣地，就地獄法界的每一眾生而言，也都含具著包括佛法界在內的其他九法界的眾生；這其實就是一般經論常說的「一闡提不斷佛性」的說法。就這層意義而言，十法界中之一的人法界，自然也含具著另外的九法界眾生。因此，就人法界下面的法界而言，人法界含具著地獄、餓鬼、畜生、阿修羅等四種法界的眾生，也就是說，人之為惡即可流轉為受苦的惡道眾生；另一方面，就人法界上面的法界而言，人法界也含具著聲聞、緣覺、菩薩、佛等四種法界的眾生，也就是說，人之為善即可上升（太虛所謂「進化」）到清涼的解脫境界。這即是天台宗的「十界互具」說❹。另外，由於十法界中的下九界眾生都含具佛法界的一切性相，因此，低頭、舉手無非佛道；天台智顗的《妙法蓮華經玄義》卷一上即說：「一切世間治生產業，皆與實相不相違背；一色一香無非中道。」❺可見天台宗哲學不但注重十法界眾生的相互含具，而且還注重下九界眾生的日常生活；以為日常生活中的一切「治生產業」乃至「一色一香」，也都和「實相」相附合。

太虛的「層創進化論」受到這一「性具」思想的影響是很明顯的，例如，他在介紹第㈠㈡兩層時即說：

這兩層若以天台學家所說的「百界千如的三千性相」來說，第一層的宇宙事變，可總包括三千性相。三千性相即是國土一千、眾生一千、五蘊一千，總名叫作三千性相。性相等百界千

❹ 有關天台宗「十界互具」的思想，在智顗的《妙法蓮華經玄義》當中有許多片斷的介紹，例如：卷二上（請參閱《大正藏》（三三），頁六九三c）。

❺ 引見《大正藏》（三三），頁六八三a。

如即是諸法實相，這種境界唯佛乃能究竟。第二層注重有情世間，特說眾生一千性相也。但有情不能離開依報國土的器世間和有情所依的五蘊等，不過此階段特以有情作中心罷了。 ❹

從以上所引文獻看來，無疑地，太虛的「層創進化論」乃是天台宗「性具」思想的變型。太虛早年研讀天台宗哲學，這已在前文略有論及。他從十七歲就開始研讀天台宗的哲學，《太虛自傳》當中即曾詳盡地自述他研讀天台宗哲學的經過。其中有一段是這樣的：

> 到下半年（十七歲），我常能每日默誦《法華經》二三部；我誦到極熟時，大約一點三刻鐘便能將七卷《法華經》誦完。……有老聽經的在（道階）法師前交口譽之，法師遂選一座最難講的「十如是」句，抽我的籤講小座。經文沒多幾句，有些人兩三分鐘便沒得講了。我陞了座，把聽到、看到、記得的貫串起來，大講特講，講了差不多兩小時，聽者無不驚異！ ❹

引文中的「十如是」，是天台宗建立起「十界互具」之「性具」

---

❹ 引見《太虛大師全書》（五），頁二二五～二二六。引文中的五蘊世間、國土世間、眾生世間，即是天台宗的三種世間。包含了全宇宙（全法界）的一切事物的三種分類。而法界當中的每一事物，都可以從它（他）們的性、相、體、力、作、因、緣、果、報、和本末究竟等十種性質（十如是）來考察，這樣一來，十法界的眾生互相含具之後共有百法界，百法界中的每一法界又各有十如是，即成為「千如是」；這就是天台宗所說的「百界千如」。而千如是中的各個如是又具有前述所說的三種世間，因此共有「三千性相」。這樣的一念心中具足三千性相的道理，原本就在我人的心性當中具足，這就是天台宗所謂的「性具」思想。（以上詳見前註所引書。）

❹ 引見《太虛大師全書》（五八），頁一八二～一八五。

思想的最重要的經文（《法華經》）依據❹。可見太虛受天台哲學影響之深。

D.「人生佛教」與「法界圓覺宗」

　　前文（a2-2）曾經論及，第㈠層的「人乘」並不是究竟的，要「進化」到第㈥層的佛，才是究竟的。這固然意味著「人生佛教」必須以成佛為最終的目的（這是佛門的老生常談），也意味著「人生佛教」之上還有更高、更究竟的法門。這一法門即是屬於「大乘不共法」中的「法界圓覺宗」，它包括影響太虛最深的天台宗義，以及華嚴、淨土、真言等宗義。有關這些，太虛在一九四〇年的一篇演講稿——〈我怎樣判攝一切佛法〉當中，說得相當清楚。講稿中，太虛自述對於一切佛法的判攝共分三個時期：(1)一九〇八～一九一四之間是第一期，「認為佛法不外宗下與教下二種……『禪』……是宗下。……天台、賢首、慈恩，就是教下，而律淨教亦可歸教下所攝……。」(2)一九一五～一九二三之間是第二期，「認為佛法的根本宗旨，唯在大乘……。」「天台、賢首、三論、唯識、禪、律、淨、密這大乘八宗，其『境』是平等的，其『果』都以成佛為究竟，也是平等的；不過在『行』上，諸宗各有差別的施設。……八宗既是平等，亦各有其殊勝點，不能偏廢，更不能說此優彼劣，彼高此下。」(3)一九二三後是第三期，「從教法上顯示，分為三級……所謂三級者：五乘共法，三乘共法，大乘不共法（亦名大乘特法）。」❹因此，第三期才是太虛判攝

---

❹　參見❹。

❹　參見《太虛大師全書》（二），頁五〇九～五二〇。另外，在這篇文章當中，太虛除了把佛法判為五乘共法、三乘共法和大乘不共法之外，他還

一切佛法的晚年定論。而在第三期的三種佛法當中，太虛以為較前面兩級要高，所以他說：「人天果、二乘果都是趨佛乘過程中的一個階梯，非是究竟的目的地，究竟的目的地是至高無上的一乘佛果。」❺⓪可見第一級之「五乘共法」並不是最高的佛法，連帶著隸屬於它的「人生佛教」自然也不是最高的佛法了。

那麼，最高的佛法是什麼呢？要回答這個問題，就必須進一步看看第三級的「大乘不共法」到底有什麼內容。我們發現，太虛在第三級的「大乘不共法」中又細分為三宗：⑴法性空慧宗；⑵法相唯識宗；⑶法界圓覺宗。其中，第⑵之「法相唯識宗」，雖無明文說明，但顯然是指唯識法相宗；而第⑶之法界圓覺宗則明文指出是天台、賢首、禪、淨、密等宗❺①。依此看來，雖在同屬第三期的一篇演講稿──〈新與融貫〉（一九三七）當中，強調自己「不為專承一宗之徒裔」、「不專承一宗或一派以自礙」❺②，但實際上在八宗當中還是偏袒天台、華嚴、禪、淨、密等宗。他在同一篇文章當中解釋「新」一詞時甚至還提倡一種「中國佛教本位的新」；他說：

……所云中國佛教本位的新，是以中國二千年來傳演流變的

把佛法依其先後的年代，判為「三依三趣」，它們是：⑷「依聲聞行果趣發起大乘心的正法時期」，指第一千年的佛法；⑸「依天乘行果趣獲得大乘果的像法時期」，指第二千年的佛法；⑹「依人乘行果趣進修大乘行的末法時期」，指第三千年，亦即目前之佛法。（參見《太虛大師全書》（二），頁五二六～五二九。）有關這「三依三趣」的判教，已於前文略有論及，請參考。

❺⓪ 引見《太虛大師全書》（二），頁五二五。
❺① 參見前書，頁五二三～五二五。
❺② 引見前書，頁四四五～四四六。

佛法為根據，在適應中國目前及將來的需要上，去吸收採擇各
時代各方域佛教的特長，以成為復興中國民族中的中國新佛
教，以適應中國目前及將來趨勢上的需求。由此，本人謂中國
佛教本位新，不同一般人傾倒于西化、麻醉于日本，推翻千百
年中國佛教的所謂新！……亦不同有些人憑個己研究的一點心得，
批評中國從來未有如法如律的佛教，而要據佛法的律制以從
新設立的新！……所以本人所謂的中國佛教本位的新，有兩
點：一、是掃去中國佛教不能適應中國目前及將來的需求的病
態，二、是揭破離開中國佛教本位而易以異地異代的新謬
見。❺❸

　　由以上所引文獻看來，足可證明太虛的判攝一切佛法，其實是相
當傳統的，了無新意。可見他不自覺地受到傳統中國佛教之宗派見解
的深刻影響。這和下文所要討論到的印順法師完全不同。做為一個
「佛教革命家」的太虛法師，事實上也有他妥協於傳統的非革命的成
分存在；相信這也是他的「革命」終究無法成功的原因之一吧？

E. 小結

　　綜上所述，太虛的「人生佛教」共有下面幾個重點：

(a)人生佛教的基礎在做一個好人。

　(a1) 人生佛教必須以「人生」（或「生人」）做基礎；

　(a2) 人生佛教必須「進化」到成佛的境地：

　(a2-1) 人生佛教以「人乘」為中心，對「天神」與「鬼神」
存而不論；

---

❺❸　引見前書，頁四五二～四五三。

（a2-2）人生佛教中的人乘，必須「進化」到佛的境地，亦即「進化」到「法界圓覺」的境界；這就是「層創進化論」。

⒝人生佛教的推行，必須由出家、在家之佛教組織的合理化開始做起。

三　從「人生佛教」到「人間佛教」

㈠「人間佛教」的提出

「人間佛教」的提出和提倡並不是僅止於一、二人，一九三四年《海潮音》雜誌即曾出過這一論題的專刊。稍後，太虛的學生——慈航法師，也在星洲創辦了一個名叫《人間佛教》的刊物。而在抗日戰爭期間，浙江縉雲縣也出了一個名為《人間佛教月刊》的雜誌。其後，同為太虛的學生——法舫法師，在暹羅也以「人間佛教」為題，作了一次演講❺。但是，把「人間佛教」進一步推廣並建立其理論基礎的是太虛的學生——印順法師（一九〇六～二〇〇五）。由於他在一九五二年以後就一直定居臺灣的關係，以致深重影響目前的臺灣佛教界。印順所提倡的「人間佛教」，自然受到了太虛的啟發❺；甚至，

---

❺　參見印順，〈人間佛教緒言〉，《妙雲集（下編①）・佛在人間》，頁一八。另外，太虛自己也曾在一九三三年以「怎樣來建設人間佛教」為題，寫了一篇短文，發表在《海潮音》卷一五期一。（收錄於《太虛大師全書》（四七），頁四三一～四五六。）但是檢閱其內容，和目前所說的「人間佛教」完全不相干，因此，不列入本文的討論範圍之內。

印順還說，他的「人間佛教」的理念，「為古代佛教所本有的」❺。
但是，事實上印順的「人間佛教」，卻有他自己不同於古代佛教和不
同於太虛的地方。

印順「人間佛教」的提出，無疑地和太虛的「人生佛教」有關。
事實上，它是「人生佛教」的更進一步。所以印順在他的自傳——《遊
心法海六十年》當中曾說：「虛大師說『人生佛教』，是針對重鬼重死
的中國佛教。我以印度佛教的天（神）化，情勢異常嚴重，也嚴重影
響到中國佛教，所以我不說『人生』而說『人間』。希望中國佛教，
能脫落神化，回到現實的人間。」❺由此可見印順的「人間佛教」，是
為了補太虛「人生佛教」的不足（太過容忍佛教的天神化），而提出
來的。

事實上，印順的提倡「人間佛教」和太虛的提倡「人生佛教」一
樣，都是同感當時中國佛教衰微的危機，對於傳統中國佛教不關心現
實社會，以致引生不滿而試圖有所改善的自然反應。印順在自傳當
中，曾自述他開始關心中國佛教前途的經過：

> 我的故鄉，寺廟中的出家人（沒有女眾），沒有講經說法的，
> 有的是為別人誦經、禮懺；生活和俗人沒有太多的差別。在家

---

❺ 印順，《契理契機之人間佛教》，臺北：正聞出版社，一九八九，頁四三，
曾說：「宣揚『人間佛教』當然是受了太虛大師的影響……。」可見印順
的「人間佛教」之理念，來自於太虛。

❺ 印順，〈人間佛教要略〉中曾說：「從人而學習菩薩行，由菩薩行修學圓
滿而成佛——人間佛教，為古代所本有的。現在不過將他的重要理論，
綜合的抽繹出來。所以不是創新，而是將固有的『刮垢磨光』。」（引見
印順，《妙雲集（下編①）‧佛在人間》。）

❺ 引見印順，《遊心法海六十年》，頁一八～一九。

信佛的，只是求平安，求死後的幸福。少數帶髮的女眾，是「先
天」、「無為」等道門，在寺廟裏修行，也說他是佛教。理解到
的佛法，與現實佛教界差距太大，這是我學佛以來，引起嚴重
關切的問題。❸

　　印順的故鄉是浙江，引文中描寫的佛教敗象也在浙江。然而，事
實上，相同的情形普遍存在於整個大中國。在這樣的時空背景之下，
太虛提出了「人生佛教」的理念，試圖對於當時的中國佛教有所改善。
而印順，更在「人生佛教」的基礎之上建立起他特有的「人間佛教」
的新主張。這一新主張，到底以什麼內容而被稱為「新」呢？那就是：
太虛雖然不容忍傳統中國佛教對「鬼的佛教」、「死的佛教」的信仰（詳
見前文），但卻容忍對「天」的尊敬；另一方面，印順既不容忍「鬼
的佛教」、「死的佛教」，也不容忍「天的佛教」。有關這點，我們將在
下面做進一步的分析。

㈡「人間佛教」的內容

　　既不重「鬼」、「死」，又不重「天」，是印順所最強調的；也是「人
間佛教」和「人生佛教」的分野所在。印順在〈人間佛教緒言〉中說：

　　太虛大師在民國十四、五年，提出了「人生佛教」。在抗戰期
　　間，還編成一部書──《人生佛教》。大師以為：人間佛教不
　　如人生佛教的意義好。他的唱道「人生佛教」，有兩個意思：
　　一、對治的：因為中國的佛教末流，一向重視於──一死，二

───────────────
❸　引見前書，頁五。

鬼，引出無邊流弊。大師為了糾正他，所以主張不重死而重生，不重鬼而重人。以人生對治死鬼的佛教，所以以人生為名。……二、顯正的：大師從佛教的根本去了解，時代的適應去了解，認為應重視現實的人生。……人生佛教是極好了，為什麼有些人要提倡人間佛教呢？約顯正方面說，大致相近；而在對治方面，覺得更有極重要的理由。❺❾

　　依此看來，印順之所以認為太虛的人生佛教還有所不足，是因為他認為人生佛教不足以對治傳統中國佛教的弊病。也就是說，印順認為，傳統中國佛教除了存在著注重「死鬼佛教」的弊病之外，還有其他並非人生佛教所能對治的其他弊病存在。那麼，印順所謂的其他弊病到底是什麼呢？他說：

　　佛教是宗教，有五趣說，如不能重視人間，那末如重視鬼、畜一邊，會變為著重於鬼與死亡的，近為鬼教。如著重羨慕那天神（仙、鬼）一邊，即使修行學佛，也會成為著重於神與永生（長壽、長生）的，近於神教。神、鬼的可分而不可分，即會變成又神又鬼的，神化、巫化了的佛教。這不但中國流於死鬼的偏向，印度後期的佛教，也流於天神的泛濫。如印度的後期佛教，背棄了佛教的真義，不以人為本而以天為本（初重於一神傾向的梵天，後來重於泛神傾向的帝釋天），使佛法受到非常的變化。所以特提「人間」二字來對治他：這不但對治了偏於死亡與鬼，同時也對治了偏於神與永生。真正的佛教，是人間的，惟有人間的佛教，才能表現出佛法的真義。所以，我們

_____

❺❾　引見《妙雲集（下編①）・佛在人間》，頁一八～二一。

應繼承「人生佛教」的真義，來發揚人間的佛教。❻⓿

由此可見，印順所謂「人生佛教」在「對治」（中國佛教）上的不足，乃指它那含有「天」神信仰的成分。事實上，太虛在〈人生佛學的說明〉一文當中，曾經明白地說過：「……『人生佛學』者，當置『天』、『鬼』等於不論。」❻① 既然置「天」等於不論，印順為什麼說「人生佛教」仍然含有「天」神信仰的成分在內呢？筆者以為，這一問題的答案，牽涉到太虛和印順二人不同的佛身觀。

就如前文所屢屢論及的，太虛對於中國傳統教派，諸如天台、華嚴、禪、淨、密等諸宗，不但抱持同情的態度，而且在他的判教當中，也把它們視為最高的法門，那麼，這些宗派所肯定的佛身觀，相信必然也是太虛所認同的佛身觀。這些傳統教派的佛身觀是什麼呢？就拿影響太虛最深的天台宗來說吧，天台宗的佛身觀是：「以虛空為座，成清淨法身，居常寂光土，即為圓教（指天台宗）佛相也。」❻② 無疑地那是「天」化、「神」化了的佛身觀。

---

❻⓿ 引見前書，頁二一～二二。

❻① 引見《太虛大師全書》（五），頁二〇九。

❻② 諦觀，〈天台四教儀〉，引見《大正藏》（四六），頁七八〇 a。天台宗把所有的佛教，依其自以為是的「圓（滿）」或不「圓」而分成四教：(a) 三藏教，指的是《阿含經》，其佛身是：「坐木菩提樹下，生草為座，成劣應丈六身佛。」(b) 通教，指的是《般若經》，其佛身是：「坐七寶菩提樹下，以天衣為座，現帶劣勝應身成佛。」(c) 別教，指《華嚴經》，其佛身是：「坐蓮華藏世界七寶菩提樹下，大寶華王座，現圓滿報身。」(d) 圓教，指《法華經》，亦即天台宗義，而其佛身則如正文所引文。（參見〈天台四教儀〉，《大正藏》（四六），頁七七四 c～七八〇 c。）從以上天台四教對於佛身的描寫看來，四教的佛身乃一教比一教殊勝、偉大，也一教比一教來得「天」神化。

　　而印順所讚賞的佛身觀則是「人間」的。印順在〈人間佛教緒言・人間佛教的三寶觀〉中曾說：

> 釋迦牟尼佛，不是天神，不是鬼怪，也從不假冒神子或神的使者。他老實的說：「諸佛世尊，皆出人間，非天而得也」(《增一阿含經》)。這不但是釋迦佛，一切都是人間成佛，而不會在天上的。又說：「我亦是人數」。佛是由人而成佛的，不過佛的斷惑究竟、悲智功德，一切到達無上圓滿的境地而已。佛在人間時，一樣的穿衣、吃飯、來去出入。**❻❸**

　　由此可見，印順的佛身觀是「人間」性的，亦即是「人文主義」(Humanism) 式的。他甚至認為，佛身的「天」神化，是由於佛教的「梵化」(後來他又改為「天化」，亦即婆羅門教化) 的結果。他並以相同的理由，來看待一切菩薩的「天」神化，他說：

> 梵化，應改為天化，也就是低級天的鬼神化。西元前五〇年，到西元二〇〇年，「佛法」發展而進入「初期大乘」時代。由於「佛弟子對佛的永恆懷念」，理想化的、信仰的成分加深，與印度神教，自然的多了一分共同性。一、文殊是舍利弗與梵天的合化，普賢是目犍連與帝釋的合化，成為如來 (新) 的二大脅侍。取象溼婆天 (在色究竟天)，有圓滿的毘盧遮那佛。魔王、龍王、夜叉王、緊那羅等低級天神，都以大菩薩的姿態，出現在大乘經中……大有人間修行，不如鬼神——天的意趣。……二、神教咒術等，也出現於大乘經中……。三、「念佛」

---

　　❻❸　引見《妙雲集 (下編①)・佛在人間》，頁二三～二四。

（「念菩薩」）、「念法」法門，或是往生他方淨土，或是能得現生利益——消災、治病、延壽等。求得現生利益，與低級的神教、巫術相近。「大乘佛法」普及了，而信行卻更低級了！ ❻

引文中不但可以看出印順反對「天」神化的佛、菩薩觀，也可以看出他對傳統佛教中的「念佛」（淨土宗）、「念咒」（密宗）等法門的反對態度。他在〈從依機設教來說明人間佛教〉一文當中，更把印度佛教的流變分成三個階段：⑴初期佛教，以出家的聲聞僧為中心，在家的弟子（如舍衛國的給孤獨長者、摩竭陀國的頻婆娑羅王、憍薩羅國的波斯匿王等）為「外圍的信眾」，而「最外層」才是鬼神——從淨居天到餓鬼、畜生。⑵佛滅後五百年的佛教（大乘佛教初興時代），「處於中心的佛與弟子，都現為在家相。如文殊、觀音、普賢、維摩詰、善財、常啼等菩薩，可說都是在家的。大乘歸極的佛陀，為毘盧遮那佛，也是有髮髻，戴頭冠的，身上瓔珞莊嚴的在家相。」另一方面，「出家解脫相的聲聞僧（連釋迦佛在內），被移到右邊去，不再代表佛法的重心，而看作適應一分根性的方便了。」而「天（鬼），不遠處於外圍，地位擡高了，處在左邊的地位。」⑶「第三期的佛教，一切情況，與初期佛教相比，真可說本末倒置。處於中臺的佛菩薩相，多分是現的夜叉、羅剎相，奇形怪狀，使人見了驚慌。……而且在極度兇惡——應該說『忿怒』的情況下，又男女扭成一堆，這稱為『具貪相』。那些現在家慈和的菩薩，又移到外圍去了。至於現出家解脫相的，最在外圍，簡直是毫無地位！這種境況，從密宗曼荼拏中，可以完全看出。」 ❻

---

❻ 引見《契理契機之人間佛教》，頁四〇～四一。

　　從印順所謂印度佛教的三期說，可以看出佛教如何一步一步從「人間」發展到「天」神之路；也可以看出為何印順要反對「天」神化之佛菩薩觀的原因。所以，印順在介紹了這三期佛教的發展之後，下結論說：「現在所提倡的人間佛教，我們是人，應以人為中心，應攝取印度初中二期佛教的人菩薩的慈悲與智慧，特應從悲起智，而不取後期佛教的天菩薩法。」❻他甚至絲毫無所妥協地說：「人間佛教的信仰者，不是人間，就是天上，此外沒有你模稜兩可的餘地。」❻

㈢太虛和印順在佛法上的其他差異

　　太虛的「人生佛教」和印順的「人間佛教」最大的差異，固然是在前者仍然存有敬「天」的色彩，後者則毫不保留地反對佛（菩薩）身的「天」神化，然而，這只是表面的差異；真正的差異存在於二者對於治學態度和「判教」上的不同。

　　說到治學方法的不同，印順的一篇近作──〈冰雪大地撒種的癡漢──「臺灣當代淨土思想的新動向」讀後〉，曾經自述他和太虛的不同共有四點，其中的第二點是：「（太虛）大師長於融貫，而我（印順）卻偏重辨異。」而第四點則是：「我（印順）生長的年代遲些……世界性（佛教）的傾向更多一些。」而且也「不為民族情感所拘蔽」，因此，對於「真常唯心論」等所衍生的「怪力亂神」、「索隱行怪」等後期的印度佛教，以及受其影響的中國傳統佛教，「不會尊重他

---

❻　參見《妙雲集（下編①）‧佛在人間》，頁三八～四三。

❻　引見前書，頁四三。

❻　〈佛在人間〉，引見前書，頁一五。

們」❻❽。

有關第二點的「長於融貫」和「偏重辨異」的差別，在印順的《契理契機之人間佛教》一書當中，曾對「長於融貫」的太虛，做了下面的批評：

> 近代太虛大師，是特長於融會貫通的！三十年發起組織「太虛大師學生會」，會員的資格是：返俗的也好，加入異教的也好，「去陝北」的也好。在大師的意境中，「夜叉、羅剎亦有用處」（《太虛大師年譜》）。後來，學生會沒有進行。會員這樣的雜濫不純，如真進行組織活動，夜叉、羅剎（如黑社會一樣）會對佛教引起怎樣的負面作用？大乘佛教的寬容性，在有利於大乘流通的要求下，種種「方便」漸漸融攝進來，終於到達「天佛一如」的境界。……太虛大師長於圓融，而能放下方便，突顯適應現代的「人生佛教」，可說是希有！但對讀者，大師心目中的「人生佛教」，總不免為圓融所累！❻❾

印順所說的「融攝」、「融（會）貫（通）」，不只是像引文中所舉出來的，對於異教徒的寬容，而且也包含對於後期大乘佛教──「真常唯心論」及其衍生出來之傳統中國佛教的寬容。這一意義的寬容，自然也是太虛的所長；但卻也是印順所最不能諒解的地方。有關這點，自然牽涉到印順所說的第四點──「不為民族情感所拘蔽」，以致對於那些「怪力亂神」、「索隱行怪」的中國傳統佛教，「不會尊重他們」。他甚至還以為，太虛對於這些「方便」法門採取過分妥協的

態度，乃是太虛的佛教革命之所以「不容易成功」的原因。所以，他在《契理契機之人間佛教》當中說：

> （太虛）大師的思想，核心還是中國佛教傳統的。台、賢、禪、淨（本是「初期大乘」的方便道）的思想，依印度佛教思想史來看，是屬於「後期大乘」的。這一思想在中國，我在《談入世與佛學》中，列舉三義：一、「理論的特色是至圓」；二、「方法的特色是至簡」；三、「修證的特色是至頓」。在信心深切的修學者，沒有不是急求成就的。「一生取辦」、「三生圓證」、「直指人心見性成佛」、「立地成佛」，或「臨終往生淨土」，就大大的傳揚起來。真正的大乘精神，如彌勒的「不修（深）禪定，不斷（盡）煩惱」，從廣修利他的菩薩行中去成佛的法門，在「至圓」、「至簡」、「至頓」的傳統思想下，是不可能發揚的。大師說：中國佛教「說大乘教，修小乘行」，思想與實行，真是這樣的不相關嗎？不是的，中國佛教自以為最上乘，他修的也正是最上乘行呢！❼

綜上所述，印順不但認為異教的思想不可寬容而讓它們滲入佛教當中，甚至連傳統的中國佛教宗派，諸如天台、華嚴、禪、淨等宗，也都只是「方便」以致不應過分的融貫。他以為，太虛大師的過分「融貫」這些思想，正是太虛「不容易成功」的原因所在。

另外，印順在他的自傳──《遊心法海六十年》當中，還說他和太虛之間在方法學上的另外一個差異：「虛大師所提倡的佛教運動，我原則上是贊成的，但覺得不容易成功。出家以來，多少感覺到，現

---

❼　引見前書，頁四四～四五。

實佛教界的問題，根本是思想問題。我不像虛大師那樣，提出『教理革命』；卻願意多多理解教理，對佛教思想起一點澄清作用。」❼印順一再地質問自己（其實不如說是質問太虛）：佛教的衰微難道和思想無關嗎？❼他認為，佛教的衰微，根本的原因出在思想的缺陷之上，而不只是像太虛所說的那樣，僅僅是因為有好的思想卻不能和行為合一所致。

　　上文所論及的（印順和太虛的）第四點（差異），印順還說到自己「世界性（佛教）的傾向（比太虛）更多一些」。這到底是指什麼而言呢？無疑的，這固然是指他「不為民族感情所拘蔽」，以致「不會尊重」台、賢、禪、淨等中國傳統佛教。但是，事實上還有更深一層的意含；它意味著印順的思想，頗有認同最早期的佛教——「根本佛教」的傾向。有關這點，牽涉到印順特有的「判教」❼。這一特有

---

❼　引見《遊心法海六十年》，頁七。

❼　例如，《遊心法海六十年》，頁一一即說：「大師所說……『中國所說的是大乘教，但所修的卻是小乘行』，為什麼會如此？思想與行為，真可以毫無關聯嗎？」而在晚年的作品——《契理契機之人間佛教》，頁四五，也說：「（太虛）大師說：中國佛教『說大乘教，修小乘行』，思想與實行，真是這樣的不相關嗎？不是的，中國佛教自以為最上乘，他修的也正是最上乘行呢！」可見印順認為中國佛教的弊病不只像太虛所說的那樣，僅僅是思想和行為的不能合一；相反地，根本原因在思想出了毛病，然後才反映在行為之上。

❼　印順寫於一九四二年的《印度之佛教‧自序》，曾簡略地說到他特有的「判教」：「能立本於根本佛教之淳樸，宏闡中期佛教（指初期大乘佛教）之行解（梵化之機應慎），攝取後期佛教之確當者，庶足以復興佛教之本懷也歟！」而在晚年（一九八九）的《契理契機之人間佛教》一書當中，一開頭就把這幾句話重新提出來，並做為書中第六章之綱領而加以展開說明，可見這是印順一向對佛法的看法。文中既然自稱「立本於根

的「判教」，顯然和太虛把台、賢、禪、淨等傳統中國佛教判為最高
之「法界圓覺宗」（詳前文），有著完全不同的意趣。筆者以為這才是
太虛和印順二人最大不同所在；也是「人間佛教」真正不同於「人生
佛教」的地方。

四　結　論

　　不管是太虛法師或是印順法師，他們所提出來的佛教改革理念
——「人生佛教」和「人間佛教」，都是受到當時整個中國大時代的
刺激所致❼。佛教和其他傳統文化，例如儒家，在這一大時代中，受
到了西潮的衝擊，成了落伍、腐敗的象徵。因此，代表儒家傳統勢力
的康有為、梁啟超、梁漱溟等人，出而為儒家請命，於是有所謂「東

　　本佛教」，可見根本佛教在印順的「判教」當中佔有絕對優勢的地位。
　　事實上，這也和他所謂「不為民族感情所拘蔽」，乃至「世界性（佛教）
　　的傾向更多一些」的說法不謀而合。然而有關印順的這一特有的「判教」，
　　由於牽涉太廣，只有另文討論了。

❼　有關這點，太虛法師的「人生佛教」已於前文屢屢論及。而印順法師的
　　「人間佛教」，其實也是受到時代之刺激而後所做出的反省。這可以從
　　他的《印度之佛教・自序》當中看出來：「七七軍興，避難來巴之縉雲
　　山。間與師友談，輒深感於中國佛教之信者眾，而卒無以紓國族之急，
　　聖教之危，吾人殆有所未盡乎！……二十七年冬，梁漱溟氏來山，自述
　　其學佛中止之機曰：『此時、此地、此人』。吾聞而思之，深覺不特梁氏
　　之為然，宋明理學之出佛歸儒，亦未嘗不緣此一念也。佛教之遍十方界，
　　未來際，度一切有情，心量廣大，非不善也。然不假以本末先後之辨，
　　任重致遠之行，而競為『三生取辦』、『一生圓證』、『即身成佛』之談，
　　事大而急功，無惑乎佛教之言高而行卑也！吾心疑甚，殊不安。」

西文化論戰」和「科學與人生觀論戰」（又名「科學與玄學論戰」）的產生。而在佛教界中，論戰的烽火固然甚少波及，然而卻有一些具有高瞻遠矚之人，例如太虛、印順等法師，油然產生（佛教的）「危機意識」，試圖在這一大時代的潮流當中，為佛教的存亡做一中流砥柱。於是，太虛的「人生佛教」被提了出來；隨後，其學生印順的「人間佛教」，建立於「人生佛教」的基石之上，也被倡言開來。

　　基本上，太虛的「人生佛教」，雖然打著「佛教革命」的旗幟，但是由於太虛個人深具「融貫」的容忍性格，以及他對佛法所具有之傳統式的體認，他的「人生佛教」畢竟還是具有多分保守的特質。這可以從他一再強調必須尊重（出家僧團所既有的千年）傳統，以及將天台、華嚴等傳統中國佛教判為最高之「法界圓覺宗」看出來（詳前文）。事實上，太虛甚至也是一個過分樂觀的理想主義者；相信這也是他終究要走上失敗之途的原因之一。例如，他甚至還試圖和藏貫禪居士等人，要求國家捨地，在普陀山或大潙山闢地建立「人間淨土」；在其「淨土」之內的人們，不但可以免除當兵、納稅之國民義務，而且「若在危急狀態之中……該（「人間淨土」之）團員得施行適於自衛之武力組合」。並且「由全國佛教徒依佛法為大聯合之國際組織，請求各國承認護持。」❼⑤像這種試圖把佛教和現實政治結合為一的用心，如果不是對現實政治的了解不夠，就是過分樂觀之性格使然。可見太虛是怎樣一個天真的，以至於終究要走上失敗之路的理想主義

---

❼⑤　以上所述「人間淨土」的詳細內容及其引文，請見太虛，〈建設人間淨土論〉，《太虛大師全書》（四七），頁三四九～四三〇。另外，太虛的另外一篇短文──〈怎樣來建設人間佛教〉（收錄於《太虛大師全書》（四七），頁四三一～四五六），亦可做為參考。

者。

　　而印順法師呢？他那「不屬於宗派徒裔，也不為民族情感所拘蔽」❼，乃至「不說『愈古愈真』，更不同情於『愈後愈圓滿，愈究竟』」的見解❼，使他超越了他的老師——太虛。然而，他認為「思想」比「行動」更重要的這一說法（詳前文），固然使他建立了一個比「人生佛教」更加圓滿的理論——「人間佛教」，但是，卻又不免落入太虛所批評的中國佛教的傳統弊病：「理論」與「實行」的無法合一。事實上，印順在一九五二年定居臺灣之後，原本很有機會將他的理念實行於臺灣的佛教界，但是不幸的是，當時政府剛剛來臺，為了安定臺灣的政局，以致和來自大陸江浙一帶的佛教保守勢力——以「中國佛教會」和淨土信仰為主的一批人——相結合，而把剛剛要在臺灣佛教界生根的「人間佛教」，壓抑了下去，致使印順的理想終究無法在臺灣獲得實現的機會❼。事實上，印順相當清楚自己能力的

---

❼　引見《說一切有部為主的論書與論師之研究・自序》，臺北：慧日講堂，一九六八。

❼　同前註。

❼　印順來臺後，原本受到太虛的俗家弟子——李子寬的護持，漸漸有成為臺灣佛教領導人物的跡象。但是，以「中國佛教會」和淨土信仰者為中心的一些成員，除了焚燒印順有關淨土信仰的作品之外，甚至還利用他們和國民黨政府之間的良好關係，証告印順著作——《佛法概論》當中，存有「為匪宣傳」的嫌疑。政府聽信於「中國佛教會」那批人的說詞，通令全國「嚴於取締」印順的著作。從此，印順也失去了成為臺灣佛教界之領導人物的可能。有關以上所說各點，請參見印順，〈平凡的一生〉，《妙雲集（上編⑩）・華雨香雲》，頁五三～八〇。又見江燦騰，〈臺灣當代淨土思想的新動向〉，《當代》期二八，一九八八年八月。又見印順，〈冰雪大地撒種的癡漢〉，《當代》期三〇，一九八八年十月。又見楊惠南，〈臺灣佛教的出世性格與派系紛爭〉，《當代》期三一、三二，一九

極限，因此他在一九六三年，五十八歲時所寫的自傳——〈平凡的一生〉當中，即曾自述說：「我缺少祖師精神，沒有組織才能，所以我並不以團結更多人在身邊為光榮……。」❼⑨無疑地，印順是個思想的革命家，但卻不是行動的革命家。也許，只有行動之革命家的太虛，以及思想的革命家之印順合而為一，當代中國佛教的革命才能成功吧！

（本文曾口頭宣讀於香港法住學會所主辦的「太虛誕生一百周年國際會議」之上。並刊於該會議的論文集和《諦觀》期六二，臺北：諦觀雜誌社，一九八〇年七月，頁一～五二。）

八八年十一、十二月。

❼⑨ 引見《妙雲集（下編⑩）‧華雨香雲》，頁一二二。

太虛之「人生佛教」和梁漱溟之「人生三路向」的比較

一 引 言

　　太虛法師（一八九○～一九四七）的「人生佛教」，受到梁漱溟先生（一八九三～一九八八）之「人生三路向」的影響。另一方面，梁漱溟先生和太虛法師之間，在「人生觀」和佛教哲理之上也存在著某些歧見，以致彼此之間有一些往返的批評。本文試圖透過二人之思想的分析，檢討二人所構作之論證和論據的有效性與真實性。首先，讓我們來看看二人所處的時代，以便了解其主張之所以提出來的背景。

　　清末、民初是苦難中國的一個轉捩點，中國人飽嘗了「船堅砲利」的蹂躪之後，開始反省自己的歷史和文化。因此，各種拯救中國的主張和計畫被提了出來。先是有張之洞先生的「中（學為）體，西（學為）用論」❶，後來又有胡適之、陳獨秀等人的「全盤西化」的呼籲❷。

----

❶　把「體」和「用」這兩個概念結合起來，做為近代因應西方文化的做法，最早恐怕是者英所主張的「以砲身為體，砲彈為用」，嚴復所說的「以自由為體，民主為用」，還有康有為所說的「以群為體，以變為用」。但

這二者的反彈思想則是「國故派」，而以恭親王、文祥、黃遵憲、張自牧等人的「西學源出中國說」❸，以及馮桂芬、鄭觀應、康有為等人的「托古改制論」為代表。最後才進到梁漱溟先生等人的折衷派，

是，「中學為體，西學為用」這一概念的形成，要遲至一八六一年以後；這可以由馮桂芬、王韜、薛福成等人的「道器」（中國之「器」可變，而中國之「道」不可變）的說法看出端倪。然而，這一詞的正式應用，自然是一八九八年張之洞的〈勸學篇〉一文。有關這一概念的形成和演變，一個簡略的分析，請參見王爾敏，《中國近代思想史論》，臺北：華世出版社，一九七八，二版，頁五二～五四。

❷ 郭湛波，《近五十年中國思想史》，香港：龍門書店，一九七三，二版，頁九五，曾把清末民初以來五十年的思想變化分成兩大階段：(1)自甲午之役（一八九四）至民國成立（一九一一），是「農業宗法封建社會思想之回光反照」。代表人物有康有為、梁啟超、譚嗣同等人。而其特徵則是「尊孔」，並排斥西方的「物質文明」。(2)自辛亥起義至北伐成功（一九一一～一九二八），是「工業資本社會思想輸入時期」。所謂「新文化運動」（一九一九）、「新文學運動」、「新思潮運動」，都在這個時期產生。依此，所謂「全盤西化」，指的就是第(2)期的思想。第(1)期的代表人物，諸如譚嗣同等人都不應在「全盤西化」之提倡者當中。但是，王爾敏，《中國近代思想史論》，頁五四～五五，卻指出：「首先譚嗣同即主張變衣冠，變中國之人倫制度，變中國之學術。然至一八九八年，湖南維新人士，多主張全變、速變，其代表為樊錐和易鼐。」可見郭湛波的說法只是大略的說法，不能一概而論。

❸ 「西學源出中國說」可以溯自一八四〇年代。（參見全漢昇，〈清末的西學源出中國說〉，《嶺南學報》卷四期二，廣州，一九三五，頁五七～一〇二。）一八六七年，恭親王、文祥為同文館擴大課程而辯護，因此也把這一說法再度提出來。一八七五年以後，黃遵憲、張自牧等人，更引證中國古籍，證明西學中的天文、數學、物理、化學、機械、舟車、火砲，乃至宗教教義中的博愛、社會倫理中的平等、政治制度中的民主等等，都是源自中國古代的墨子和先秦諸子。（詳見王爾敏，《中國近代思想史論》，頁五〇～五一。）

這一折衷派其實仍和「國故派」的主張相似，以為中國文化（特別是儒家文化），乃是最適應時代需要的思想，只要去蕪存菁，即可用來改造苦難的中國。有關這點，由他所提出的「人生三路向」，即可看出來。但是筆者之所以把他和「國故派」區分開來，原因是他乃是對於中國文化（包括對於「國故派」的思想）和西方文化之比較、反省之後，才提出這一主張，這和一味盲目景仰中國固有文化的「國故派」不太相同。因此，梁漱溟的折衷論也許可以稱為「批判的國故派」吧❹！而他之所以成為「批判的國故派」，寫於一九二一年（二十九歲）的《東西文化及其哲學・自序》當中，曾經赤裸裸地自剖說：

> ……乃至今天的中國，西洋有人提倡，佛學有人提倡，只有談到孔子羞澀不能出口，也是一樣無從為人曉得孔子之真。若非我出頭倡導，可有那個出頭？這是迫得我自己來做孔家生活的緣故。❺

---

❹　梁漱溟是屬於「批判的國故派」，這可以從他的《東西文化及其哲學》，頁二四二～二四三當中的一段話看出來：「現在普通談話有所謂新派舊派之稱：新派差不多就是倡導西洋化的；舊派差不多就是反對這種倡導的——因他很少積極有所倡導……新派所倡導的總不外乎陳仲甫（獨秀）先生所謂『塞恩斯』與『德莫克拉西』和胡適之先生所謂『批評的精神』；這我們都贊成。……舊派只是新派的一種反動；他並沒有倡導舊化。……他們只是心理有一種反感而不服，並沒有一種很高興去倡導舊化的積極衝動。尤其是他們自己思想的內容異常空乏，並不曾認識了舊化的根本精神所在，怎能禁得起陳先生那明晰的頭腦，銳利的筆鋒，而陳先生自然就橫掃直推，所向無敵了。……前年北京大學學生出版一種《新潮》一種《國故》彷彿代表新舊兩派；那《新潮》卻能表出一種西方精神，而那《國故》只堆積一些陳舊骨董而已。」

❺　引見梁漱溟，《東西文化及其哲學・自序》，頁三。

由此可見梁漱溟之所以出來提倡儒家文化而成為筆者所謂的
「批判的國故派」中的一員大將,乃是基於儒家文化在當時少有人弘
揚的無奈感,以及因之而油然生起的使命感。

太虛法師的年齡和梁漱溟相當,所感受到的時代苦難相似,所
學、所作、所為也大致相似(二人都參與辛亥革命)。做為一個佛教
出家僧侶,對於佛教內部的腐敗,太虛必然比梁漱溟更加清楚也更加
痛心,而其因之興起的革命情懷也必然更加熱切。事實上,民國成立
以後的佛教,面臨了教外人士許多不平等的歧視。先是北洋軍閥的袁
世凱,在一九一三年制訂了《寺院管理暫行規則》,用來限制佛教的
發展並依之搜括寺廟的財產。〇山(明復法師)即曾指出,袁世凱的
制訂《寺院管理暫行規則》,乃是基於下面兩個原因:(1)孫中山先生
任臨時大總統時,取消歷代的「僧官制度」,鼓勵佛教徒自行組織教
會,「中華佛教總會」因而成立。袁世凱心存隱憂,因而制訂該一《規
則》,用來對付中山先生。(2)袁世凱企圖藉由該一《規則》,提撥各省
寺廟之財產,以便擴張武力 ❻。其後,國民政府對於佛教的歧視,也
不下於北洋軍閥 ❼。這一歧視之風,普遍地吹到社會各界,並於一九

---

❻ 詳見瞿海源,《宗教法研究》,頁三三。(該研究報告乃是瞿海源先生受
託於內政部而完成者,尚未出版。)

❼ 例如,制訂於一九一五年的《修正管理寺廟條例》,一九二九年的《寺
廟管理條例》,同年的《監督寺廟條例修正草案》,乃至制訂於一九二九
年並沿用至今的《監督寺廟條例》,不但不平等地僅僅著眼於佛、道二
教之寺廟的監督、管理(放過了天主、基督,甚至青、康、藏等各省的
地方性宗教),而且還規定寺廟必須「啟發愛國思想」、「啟發革命救國
思想」、「不違背三民主義」等等,而僧人也必須由內務部發放「度牒」
才有資格。(以上參見瞿海源,《宗教法研究》,頁八三~九七。)這些林
林總總的規定,無疑地都是對於佛教的歧視。

二八年出現了「廟產興學」的呼聲，因而達到了歧視佛教的最高潮❽。太虛在這樣的時空背景之下，開始了他的「佛教革命」；他說：「偶然的關係，我與許多種的革命人物思想接近了，遂於佛教燃起了革命熱情，在辛亥革命的俠情朝氣中，提出了教理（原註：那時叫學理）革命，僧制（原註：那時叫組織）革命，寺產（原註：那時叫財產）革命的口號……我的佛教革命名聲，從此被傳開，受到人們的或尊敬、或驚懼、或厭惡、或憐惜。」❾ 這是太虛有名的三種「佛教革命」，其中的「僧制」和「寺產」革命，都是偏於出家僧人的生活制度或財產的問題，無疑地是針對民國以來政府及各界對於佛教的歧視而發的。而「教理革命」，即是後來的「人生佛教」，它是更根本、更基礎性的「佛教革命」。有了它的成功，才有「僧制」和「寺產」革命的成功可言。然而，一九一六年開始，一直到一九二八年首次提出「人生佛教」的理念之前，太虛在「教理革命」方面所倡導的是「人乘佛教」❿。在「人乘佛教」的倡導中，太虛首次顯現試圖把「出世」的佛教和「人世」的世間結合在一起的用心。對於太虛的這一「人乘佛教」和其他相似的理念，梁漱溟則批評說：

似乎記得太虛和尚在《海潮音》一文中要藉著「人天乘」的一

---

❽ 民國以來，第一個提出「廟產興學」說的是江蘇大學教育學院教授邰爽秋。他在一篇名為〈廟產興學運動──一個教育經費政策的建議〉的文章中，主張「打倒僧閥」、「解放僧眾」、「劃撥廟產」、「創辦教育」。因而掀起了佛教人士的危機感。（以上參見瞿海源，《宗教法研究》，頁四三。）

❾ 太虛，〈我的佛教革命失敗史〉，《太虛大師全書》（五七），頁六一。

❿ 例如，寫於一九一六年的〈佛教人乘正法論〉，即倡導「人乘佛教」。（詳見《太虛大師全書》（五），頁一二八～一五二。）

句話為題目，替佛教擴張他的範圍到現世生活裏來。又彷彿劉
仁航和其他幾位也都有類乎此的話頭。而梁任公先生則因未
曾認清佛教原來怎麼一回事的緣故……總想著拿佛教到世間
來應用；以如何可以把貴族氣味的佛教改造成平民化，讓大家
人人都可以受用的問題，訪問於我。其實這個改造是作不到的
事，如果做到也必非復佛教。……總而言之，佛教是根本不能
拉到現世來用的；若因為要拉他來用而改換他的本來面目，則
又何苦如此糟蹋佛教？我反對佛教的倡導，並反對佛教的改
造。❶

　　由此可見，梁漱溟認為佛教在本質上就是一個「貴族氣味」的宗
教，不是平民的宗教；因此，即使出了像太虛這樣的人物，提出「人
（天）乘佛教」的理念，也同樣無法改變它的這一本質。他甚至以這
一理由來極力反對佛教的倡導，他說：「如上海劉仁航先生同好多的
佛學家，都說佛化大興可以救濟現在的人心，可以使中國太平不亂，
我敢告訴大家，假使佛化大興，中國之亂便無已；且慢胡講者，且細
細商量商量看！」❷他原本是一熱衷於佛教生活的人❸，卻在一九二
一年（二十九歲）時起了重大的變化。他在《東西文化及其哲學‧自
序》當中，曾描述他的這一變化：

　❶　引見梁漱溟，《東西文化及其哲學》，頁二四八～二四九。
　❷　引見梁漱溟，《唯識述義‧序》。又見《東西文化及其哲學》，頁一三九。
　❸　梁漱溟〈思親記〉，曾自述說：「溟以慕釋氏故，輒從其戒條，茹素不婚，
　　　以出世自勵。」（胡應漢，〈梁漱溟先生年譜初稿〉，《東西文化及其哲學‧
　　　附錄㈡》，頁二八四。）由此可見他尚未轉向儒家前，熱衷佛教生活之一
　　　斑。

我從二十歲以後，思想折入佛家一路，一直走下去，萬牛莫挽，但現在則已變，這個變是今年（一九二一）三四月間的事，我從那時決定擱置向來要做佛家生活的念頭，而來做孔家的生活。……我不容我看著周圍種種情形而不顧──周圍種種情形都是叫我不要做佛家生活的……這是迫得我捨掉自己要做的佛家生活的緣故。❶

　太虛對於梁漱溟的這些說法，必有所感動，也必有所回應；那即是一九二八年首次提出的「人生佛教」。無疑地，那是回應了梁漱溟對於「人（天）乘佛教」的批評，然後提出來的另一更加完整、更加系統化的佛教理論。他甚至對於梁漱溟的「人生三路向」（他稱為「人生三態度」）做了下面的批評；這一批評可以看做是他對前述梁漱溟之批評佛教的一個回應：

　　然梁漱溟的人生第三態度❶，是印度無想外道等妄取的斷滅，與佛教小乘之發生有關係，而與大乘佛教無關。故梁漱溟所說人生三態度，其第一是此前西洋之征服天然，發展自我的科學態度，其第二是以前無科學時代的儒、道家態度，其第三是印度外道的態度，而皆非佛教的。❶

---

❶　引見《東西文化及其哲學・自序》，頁二。
❶　梁漱溟的「人生三路向」或「人生三態度」：第一路向（態度）指西洋的物質文明，第二路向指中國的儒家道德，第三路向則指印度佛教的「出世」思想。將於下文詳細介紹討論。
❶　太虛，〈人生觀的科學〉，《太虛大師全書》（四六），頁三三。引文中說到的印度「無想外道」是指一種主張「世間之心想皆為無用」的教派。

　　無疑地，太虛以為梁漱溟的人生第三路向（態度）誤解了佛教。並有藉此否定「人生三路向」之可靠性的意含。然而，梁漱溟為什麼會有這種「佛教觀」呢？太虛的批評中肯嗎？他提出來因應批評的「人生佛教」具有什麼內容呢？二者之間是否有一融通的道路呢？要回答這些問題，必須先從梁漱溟所謂的「人生三路向」說起。

二　梁漱溟的「人生三路向」

　　梁漱溟所謂的「人生三路向」或「人生三態度」，完整地寫在他的《東西文化及其哲學》一書當中；那是一九一〇年秋天開始講於北京大學，一九一一年又講於濟南的山東省教育廳，並於同年付印出版的一本小書。在這本小書中，他說：

> ……文化的不同純乎是抽象法的，進一步說就是生活中解決問題方法之不同。此種解決問題的方法——或生活的樣法——有下列三種：㈠本來的路向：或是奮力取得所要求的東西，設法滿足他的要求，換一句話說就是奮鬥的態度。……這是生活本來的路向。㈡遇到問題不去要求解決，改造局面，就在這種境地上求我自己的滿足。……他並不想奮鬥的改造局面，而是回想的隨遇而安。他所持的應付問題的方法只是自己意欲的調和罷了。㈢走這條路向的人……遇到問題他就想根本取消這種問題或要求。這時他既不像第一條路向的改造局面，也不像第二條路向的變更自己的意思，只想根本上將此問

題取銷。這也是應付困難的一個方法，且是最違背生活本性。因為生活本性是向前要求的。凡對於種種欲望都持禁欲態度的都歸於這條路。所有人類的生活大約不出這三個路徑樣法：㈠向前面要求；㈡對於自己的意思變換、調和、持中；㈢轉身向後去要求；這是三個不同的路向。❶

這三種人生上的路向，到底代表哪三種文化呢？梁漱溟接著指出：由於西方文化具有「征服自然的異采」、「科學方法的異采」以及「德謨克拉西（民主）的異采」，以致「一望而知他們所走是第一條路向──向前的路向」❶。其次，由於「中國文化是以意欲自為調和，持中為根本精神的」，而「印度文化是以意欲反身向後要求為其根本精神的」，因此，「中國人是走第二條路向；印度人是走第三條路向」❶。

另外，梁漱溟又利用他從佛教唯識學所得來的知識，把構成知識的要素分成三種：⑴現量，即感覺；⑵比量，即理智；⑶非量，即直覺❶。然後他下結論說：「㈠西洋生活是直覺運用理智的；㈡中國生

---

❶ 引見《東西文化及其哲學》，頁六三～六四。另外，出版於一九三三年的《中國民族自救運動之最後覺悟》，頁五四，還分別把這三路向稱為「兩眼常向前看」、「兩眼常轉回來看自家這裏」和「以取消問題為問題之解決」。

❶ 引見《東西文化及其哲學》，頁六四～六五。

❶ 引見前書，頁六五。

❶ 以上詳見《東西文化及其哲學》，頁八三～八八。在此應該注意的是，梁漱溟在應用佛教唯識學的術語時，並不是精確而嚴謹的。例如，把「比量」說成是「理智」即是粗略的做法。在唯識學中，比量即是邏輯中的「論證」(argument)，亦即推論形式。必須合於某種極其複雜的規定，才能成為一個「比量」。因此，絕不能籠統地說成是「理智」。其次，唯

活是理智運用直覺的；㈢印度生活是理智運用現量的。」❷也就是說，西洋文化重理智，中國文化重直覺，印度文化重現量（感覺）。

在這三種「路向」之中，梁漱溟以為，目前的中國不應該走第一、第三路向，相反地應該走第二路向，亦即應該走原來中國人所正在走的路向。所以他說：「第一，要排斥印度的態度，絲毫不能容留；第二，對於西方文化是全盤承受，而根本改過，就是對其態度要改一改；第三，批評的把中國原來態度重新拿出來。」❷梁漱溟之所以認為目前的中國必須只走第二路向的理由，並不是因為中國人一開始就走對了路向；相反地，他認為中國人一開始就走第二路向，是造成當今中國窮困落後的原因；中國因為沒有走過第一路向所強調的科學，以致中國至今仍被困在物質文明貧乏的局面之中。他之所以認為目前的中國應走第二路向，完全站在世界文化未來的發展上來說。也就是說，由於第一路向出了許多毛病，未來世界文化的發展，必然要改變方向而走上第二路向；既然要走上第二路向，因此原來中國人已經（錯誤地）走了幾千年的第二路向，反而變成正確的路向而不必更改了。所以他說：

　　人類文化之初，都不能不走第一條路，中國人自也這樣，卻他

識學中的「非量」是指錯誤的感官知覺（似現量）和錯誤的推論形式（似比量──邏輯中的「無效論證」(invalid arguments)）。因此並不是梁漱溟所說的「直覺」。事實上，唯識學中認為獲得正確知識的方法只有「現量」和「比量」兩種，第三種之「非量」既然是錯誤的感覺和錯誤的推論形式就不可能由它來獲得正確的知識。這一點顯然和梁漱溟的說法有著很大的差異。

❷　引見《東西文化及其哲學》，頁一八七。

❷　引見前書，頁二三九。

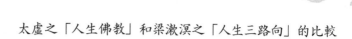

不待把這條路走完，便中途拐彎到第二路上來；把以後方要走
到的提前走了，成為人類文化的早熟。但是明明還處在第一問
題未了之下，第一路不能不走，那裏能容你順當去走第二路？
所以就只能委委曲曲表出一種曖昧不明的文化——不如西洋
文化那樣鮮明；並且耽誤了第一路的路程，在第一問題之下的
世界現出很大的失敗。不料雖然在以前為不合時宜而在此刻
則機運到來。蓋第一路走到今日，毛病百出，今世人都想拋棄
他，而走這第二路……尤其是第一路走完，第二問題移進，不
合時宜的中國態度遂達其真必要之會，於是照樣也揀擇批評
的，重新把中國人態度拿出來。❷❸

　由這段引文可以明顯地歸納出兩點重要的結論：⑴重「比量（理
智）」和科學，而走第一路向的西方文化，已經產生許多毛病❷❹，以

---

❷❸　引見前書，頁二三六～二三七。

❷❹　梁漱溟認為循著第一路向而走的西方文化已經產生許多毛病；例如，在
　　經濟上由於「近世世界的惡魔」——「機械的發明」、破壞「同業組織」
　　（guild）的「自由都市」，以及「斯密亞丹（Smith Adam, 1723-1790）倡合
　　力分工之說」這三件事情，使得「生產不是為社會上大家消費而生產的，
　　只是要多多的生產，個人好去營利就是了。」緊接著便是「生產過剩」，
　　而「工人就起了失業的恐慌」。另一方面，工人和資本家之間「一點情
　　義沒有」，不像以前的主人和工人之間的關係，是「朋友」關係。而且，
　　「從前手工時代有點藝術的樣子，於工作中可以含些興味。現在一概都
　　是大機械的，殆非人用機械而成了機械用人。此其工作非常呆板無趣，
　　最易疲倦，而仍不能不勉強忍耐去作，真是苦極！」所以梁漱溟下結論
　　說：「我們雖不能說現在經濟將由如何步驟而得改正，但其必得改正則
　　無疑，且非甚遠之事。」（以上所引皆見《東西文化及其哲學》，頁一九
　　二～一九六。）

致到達不能不改的地步了；(2)第一路向走不通的時候，就是必須開始走第二路向的時候。由這兩點馬上可以得到另外一個更重要的結論：目前是第二路向──中國文化能適應世界文化潮流的時代。

　　然而，不走西方的第一路向則可，為什麼不能走印度佛教所走的第三路向呢？梁漱溟以為，這並不是由於印度佛教所走的第三路向不好，相反地，它是人類文化必然要走上的道路。所以他說：「而最近未來文化之興，實足以引進了第三問題，所以中國文化復興之後，將繼之以印度文化復興。」❷❺他甚至說：「世界上只有兩個先覺：佛是走逆著去解脫本能路的先覺；孔是走順著調理本能路的先覺。」❷❻這可見梁漱溟的「排佛」，和歷代「排佛」的理論不太相同。歷代「排佛」的理論大都認為佛教存在著無可挽救的、本質上的缺陷，以致不得不放棄它而改採其他的理論❷❼。而梁漱溟則承認印度佛教文化是最優秀、最究竟的文化，只是因為目前時機不對，他才發出「排佛」的呼聲。

　　然而，梁漱溟為什麼會認為中國目前的時機不適宜提倡印度的佛教文化呢？他的主要理由有四：(1)屬於第三路向的印度佛教文化，在時機上屬於人類未來的文化，目前並不適合中國（和全世界）。所

---

❷❺　引見《東西文化及其哲學》，頁二三七。

❷❻　引見前書，頁二三二。

❷❼　例如牟宗三先生的《佛性與般若》，臺北：臺灣學生書局，一九七七，頁一三七，即說：「但吾不以為如來藏清淨心必排斥道德意志之定向。排斥者只是教之限定，並非清淨心本身必如此。……因此，性空與超越義的自體自性亦不必相排斥。此將是儒佛之大通。」這意味著佛教所不含有「道德意志」的「如來藏清淨心」，是低層次的，不究竟的；因為還有更高層次的，更加究竟的「天道性體」的存在。而後者卻是屬是儒家的概念。

以他說:「第三態度(即第三路向)的提出,此刻還早的很,是極顯明的。」❷❽(2)提倡佛教文化會使目前的中國更加苦難。他說:「國際所受的欺凌,國內武人的橫暴……這都是因不像西洋那樣持向前圖謀此世界生活之態度而喫的虧,你若再倡導印度那樣不注意圖謀此世界生活之態度,豈非要更把這般人害到底?」❷❾(3)佛教的息爭態度不能保障人民的生命財產。他說:「故今日之所患,不是爭權奪利,而是大家太不爭權奪利;只有大多數國民群起而與少數人相爭,而後可以奠定這種政治制度,可以寧累年紛亂,可以護持個人生命財產一切權利,如果再低頭忍受,始終打著逃反避亂的主意,那麼,就永世不得安寧。在此處只有趕緊參取西洋態度,那屈己讓人的態度方且不合用,何況一味教人息止向前爭求態度的佛教?」梁漱溟甚至用極悲切的語調說:「我希望倡導佛教的人可憐可憐湖南湖北遭兵亂的人民,莫再引大家到第三態度,延長了中國這種水深火熱的況味!」❸❶(4)從未來世界文化的走向來看,未來的文化應走第二路向,因此不可以走第三路向。他說:「第一路到現在並未走完,然單從他原路亦不能產出(未來世界的文化);這只能從變化過的第一態度或適宜的第二態度而得闢創;其餘任何態度都不能。那麼,我們當然反對第三態度的倡導。」❸❶

　　總之,梁漱溟認為世界文化的演變有其「進化」的三階段:首先是由西方的、注重理智的、向外追求的第一路向,「進化」到中國式

---

❷❽　引見《東西文化及其哲學》,頁二四五。
❷❾　引見前書,頁二四五~二四六。
❸❶　以上兩段皆引見前書,頁二四六。
❸❶　引見前書,頁二四七。

的、注重直覺的、中和的第二路向，最後才「進化」到印度佛教的、注重感覺的、取消問題的第三路向。而目前正好是第一路向的末尾、第二路向的開始；因此目前應以第二路向做為未來中國所要發展的道路。

三　太虛的「人生佛教」

太虛第一次提出「人生佛教」這一名詞，應該是在一九二八年刊於《海潮音》九卷四期的一篇文章——〈對於中國佛教革命僧的訓詞〉。從這一篇文章的名字即可看出，「人生佛教」不過是他的「佛教革命」中的一環而已❷。一九二七年，太虛在說明他的「佛教革命」思想的來源時，曾說到是受到四類人士的影響：⑴清末、民初的「維新變法」的人士，例如康有為、譚嗣同、梁啟超等人；⑵辛亥革命黨人，例如孫中山、章太炎、吳稚暉、張繼等人；⑶蘇俄無政府主義(Anarchism) 的社會改革者，例如克魯泡特金 (Peter A. Kropotkin, 1842–1921)、托爾斯泰 (Lev Nikolaevich Tolstoi, 1828–1910) 等人；⑷西學的引進者，例如嚴復等人❸。這四類人士都是正面而積極影響

---

❷ 前文已經論及，太虛的「人生佛教」是他提倡之「三種佛教革命」——僧制、寺產和教理革命——當中的「教理」革命。

❸ 太虛，〈我的佛教改進運動略史〉，曾引述一九二七年他自己所寫的一篇文章——〈告徒眾書〉，說：「余在民國紀元前四年起，受康有為《大同書》，譚嗣同《仁學》，嚴復《天演論》、《群學肄言》，孫中山、章太炎《民報》，及章之〈告佛子書〉、〈告白衣書〉，梁啟超《新民叢報》之〈佛教與群治關係〉，又吳稚暉、張繼等在巴黎所出《新世紀》上托爾斯泰、

太虛的人物，梁漱溟則是反面而消極影響太虛的人物。因此合起來應有五大類的人物，直接或間接地影響太虛的「人生佛教」。

　　然而，太虛的「人生佛教」具有什麼內容呢？首先，太虛在〈訓詞〉當中，說到「中國佛教革命的宗旨」共有三方面：⑴要革除的方面，是指「君相利用為神道設教以愚民的迷信」，以及「中國家族制度所養成的剃派法派」（亦即寺產私授的制度）。⑵要改革的方面，改「遁世高隱」為「化導民眾」和「利濟民眾」，改「專顧脫死問題及服務鬼神」為「服務人群」和「兼顧資生問題」❸❹。而在第⑶方面則說：

> 三、要建設的方面：甲、中國從前儒化的地位，今三民主義者若能提取中國民族五千年文化及現世界科學文化的精華建立三民主義的文化，則將取而代之；故佛教亦當依此，而連接以大乘十信位的菩薩行，而建設由人而菩薩而佛的人生佛教。乙、以大乘的人生佛教精神，整理原來的寺僧，而建設適應現時中國環境的佛教僧伽制。丙、宣傳大乘的人生佛教以吸收新的信佛民眾，及開發舊的信佛民眾，團結組織起來，而建設適應現時中國環境的佛教信眾制。丁、昌明大乘的人生佛教於中國的全民眾，使農工商學政教藝各群眾皆融洽於佛教的十善化，養成中華國族為十善文化的國俗；擴充至全人世成為十善

克魯泡特金之學說等各種影響，及本其得於禪與般若、天台之佛學，嘗有一期作激昂之佛教革新運動。」（引見《太虛大師全書》（五七），頁六九。）可見太虛的「佛教革命」思想，受到四類人士（佛教內部的禪、般若、天台除外）的影響。

❸❹　詳見《太虛大師全書》（三四），頁五九七～五九八。

文化的人世。❸

　　由以上的引文，可以歸納出太虛的「人生佛教」共有下面四個特點，它們分別對應引文中之甲一丁等四點：⑴人生佛教是由做一個好人開始，進而學習菩薩行，最後則成佛。⑵人生佛教中的出家僧團，必須是一個能夠適應現時代中國社會的團體。⑶人生佛教中的在家居士必須組織起來，以適應現時代中國社會的需求。⑷人生佛教具有社會教化的目的，亦即教導民眾成為一個遵行「十善」❸的眾生，並把這一德性的生活推廣到全人類去。在這四點之中，中間的⑵、⑶兩點是有關組織方面的，也許就是前文所說到的「僧制革命」和「寺產革命」吧？而第⑴、⑷點則和人生佛教有關，相當於前文所說到的「教理革命」。其中，⑴是人生佛教的理想和內容，⑷是這一理想和內容的推廣。而⑴其實還可以分析成為下面的兩點：

　　⒜人生佛教必須以「人生」做為基礎；

　　⒝人生佛教必須由人「進化」到佛的境界。

　　這兩點其實是佛教的常談，佛教的各宗各派沒有不預設這兩點的；但是，由於太虛特別注重⒜，並在⒜到⒝的推論過程當中，有了一些不同於佛教其他宗派的說法，因此使得他所提倡的「人生佛教」大異其趣。

　　例如就⒜來說，太虛在〈人生佛教的說明〉一文當中，對於「人生」一詞做了這樣的解釋：

---

❸　引見前書。

❸　十善是：不殺生、不偷盜、不邪婬、不妄語、不兩舌、不綺語、不惡口、不貪、不瞋、不癡。這些都是人道或天道中的眾生所應該遵循的德目。

佛法雖普為一切有情類，而以適應現代之文化故，當以「人類」
為中心而施設契機之佛學……當以「求人類生存發達」為中心
而施設契時機之佛學，是為人生佛學之第一義。……故「人生
佛學」者，當暫置「天」、「鬼」等於不論。且從「人生」求其
完成以至於發達為超人生、超超人生，洗除一切近於「天教」、
「鬼教」等迷信；依現代人的人生化、群眾化、科學化為基，
於此基礎上建設趨向無上正遍覺之圓漸的大乘佛學。❸

　　由引文可以看出太虛重視「人生」和「人類」的程度，也可以看
出他對傳統佛教當中之「天（教）」、「鬼（教）」的排斥程度。有關這
點，還可以從他講於一九四九年的一篇演講稿──〈人生佛教開題〉
中的一段話，得到進一步的證明：

何謂人生？「人生」一詞，消極方面為針對向來佛法之流弊，
人生亦可謂「生人」。向來之佛法，可分為「死的佛教」與「鬼
的佛教」。向來學佛法的，以為只要死的時候死得好，同時也
要死了以後好，這並非佛法的真義，不過是流布上的一種演變
罷了。還有說：佛法重在離開人世的精神；但死後不滅的精神，
具體的說即為靈魂，更具體的說，則為神鬼。由此，有些信佛
者竟希望死後要做個享福的鬼，如上海某居士說「學佛先要明
鬼」，故即為鬼本位論。然吾人以為若要死得好，只要生得好；
若要做好鬼，只要做好人，所以與其重「死鬼」，不如重「人
生」。……此所以對向來死鬼的佛教而講人生的佛教也。❸

<hr>

❸ 引見《太虛大師全書》（五），頁二○八～二○九。
❸ 引見前書，冊五，頁二一八～二一九。引文中所提到的「上海某居士」，

　　引文中，筆者特別注意到太虛所謂的「生人」；這是相對於「死的佛教」或「鬼的佛教」之傳統佛教而說的。也就是說，太虛對於傳統中國佛教徒太過注重「死」、「鬼」，而忽略了「人生」或「生人」，做了嚴厲的批判，認為那不是佛教的真精神。因此，「生人」（而不是「人生」）一詞，可以說是太虛之「人生佛教」的最重要的特色，與其用「人生佛教」來稱呼太虛所宣揚的佛教，不如用「生人佛教」來稱呼還要來得傳神。

　　以上是太虛之「人生佛教」的第一個特色：(a)人生佛教必須以「人生」（或「生人」）做基礎。前文已經論及，太虛的「人生佛教」還有第二個特色：(b)人生佛教必須「進化」到佛的境地。這即是太虛所謂的「層創進化論」。原來，太虛的時代，中國知識界流行著一種傳自西洋的新哲學——「層汎進化論」(Emergent Evolution)，這一新哲學，當時大都譯為「層創進化論」❸。這一新哲學，是由本世紀初的哲學家穆耿 (C. Lloyd Morgan)、亞歷山逗（亞歷山大，S. Alexander）等人所創立的❹。儘管太虛否認他的「人生佛教」的「進化」理念受到這一新哲學的影響，並對這一新哲學做了一些批評，但是種種跡象看來，太虛的「進化論」無疑地是受這一新哲學的啟發而後提出來的。在把這一事實說明清楚以前，讓我們先來看看太虛的「進化論」。

　　一九四四年秋天，太虛在漢藏教理學院，發表了一篇名為〈人生佛教與層創進化論〉的演講稿❹。其中，太虛用了下面這個圖表，來

　　　依印順〈人間佛教緒言〉所說，是指丁福保先生。（參見印順，《妙雲集（下編①）‧佛在人間》，頁二〇。）
❸　例如，張東蓀，《新哲學論叢》，頁三一六～三四九，即譯為「層創進化論」。又如，吳康，《哲學大綱》篇二章四，也譯為「層創進化論」。
❹　參見前註所引書。

說明他的「層創進化論」:

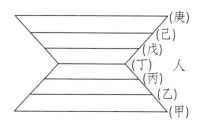

　　太虛並且對（甲）─（庚）等七層，分別給了一個名字，然後做了一些說明。為了方便了解起見，對於這些名字和它們的說明，讓我們簡略地抄錄在下面❷:

　　㈠「無始終無邊中之宇宙事變」:「括盡了有為無為一切法，換些名辭，也可為緣起性空法，唯識性相法，華嚴的五重法界，法華的三千性相，其範圍至為廣闊，故初層的線也最長。」

　　㈡「事變中之有情眾生業果相續」:「在……盡一切法事變中，特提出有情世間說，這層是以有情眾生為中心，以有機的生命為重點，在有情上建立一切，其長度比初層稍微狹小。」

　　㈢「有情業果相續流轉中之人生」:「在有情業果相續中，特提出人生來說……此層以人為中心去看一切眾生之業果相續流轉生死，特別講明人生因果，故比上一層更為狹小。」

　　㈣「有情流轉中繼善成性之人生」:「此層成立人生果報，繼續

──────────

❶　詳見《太虛大師全書》（五），頁二二三～二三三。

❷　下面㈠─㈦各行中，引號內的字句都是太虛自己的原文。

修善，完全以人為中心，其他一切環境，全以人的用功致力而達其美善。這種道理是儒家的特長，而佛教向來將此忽略了。尤其是中國佛法，因儒家已有詳細的發揮，以為佛法不須重視。今講人生佛教特將此點提出來，依人的果報修人的業行，使相續不失人身，作進修的基礎，故其寬度較上下度為最狹，此為人生的樞紐，成凡作佛以此為轉換點，而人生佛教之重心亦在此。故此層最為重要。」

(戊)「人生向上勝進中之超人」：「這裏的超人包括天界天神，但不用天神的名目者，以此層比『天』界天『神』的範圍寬廣，只要超出人類以上的都是。此可包括三界諸天和三乘初發心的修行者……這是人中的向上前進者，故此層量度又稍放寬。」

(己)「人生向上進化至不退轉地菩薩」：「由勝進中的超人，修大乘行達到不退轉的地位，是為二乘聖者的極果，以菩薩位亦可包括二乘聖者……。」

(庚)「無始終無邊中之宇宙完美人生──佛」：「這層與初層一樣寬，但與初層不同，這是佛陀證到的無上正等覺的最高境界，一切法的範圍有多大而佛的智境亦有多大，窮盡一切法的邊際，就是佛的智慧法身邊際。」

　　由以上的圖表和說明，可以清楚地了解太虛所謂的「層創進化論」雖然共有(甲)—(庚)等七層，但卻以第(丁)層之「有情流轉中繼善成性之人生」最為重要，所以太虛在引文中說：「此層最為重要。」無疑地，

這是「人生佛教」之所以得名的原因。另外，這七層是層層「進化」，
必須到達「無始終無邊中之宇宙完美人生——佛」的第㈣層才算「進
化」完成，這則是「人生佛教」之所以是「層創進化論」的原因。從
引文看來，（第㈡層的）「有情流轉中繼善成性之人生」，受到了儒家
的深重影響。太虛在引文中說：「（第㈡層的）這種道理是儒家的特長，
而佛教向來將此忽略了。尤其是中國佛法……。」可見在這一點上，
太虛承認儒家的殊勝和（中國）佛教的不足。甚至這一層的名字——
「繼善成性之人生」，也是採自儒家所宗重的《易經》。太虛在解釋這
一名詞的來源時，曾說：

> 在《易經》裏有兩句嘉言是，「繼之者善，成之者性」；是說明
> 人生以繼善成性為最善最美的標準，這種學說在紛紜繁變的
> 人界中，推為至當的格言，在講世間法的學說裏也算是最完滿
> 的哲學了。這兩句話以佛法來說，可證明有情之業界相續中，
> 人生是善業所感，造人的業因，受人的果報，人生的業因即由
> 各人所行之五戒十善等業行，此業行是善的，故感人生之善的
> 果。故中國的儒家說人性是善的，將此善性繼續而擴大，成賢
> 成聖皆由此也。❹

　　由此可見太虛「人生佛教」中所說的「層創進化論」，乃是受到
了儒家的啟發而提出來的。筆者雖然沒有更進一步的文證，可以用來
證明太虛受到了梁漱溟所提倡之儒學的影響，但是從梁漱溟的批評
佛教、太虛的自我辯護（詳下文）、以及「人生佛教」提出之時間等
等蛛絲馬跡看來，如果做這樣的推斷也應該離事實不會太遠。

---

❹　引見《太虛大師全書》（五），頁二二七。

第(丁)層無疑是七層當中最重要的，這已如上所說。然而過分強調這一層的重要性，顯然會歪曲太虛的本意。太虛既然自稱他的人生佛教是「層創進化論」，就不能忽略「進化」的過程。進化，意味著起始點之儒家思想或德目的不足，必須更進一步進化到更高的境界。事實上，太虛曾經這樣地批評儒家：

> 儒於這七層中，前三系和後三系都顧不及，即所謂「六合之外，
> 存而不論」。是僅顧到人事，人間之外的事，存而不論也。故
> 中間這一層（指(丁)層）最狹，特示明儒家的道理僅說到人間，
> 其沒有佛法的廣度，尤其沒有佛法的高度深度。故居人間而人
> 所依止的一切法，一切眾生，不能深切明徹。其超人之三界天
> 人，三乘之聖者，菩薩境界，及究竟之佛境界，皆未之聞也。
> 故佛教與儒教不同，向來儒家每謂佛法厭世忽略人生，今則特
> 提倡人生佛教，注重人生的因果業報，繼善成性達佛之極果。
> 一面又指明儒家的道理不及佛法的宏廣高深也。❹

既要「進化」，就必須超越儒家而至第(庚)層之佛的境界。然而，「進化」的理論應該有兩種：一是揚棄原有的思想或德目而更進一步；另一則是包容、蘊涵原有的思想或德目並超越它們。太虛所謂的「進化」，無疑地是指後者。也就是說，人生佛教中第(丁)層的儒家思想和德目，必須被包含在更高層（(戊)─(庚)層）的佛教思想和德目之中。所以太虛說：「據我觀之，儒家與佛乘，只是量的不同而非性的不同，故儒家即為佛乘之初步……。」❺可見在太虛的「層創進化論」中，

---

❹ 引見前書，頁二三〇。

❺ 太虛，〈人生觀的科學〉，《太虛大師全書》（四六），頁一〇。（該文寫於

儒家的思想和德目被視為佛教的基礎而受到了消化和包容。事實上，穆耿、亞歷山逗等人所提出來的「層創進化論」（或如太虛所稱呼的「層剏進化論」），也同樣和太虛的「進化論」一樣，具備了低層包含於高層的形態。例如，穆耿即曾採用下面這個圖表，來說明他的「層創進化論」❹❻：

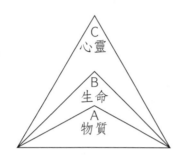

　　我們應該注意的是，圖表中共有三層，最底下的 A 層是「物質」，它被包含在較高的 B 層──「生命」之內。而 B 層則被包含在更高的 C 層──「心靈」之內。這樣，一層高過一層，也包含在更高的層次之中。因此，「進化」並不是排斥低層次的存在，而是將它們容納進去，吸收它們、消化它們、綜合它們，然後向上更進一步。這是「層創進化論」的重要特色。而太虛的「層創進化論」和穆耿、亞歷山逗等人的「層創進化論」之間，有著什麼關係呢？對於這個問題，太虛自己回答說：

　　　　有人說我的人生佛教的層系與亞氏的層剏進化論的層系相
　　　　仿，其實不然，他的次第是塔模式的上小下大❹❼，我的這個次

❹❻　本圖表轉錄自張東蓀，《新哲學論叢》，頁三二五。

第是上下大而中間小，不惟是形式的不同，尤其是內容更若雲泥。……他的最底的那一層的時間和空間，是空洞的不是實事的，其物質的生命的均不在其內，我的初層則將宇宙萬有生滅變化的一切法，都包括淨盡了。而且他的最高層的超人是很狹的，只說到天界，這不及我的第五層系中的向上勝進中的超人（原註：包括三界及三乘聖者）廣大，這是我與他的不同點。他雖然是在西洋算進步的哲學，但比之人生佛教，則瞠乎其後，還差得很遠呢！ ❹⓼

　　儘管太虛否認他的「層創進化論」受到穆耿、亞歷山逗等人的影響，並且為了區別起見，他還特意把這二人的「進化論」譯為「層㴋進化論」，而把「層創進化論」一詞留給自己。但是，如果從高層容納、消化、綜合低層的這一特色看來，太虛的「層創進化論」很難說是不受穆耿、亞歷山逗等人的影響。無疑地，太虛的「層創進化論」中，把儒家思想和德目視為「人生佛教」的必要基礎，乃是穆耿、亞歷山逗式之「進化論」之佛教式的翻版。

---

❹⓻　太虛在說明穆耿和亞歷山逗之「層創進化論」時，曾為他們畫了下面這個圖表：（詳見《太虛大師全書》（五），頁二三一。）

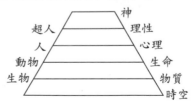

❹⓼　引見《太虛大師全書》（五），頁二三一～二三三。

四　太虛對「人生三路向」的批評

　　民國後中國文化思想上的第一次爭論是「東西文化論戰」，它起始於一九一九年的「五四運動」，終止於一九二二年。一九二三年開始，另一場更加激烈的論戰——「科學與人生觀論戰」（又名「科學與玄學論戰」）正式開鑼。論戰的引發人是張君勱和丁文江，而主角則是梁啟超和胡適之。這一論戰，梁漱溟並沒有正式參與，但是由於論戰的終期，吳敬恆發表了〈一個新信仰的宇宙觀及人生觀〉一文，把梁漱溟罵了一頓，因此也算涉入這一有名的論戰當中❹。

　　太虛，以一個出家僧人的身份，固然也沒有涉入這一論戰之中，但在一九二四年他所撰寫的一篇長文——〈人生觀的科學〉當中，對於當時參與論戰的正反各家主張，卻多所討論。而對論戰的邊緣人物——梁漱溟，則以廣大篇幅加以嚴厲批評。大體說來，太虛在「科學」與「玄學」之兩邊，應該和梁漱溟一樣，同屬「玄學」的一邊。但是，畢竟一個屬於佛教，一個屬於儒家，因此在小原則上有了嚴重的爭議。他們二人都是反科學的，例如太虛曾經批評「科學」派的大將——丁文江說：

> 而丁在君（即丁文江）所說「心裏內容的感覺經驗，個性直覺及真的概念推論，無一不是科學的材料」，我是承認的。……

---

❹　有關「科學與玄學論戰」的發端、經過和內容，一個簡要的說明和分析，請參見郭湛波，《近五十年中國思想史》，頁三一九～三三一。

故張君勱以為人生觀是非科學的；梁任公所謂情志是絕對超
科學的，又情感中的愛和美是不可用科學方法來分析研究的；
任永叔所說人生觀是不能成為科學的，我皆不能承認。……但
科學是包（括）科學的方法及科學的成就而言，科學家對於科
學的成就是不固執的，所以其進行是無限量的；至對於科學的
方法則不然，所以丁在君說：「科學方法是萬能的……。」——
此是一般狹義科學家執著的所在，也是阻礙狹義科學不能前
進的所在，佛學小乘之不究竟，也是這種法執為礙。❺⓿

　　引文中，太虛批評了「玄學派」的張君勱、梁任公和任永叔等人
的主張，似乎是站在丁文江之「科學派」的一邊；但實際上卻對丁文
江所提倡的科學做了嚴厲的批評。太虛對於「科學成就」給了肯定的
評價，但是對於「科學方法」卻展開強烈的批判。他不認為「科學方
法」是像丁文江所說的那樣「萬能」。他認為「色所與物」、「物如」
乃至「不可知界」等等「感驗之自相」，雖然是「知識與科學之所依」，
但卻是「科學與知識所不能取得」。因此，「唯有用瑜伽方法得到真現
量智，乃能如其實相而覺證之。」❺① 而所謂的「瑜伽方法」，即是佛教
的「止觀」「靜慮學」❺②。他把加入佛教之「瑜伽方法」的科學方法，
稱為「廣義的科學方法」；而把原來的科學方法稱為「狹義的科學方
法」。由廣義之科學方法所發展出來的科學稱為「廣義之科學」；而由
狹義之科學方法所發展出來之科學（即一般之科學），則稱為「狹義
之科學」❺③。太虛並且總結地說：「人生只有善由狹義科學、廣義科

---

❺⓿　引見《太虛大師全書》（四六），頁一三～一四。
❺①　以上引號中的字句，引見前書，頁二一。
❺②　參見前書，頁一六。

學以浩浩蕩蕩前進,而達到人生究竟的一條路,並無第二、第三路向。
其第二、第三路向,只是錯誤迂迴的路向而已。」❺❹而他所謂「第二、
第三路向」,無疑地是指梁漱溟所說的儒家和印度佛教的路向。所以
太虛批評梁漱溟的「人生三路向」說:「至梁氏所言,橫列分為三地,
單獨各走一路向的人生三態度,更是絕無之事。」❺❺太虛的意思顯然
是: 人生的「進化」,必須以狹義和廣義的科學(即加入佛教之「瑜
伽方法」後的西洋文明)為起始,然後逐步「進化」到儒家和佛教所
標榜的理想境界。無疑地,這是太虛之「層創進化論」的更加詳細開
展,也是他之「人生佛教」的本義❺❻。他甚至不厭其詳地批評梁漱溟
之「人生三路向」的說法:

> 梁氏所說人生之態度,即是其所說「沒盡的大意欲」之「向前
> 競取」、「持中調和」、「反復剿滅」的三路向。其沒盡的大意欲,
> 應包括俱生我執相應的意識及末那識、阿賴耶識,而以末那識
> 為中心的,此說可認是不錯的。其第一、向前競取之路向,說
> 為近百年西洋的人生態度,大致看似不錯。但西洋人仍有第
> 二、第三態度之經過在其中,若蘇格拉底、基督教會等。……
> 第二、持中調和路向,說為中國人數千年來之人生態度,大致

---

❺❸ 太虛說:「而予認『瑜伽方法』加入於現時狹義的科學方法,即為佛教
　　廣義的科學方法;以之得成由純正感驗所獲之明確理知,即為廣義的科
　　學,亦由乎此。」(引見《太虛大師全書》(四六),頁一六。)

❺❹ 引見《太虛大師全書》(四六),頁五五。

❺❺ 同前引。

❺❻ 前文說到太虛的「層創進化論」是以第(丁)層之儒家思想和德目為基礎,
　　然而,據實而論,狹義科學和廣義科學才是這一「進化論」的真正基礎
　　所在。而狹義科學和廣義科學,也許就是太虛所說的(甲)—(丙)等三層吧?

亦似不錯的。但中國人雖無較高之一神教，而黃帝及殷代與墨
家、陰陽家等多神、一神、泛神教，又法家、兵家等向前競取
態度，皆不應忽視的。……第三、反後劁絕路向，說為大乘以
外之印度的人生態度，大致看亦不錯；然印度之大乘佛法，大
不應作如此看法。……然依大乘佛法的進行以言之，此三人生
態度是縱延銜接發展的，非橫列各獨前進的。 ❺❼

　　太虛對於梁漱溟所說之人生第一、第二路向的批評，也許是不公
正的；因為梁漱溟並沒有否認西洋文化中之第二、第三路向的成分，
同樣，他也沒有否認中國文化中之第一、第三路向的成分。事實上，
梁漱溟的三路向，只是就三種文化的特別偏重來說。因此，太虛的批
評顯然沒有把握到重點所在 ❺❽。然而，太虛對於梁漱溟之第三路向的
批評，卻是值得注意的。事實上，他對第三路向的批評乃是建立在「層
創進化論」的基礎之上。在這一基礎之上，太虛對於大乘佛教的理解
顯然和梁漱溟大不相同；太虛以為：「依大乘佛法之進行以言之，此
三人生態度是縱延銜接發展的，非橫列各獨前進的。」也就是，大乘

---

❺❼　引見《太虛大師全書》（四六），頁五一～五二。

❺❽　針對梁漱溟之人生第一、第二路向的批評，一個比較有意義的批評，請
　　參見陳弱水，〈梁漱溟與「東西文化及其哲學」〉，《東西文化及其哲學·
　　附錄㈠》，頁二五七～二六七。該文從德國近代社會學家——瑪克斯·
　　韋伯 (Max Weber, 1864-1920) 的觀點，批評梁漱溟對於西洋資本主義
　　的興起了解不夠，以致才有西洋資本主義是由「意欲向前要求」之路向
　　所開展出來的錯誤說法。依據韋伯，《基督新教的倫理與資本主義的精
　　神》所說，西方資本主義的興起，不但不是梁漱溟所說的，是由於「意
　　欲向前要求」的結果，而且相反地，是喀爾文教派這些基督教徒們禁欲
　　之結果。

佛法必須以第一路向之西洋科學文明為基礎,「進化」到第二路向之中國人文精神,然後再次「進化」到第三路向之佛教人生觀。無疑地,這不過是太虛「層創進化論」的衍生結論而已。然而,這和梁漱溟所認為的三路向各自可以發展,顯然說法不同。也同樣是基於「層創進化論」的理由,太虛以為大乘佛教的精神原本就是這樣,而不是他個人把大乘佛教加以改造之後,才變成這樣。因此他反駁梁漱溟對於他所提倡之「人天乘」佛教的指責;他說:

> 梁漱溟嘗謂:「似乎記得太虛和尚在《海潮音》一文中要藉著『人天乘』的一句話為題目,替佛教擴張他的範圍到現世生活裏來。其實,這個改造是作不到的事,如果作到也必非復佛教。」我要發揮佛教原來直接佛乘的人乘法,以施行到現在人世的生活範圍裏來,可謂一語道著。然我發生此願望之動機,全不是替佛教擴張他的範圍,以此原為佛教範圍內事,用不著我來擴張他。……復以此佛教原來直接佛乘之人乘法,實為佛教適應人世最精要處,向來阻於印度外道及餘宗教玄學或國家之禮俗,未能發揮光大,昌明於世,致人世於佛法僅少數人稍獲其益,未能普得佛法之大利益。❺⁹

　　由此可見太虛認為,大乘佛教原本就有他所提倡的「人天乘」或後來所說到的「人生佛教」之成分在內,並不是他個人故意擴充解釋的結果。他在解釋「人天乘」一詞中之「天乘」時曾把天乘分成兩種:一、「人的天乘」,由修人天十善福業而成為天乘者,例如基督、周公、孔子等。二、「天的天乘」,由內心修養而有特殊感驗之玄學家,例如

---

❺⁹　太虛,〈人生觀的科學〉,《太虛大師全書》(四六),頁三八。

老子、莊子、印度外道。太虛並說：「世間一部分人，視佛教為此（第二）類……。」又說：

> 向來在亞洲各地所流行及今日歐洲人所知之佛教，多屬此為
> 適應印度的群眾心理所宣說之人天乘及二乘之一部分，不知
> 人生究竟之佛乘及大心凡夫直接佛乘之佛的人乘，亦無怪梁
> 漱溟以不動業定果或二乘解脫為佛教真面目，絕不知釋迦之
> 本懷所流出的大乘佛法，遂以發揮直接佛乘的大乘人生初行
> 施行到人的現世生活範圍裏，謂為改造，謂為做不到的改造，
> 謂為如果做到也必非復佛教。❻

　　太虛對於梁漱溟之「人生三路向」的批評，除了以上所論及的內
容之外，太虛還從現量、比量、非量等三量之分類的妥當性來批評。
原來，梁漱溟早年熱衷於佛教的唯識學，這三量即是唯識學中的用
語。梁漱溟用它們建立起他的「人生三路向」的道理❻。梁漱溟以為
現量即是「感覺」，比量即是「理智」，而非量即是「直覺」❻。並說：

---

❻　引見前書，頁四〇～四二。

❻　梁漱溟，《東西文化及其哲學》，頁五六，說：「我這個人未嘗學問，種
　　種都是妄談，都不免『強不知以為知』，心裏所有只是一點佛家的意思，
　　我只是本著一點佛家的意思裁量一切，這觀察文化的方面，也別無所本，
　　完全是出於佛家思想。」而在同書，頁八三，當他解釋「三量」時，又
　　說：「我所用的名詞就是唯識家研究知識所說的話。……所研究知識所
　　用的方法，就是根據於唯識學。所以我在講明三方面（指「人生三路向」）
　　的思想以前，不能不先講明我觀察所用的工具——唯識學的知識論；然
　　後我的觀察乃能進行。」由此可見梁漱溟用「三量」來類比、匹配他的
　　人生三路向，是從佛教唯識學的觀點出發。

❻　有關梁漱溟所說之「三量」的意義，以及三者和感覺、理智、直覺之間

「㈠西洋生活是直覺運用理智的；㈡中國生活是理智運用直覺的；㈢印度生活是理智運用現量的。」❻❸也就是說，西洋文明是重視「理智」（比量）的結果；中國文化是重視「直覺」（非量）的結果；而印度文化則是重視「感覺」（現量）的結果。在這樣的類比、匹配當中，出現了兩個問題：⑴把三量類比、匹配為感覺、理智和直覺，是否恰當？⑵把三量類比、匹配於人生三路向，是否合理？就第⑵個問題來說，由於牽涉廣泛，本文不打算討論。而就第⑴個問題而言，筆者以為，把「現量」和「比量」分別類比、匹配於「感覺」和「理智」，大致沒有什麼問題。但是把「非量」類比、匹配成「直覺」，就成了大問題了。梁漱溟依照唯識學的說法，把心識活動分成「心王」和「心所」，亦即主要的心識活動——心王，以及附屬於心王的次要心識活動——心所。然後斷言：「『受』、『想』二心所對於意味的認識就是直覺。」❻❹也就是說，他把感受到苦、樂等情緒變化的「受」心所，還有推想將來、回憶過去的「想」心所，當做是「直覺」了。他並進一步說：「故從現量的感覺到比量的抽象概念，中間還須有『直覺』之一階段；單靠現量與比量是不成功的。這個話是我對於唯識家的修訂。」❻❺

　　對於梁漱溟的這種類比和匹配，太虛批評說：

　　　　我看梁氏之引用唯識學，未有如此段錯誤之甚者。其以受、想

　　　的類比、匹配，並據而作為「人生三路向」之理論基礎的詳細情形，請
　　　參見《東西文化及其哲學》，頁八三～八八。
❻❸　引見《東西文化及其哲學》，頁一八七。
❻❹　引見前書，頁八六～八七。
❻❺　引見前書，頁八七。

二心所為直覺，已為根本迷謬。無論何界……何識……此觸
——梁氏意以觸為感覺——受、想等五徧行心所是必有的。然
若梁氏所言，則梁氏所謂純感覺現量的前五識，亦豈無受想二
心所？如前五識亦有受、想二心所，豈亦非純感覺現量而是非
量直覺？……故由我觀之，所謂直覺的，在凡位祇是俱生而來
意識——簡別由分別二執所起的似比量意識——心心所聚，
及末那識心心所聚之似現量的非量。至於似比量的非量，是錯
誤的理智而非直覺。❻❻

　　太虛的批評是依佛教正統唯識學的觀點而進行的。依據正統唯
識學的說法，觸、受、想等三種心所，是屬於「徧行心所」；「徧行」，
顧名思義即知是任何心識、任何時空當中，只要有心理活動在進行
著，就有這三種心所的伴隨存在。因此，這三種心所不可能獨立於心
識而存在❻❼。這樣看來，這三種心所就不可以像梁漱溟那樣，把它們

---

❻❻　太虛，〈人生觀的科學〉，《太虛大師全書》（四六），頁五七～五八。值
　　得一提的是，緊接著本段之後，太虛還從「未究竟聖位之初地以上八地
　　或等覺以下」，以及「究竟位之佛位」這兩方面來批評梁漱溟對於「非
　　量」之解釋的錯誤。但一者因為文繁，二者也沒有太大必要，因此本文
　　就省去不論。讀者請自行參閱《太虛大師全書》（四六），頁五七～五八。
❻❼　依照唯識學的說法，徧行心所共有五種：作意、觸、受、想、思。這五
　　種心所之所以稱為「徧行」，原因是它們不但八識都有，而且「徧一切
　　地（三界九地）」（即徧一切空間）、「徧一切時」（徧於過去、未來、現
　　在三時）、「徧一切性」（徧於善、惡、無記——中性）。也就是說，不管
　　時間、空間怎麼變化，也不管內心的狀態是善、是惡或是中性，這五種
　　心所一定存在。其中，作意是注意的意思，觸是感官和外在境界接觸時
　　的那一剎那所生起的心理活動，而思則是動機或意志作用，受、想則如
　　前文所說。

從眼、耳、鼻、舌、身等五識當中抽離出來，說這五識是純粹的「現量」（感覺），而附屬於五識的受、想心所是「非量」（直覺）。太虛總結地說：梁漱溟所說的「直覺」（就凡夫位來說），其實不過是唯識學中所說的第六意識和第七末那識所產生的「似現量」而已。也就是說，太虛以為梁漱溟所說的「直覺」，其實不過是凡夫的第六識和第七識在認識外在世界時，所產生的錯（誤感）覺而已。

如果太虛的這一說法是可以接受的，那麼，現量和比量之外的「非量」，一定是錯誤的；它要麼是錯誤的推理——「似比量」，要麼是錯誤的（第六意識和第七末那識的）感覺——「似現量」，除此之外並沒有什麼正確的「直覺」可言。這樣一來，豈不是把建立在「直覺」之上的「人生第三路向」——中國文化，看做是一種錯誤？這必然是梁漱溟所無法接受的結論。太虛的批評即是建立在這種「以彼之矛攻彼之盾」的「歸謬證法」(Reductio ad Absurdum)，來證明梁漱溟之「三量」說和「人生三路向」說的不可靠性。

五　結　論

近百年來，中國面臨的最大問題是來自西方的物質文明；這一文明背後的精神指南針則是資本主義。德國社會學家韋伯在其《新教倫理與資本主義精神》一書當中曾說，西方資本主義的興起，其原動力來自於基督新教，特別是喀爾文教派 (Calvinism) 禁欲的宗教倫理；這些倫理最主要的條目之一是：「勞動」乃上帝所賦於人的「天職」❻⑧。

❻⑧　韋伯說：「……對資本主義來說是必不可少的那種以勞動為自身目的和

而其背後的宗教精神則是肯定世間價值（例如金錢❻❾）的「入世」精
神。依據余英時所說，在中國，這一精神的發揚是由唐代的禪師——
惠能開始，並由他的再傳弟子——百丈懷海所光大。余英時以為，惠
能的「若欲修行，在家亦得，不由在寺」的主張，首先開啟了佛教「入
世」之門❼⓿。而百丈懷海所立下的《百丈清規》，明訂「一日不作，
一日不食」的規矩，更進一步肯定了「勤勞」和「節儉」的美德；這
些都是「入世」精神的表現❼❶。禪宗的「入世」精神，更在宋以後影
響了全真、真大道等「新道教」❼❷。余英時並引據朱熹批評雲門文偃
禪師的話——「治生產業，皆與實相不相違背」，來說明「新儒家正
是要在新禪宗止步之地，再向前跨出一步」❼❸。所以他說：「現在我

視勞動為天職的觀念……。」（引見韋伯著（于曉、陳維綱等譯），《新教
倫理與資本主義精神》，臺北：谷風出版社，一九八八，頁四四。）

❻❾ 韋伯曾經從富蘭克林 (B. Franklin) 這一美國清教徒的遺著當中，列舉出
許多條和金錢有關也和資本主義有關的文字；其中有幾條是這樣的：「切
記，時間就是金錢」、「切記，信用就是金錢」、「切記，金錢具有孳生繁
衍性」、「切記下面的格言：善付錢者是別人錢袋的主人」。（引見《新教
倫理與資本主義精神》，頁三一～三二。）

❼⓿ 參見余英時，《中國近世宗教倫理與商人精神》，臺北：聯經出版公司，
一九八六，頁一八～一九。

❼❶ 參見前書，頁二一～二六。

❼❷ 參見前書，頁二六～四〇。

❼❸ 引見前書，頁四六。其中，「治生產業，皆與實相不相違背」一句，最
早並不是雲門文偃所說，而是隋朝之天台宗大師智顗所首先說出來的。
他在《妙法蓮華經玄義》（一上）曾說：「一切世間治生產業，皆與實相
不相違背。一色一香無非中道。」（引見《大正藏》（三三），頁六八三 a。）
事實上，中國佛教的「入世」精神並不如余英時所說的，始於唐朝的惠
能；而是早在隋朝的智顗，即已陸續開始。他認為「一切低頭舉手福不
虛棄」（同前書，卷六，引見《大正藏》（三三），頁七四八。）又以為「若

們卻要強調新儒家是繼承了新禪宗的入世精神而發展出來的。」❼

　　筆者不厭其煩地引據韋伯和余英時的說法，想要證明的有兩件
事情：⑴梁漱溟指責佛教是一「出世」的宗教，阻礙了中國科學文明
的發展；這恐怕是一沒有根據的說法。事實上，依據上面的分析可以
看出，近世中國宗教（包括儒家）的「入世」精神，乃由佛教之禪宗
所開展出來。⑵太虛的層創進化論，把儒家倫理視為「人生佛教」之
下層的基礎；這恐怕是小看了儒家思想（至少是宋、明後的新儒家思
想）的多樣性和複雜性。就第⑴點而言，不但梁漱溟的指責佛教是沒
有根據的說法，而且他的「人生三路向」說，也是過分簡單的文化觀。
前文已經論及，太虛即認為這三個不同的路向其實不能單獨發展，而
必須依第一、第二、第三路向的次序而「進化」。而且，其中的第二
路向──中國文化，立基於「直覺」之上，而「直覺」是現、比二量
之外正確的「非量」。這一說法和唯識學相衝突，這固然是梁漱溟的
創見；然而它的可靠性在哪裏？它能免於太虛的批評嗎？其次，前文
已屢屢論及，三路向中第一路向──西方資本主義文明，並不是梁漱
溟所認為的，乃是西方人的貪欲所發展出來的；相反的卻是喀爾文等
基督新教的禁欲倫理的延伸。因此，梁漱溟的三路向變成了極不可靠
的說法。梁漱溟甚至以為三路向是一種歷史的「重現」。也就是說，
文明發展之初，人類的祖先已把這三路向一一走過一回；目前是走第

────────────────

周孔經籍，治法禮法兵法醫法，天文地理八卦五行，世間墳典，孝以治
家，忠以治國，各親其親，各子其子，敬上愛下，仁義揖讓，安于百姓，
霸立社稷……當知此法乃是愛民治國而稱為實。」（同前書，卷八上，引
見《大正藏》（三三），頁七八〇。）這些說法，無疑地都是「入世精神」
的最佳表現。因此，中國佛教的世俗化至少應該始於隋朝的智顗。

❼　引見《中國近世宗教倫理與商人精神》，頁四四～四五。

二回，而且已經走到第一路向和第二路向的交接點。因此據而推論到
未來的世界文化應該是走第二路向——中國文化。所以他說：「……
而古人又恰好把這二路都已各別走過，所以事實上沒法要他不重現
一遭。」**⑦** 又說：「質而言之，世界未來文化就是中國文化的復興，有
似希臘文化在近世的復興那樣。」**⑦** 梁漱溟的這些說法，如果當做「應
然」(ought) 自然無可厚非；然而若視為「實然」(is)，至少到目前為
止，我們還看不出有什麼事實的跡象可言。

　　相似的情形也發生在太虛的「人生佛教」或「層創進化論」之上。
儒家文化無疑的是特重「人生」的哲理；然而，這是否意味著儒家文
化即可做為「人生佛教」的下層基礎而不彼此矛盾衝突？事實上這是
相當複雜的問題。問題的發生至少應該考慮下面兩點：⑴儒家文化是
否在「量」上和「人生佛教」之間存有共通的部分？——是否就如許
多人所說的，儒、佛二家的世俗道德是相同的**⑦**？如果存有，那麼這
一共通的部分可以視為「人生佛教」的下層基礎。如果二家的倫理根
本沒有共通的部分，那麼儒家倫理如何可能像太虛所說的那樣，做為
「人生佛教」的下層理論基礎呢？⑵儒家文化是否在「質」上和「人
生佛教」之間存有共通的本質？——是否就如許多主張「三教同源論」
的高僧所說的，儒、佛（還有道）之間沒有本質上的差異**⑦**。如果儒、

---

⑦　引見《東西文化及其哲學》，頁二三七。

⑦　引見前書，頁二三五。

⑦　例如顏之推的《顏氏家訓（五）‧歸心篇》，曾把佛教的「五戒」——
　　不殺生、不偷盜、不邪淫、不妄語、不飲酒，分別類比為儒家的仁、義、
　　禮、智、信。並說：「內、外兩教，本為一體。」（參見《廣弘明集》（三），
　　引見《大正藏》（五二），頁一〇七。）

⑦　例如明末的憨山德清，以為儒、佛、道三家同一「理體」；他說：「不獨

佛之間確如這些高僧所說的，那麼「人生佛教」才有可能像太虛所說的那樣，建立在儒家文化的基礎之上；否則僅是太虛一人之一廂情願的想法。

　　而實際上這兩個問題都是極富爭議性質的。首先是第(1)個問題——儒、佛二家在「量」上是否存有共通的倫理？對於這一問題的答案，至少宋朝的朱熹是給以否定的答案。他在討論《孟子》中的「遁辭」時即批評佛教的「入世」倫理是一種「遁辭」；他說：「如佛學者初有桑下一宿之說，及行不得，乃云：種種營生無非善法。皆是遁也。」又說：「佛氏本無父母，卻說《父母經》，皆是遁辭。」又說：「釋氏論理，其初既偏，反復譬喻，非不廣矣。然畢竟離於正道，去人倫，把世事為幻妄。後來亦自行不得，到得窮處，便說走路。如云治生產業，皆與實相不相違背。豈非遁辭乎？」⑲由這些引文可以看出，至少有些儒家人士並不認為儒、佛二家的倫理存有相同的部分。

　　其次，就第(2)個「質」的問題來說，儒、佛之間具有相同的本質嗎？朱熹以為：「佛學之與吾儒雖有略相似處，然正所謂貌同心異，似是而非者，不可不審。」⑳而今人牟宗三先生，雖然透過佛教天台宗的研究，以為佛教的「如來藏清淨心」可以賦予「道德意志」而成儒家式的「天道性體」，並依此而談「儒佛之大通」。但畢竟不像太虛

　　三教本來一理，無有一事一法不從此（如來藏）心之所建立。若以平等法界而觀，不獨三聖本來一體，無有一人一物不是毘盧遮那海印三昧威神所現。」（德清，《觀老莊影響論》，臺北：廣文書局，一九七四，頁一一～一二。）可見德清把三教建立在同一「如來藏心」和同一「毘盧遮那佛海印三昧」之上，以為三教具有相同的本質。

⑲　以上皆引見《朱子語類》（五二）。

⑳　引見《朱子文集》（五九）。

那樣，以為儒家思想只是佛教下層的理論基礎；相反地，他卻以為儒家思想是佛教圓教（天台哲學）的更進一步❽。這些古今儒者的說法儘管有所不同，然而一個共同的主張是：儒家思想若不是沒有共通於佛教的本質（如朱熹），就是它的本質高出佛教甚多（如牟宗三）。這樣一來，太虛試圖把儒家倫理視為「人生佛教」的下層基礎，顯然是一種一廂情願的看法。因此，他的「層創進化論」也不免和梁漱溟「人生三路向」的說法一樣，僅僅是一「應然」的呼籲，而不是一合於事實的「實然」描述了。

世界太大、太複雜了，並不是一個簡單的文化理論就可以涵蓋它而加以合理的解釋。這是筆者一貫的信念。因此，何不儒、佛各走各的道路，而放棄大談或優或劣乃至是否「同源」的問題呢？梁漱溟的「人生三路向」，以為第一路向必然演變成為第二路向；而第二路向必然更進一步演變成為第三路向。這似乎和太虛的「層創進化論」有著彷彿相似之處，也為二者的理論打開一條融通之路。但是，這一融通之路必須建立在二者的「進化」理論是一合於事實的「實然」，而不僅僅只是想當然爾的「應然」。然而前文已經論及，二者的理論存在著許多沒有事實根據的漏洞；這無疑地降低了二者理論之融通的可能性。因此，在這樣一個多元價值的社會裏，並沒有必要為了「統一」某兩個思想，而做出勉強的會通。

（本文口頭宣讀於一九九〇年六月由東海大學哲學研究所所主辦的「儒、釋、道與現代社會學術研討會」，並刊於《儒、釋、道與現代社會學術研討會論文集》。）

❽ 參見牟宗三，《佛性與般若》（上），頁一三七。

佛在人間
——印順導師之「人間佛教」的分析

　　印順導師（一九○六～二○○五）的著作豐富、思想宏偉，學者往往迷失在其龐雜的哲理叢林之中，不得自在❶。然而，印順導師在晚年的一本小品作品當中，簡略地自述一生中對佛法的基本信念；從這一自述當中，我們可以清楚地看出他的思想中心：

> 我在佛法的探求中，直覺得佛法常說的大悲濟世，六度的首重布施，物質的、精神的利濟精神，與中國佛教界是不相吻合的。在國難教難嚴重時刻，讀到了《增壹阿含經》所說：「諸佛皆出人間，終不在天上成佛也」。回想到普陀山閱《藏》時，讀到《阿含經》與諸部廣《律》，有現實人間的親切、真實感，而不是部分大乘經那樣，表現於信仰與理想之中，而深信佛法是「佛在人間」，「以人類為本」的佛法。❷

❶　印順導師，《契理契機之人間佛教》（下文簡稱為《契理契機》），頁一，曾說：「……宏印法師……說：『我積多年的見聞，總覺得這些人的批評，抓不住印公導師（指印順導師）的思想核心是什麼，換句話說，他們不知《妙雲集》到底是在傳遞什麼訊息』！最近，聖嚴法師……說：『他（印順導師）的著作太多，涉及範圍太廣，因此使得他的弟子們無以為繼，也使他的讀者們無法辨識他究竟屬於那一宗派』。二位所說，都是很正確的！」可見印順導師也承認自己的著作龐雜、思想豐富。

❷　引見《契理契機》，頁三。

從引文可以明白地看出：印順導師的思想中心，是在闡述「佛在人間」的哲理，是在弘揚「以人類為本」的佛法。用另外一個印順導師所慣用的術語來說，印順導師一生所致力的，即是「人間佛教」這一理念的推廣。本文試圖透過這一理念的分析，來探討印順導師「佛在人間」之思想的實質內涵。

一　「人間佛教」的思想來源

(一)《三論》與唯識

印順導師在其《遊心法海六十年》（下文簡稱《六十年》）中，曾說：「六十年的漫長歲月，我在佛法中的進修，經歷了幾個不同的階段。」❸這幾個「不同的階段」是：⑴「暗中摸索」，出家前，一九二五（二十歲）～一九三〇（二十五歲）。⑵「求法閱《藏》」，出家後，一九三〇～一九三八（三十三歲）。⑶「思想確定」，一九三八～一九五二（四十七歲）。⑷（在臺灣）「隨緣教化」，一九五二～一九六四（五十九歲）。⑸「獨處自修」，一九六四—❹。

其中，在第⑴中，印順導師說到了這一階段「一開始，就以《三論》、唯識法門為探究對象」❺。而且還說到影響他一生的佛教內部

---

❸　引見《遊心法海六十年》（下文簡稱《六十年》），頁四。

❹　詳見《六十年》，頁四～三九。

❺　引見《六十年》，頁五。《六十年》中還說到：印順導師當時所研讀的《三

問題：

> 經四、五年的閱讀思惟，多少有一點了解，也就發現了：佛法
> 與現實佛教界間的距離。我的故鄉，寺廟中的出家人（沒有女
> 眾），沒有講經說法的，有的是為別人誦經、禮懺；生活與俗
> 人沒有太多的差別。在家信佛的，只是求平安，求死後的幸福。
> 少數帶髮的女眾，是「先天」、「無為」等道門，在寺廟裏修行，
> 也說他是佛教。理解到的佛法，與現實佛教界差距太大，這是
> 我學佛以來，引起嚴重關切的問題。❻

　　這一影響印順導師一生修學佛法方向的佛教內部問題是：出家
僧人不為正法而修行，只「為別人誦經、禮懺」，「生活與俗人沒有太
多差別」；而且更糟糕的是，佛門並不純淨，雜有「先天」、「無為」
等帶髮修行的「道門」在內。另一方面，在家的信眾，「只是求平安，
求死後的幸福」，並不是為求真正的佛法。值得注意的是，印順導師
在這一時期之中，之所以能夠觀察出「現實佛教界」的這些問題來，
是依照他所學習的《三論》和唯識法門而做出來的判斷。他說：「當
時意解到的純正佛法，當然就是《三論》與唯識。」❼然而，在這一
時期當中，「人間佛教」的思想之芽，並沒有明顯的萌發。

　　論》、唯識法門的典籍，包括《成唯識論學記》、《相宗綱要》、《三論宗
　　綱要》、《中論》、《三論玄義》，以及嘉祥吉藏對於《三論》的註疏等。
　　（參見《六十年》，頁四。）
❻　引見《六十年》，頁五。引文中所提到的「先天」、「無為」等「道門」，
　　應指流行於民間，佛、道不分的民間信仰。
❼　引見《六十年》，頁五。

(二)「人生佛教」和《阿含》、廣《律》

　　印順導師「人間佛教」的思想之芽，萌發於第(2)階段中的「求法
閱《藏》」時期。它開端於印順導師的老師──太虛大師（一八九
○～一九四七）所提倡的「人生佛教」。印順導師曾經這樣回憶著：
「……二十年（一九三一）春天，在師長的同意下，到廈門閩南佛學
院求學。院長是太虛大師……虛大師的『人生佛教』，對我有重大的
啟發性。」❽引文中所提到的「人生佛教」，是太虛大師一生所致力的
三種「佛教革命」❾當中的一種。但是，即使是在一開始，印順導師
就沒有完全接受太虛大師所提倡的這一新佛教；因為，印順導師說：
「虛大師所提倡的佛教改革運動，我原則上是贊成的，但覺得不容易
成功。出家以來，多少感覺到，現實佛教界的問題，根本是思想問
題。」❿因此，印順導師又說：「我不像虛大師那樣，提出『教理革命』；
願意多多理解教理，對佛教思想起一點澄清作用。」⓫
　　既然「願意多多理解教理」，因此印順導師開始閱讀《大藏經》。
「從二十一年，到二十五年（一九三二～一九三六）年底……都住在
普陀佛頂山慧濟寺的閱藏樓，足足有三年」⓬。而印順導師的收穫是：

---

❽　引見《六十年》，頁六。

❾　這三種佛教革命是：教理革命、僧制革命、寺產革命。前一是佛教思想
　　的改造，即試圖以「人生佛教」取代重視死後和鬼神的傳統佛教。而後
　　二則是佛教教團和教團中之財產的改造。（詳見太虛大師，〈我的佛教革
　　命失敗史〉，《太虛大師全書》（五七），頁六一。）

❿　引見《六十年》，頁七。

⓫　同前註。

⓬　引見前書，頁八。

「知道法門廣大」，以及「人間佛教」之思想的萌芽。他回憶說：

> 從所讀的《大藏經》中，發見佛法的多采多姿，真可說「百花爭放」，「千巖競秀」！……知道法門廣大，所以不再局限於《三論》與唯識。對於大乘佛法，覺得虛大師說得對，應該有「法界圓覺」一大流。……還有，讀到《阿含經》與各部廣《律》，有現實人間的親切感，真實感，而不如部分大乘經，表現於信仰與理想之中。這對於探求佛法的未來動向，起著重要的作用。❸

引文中說到了兩件事情：⑴因為閱讀《大藏經》的關係，知道在《三論》和唯識法門之外，還有太虛大師所說的「法界圓覺」的一大流❹。⑵因為閱《藏》時讀到《阿含經》和各部廣《律》，因此體會到其中具有「現實人間的親切感，真實感」。無疑地，第⑵點對於印順導師「人間佛教」之思想的萌發，起了催化的作用。

---

❸　引見前書，頁八～九。

❹　太虛大師在其〈我怎樣判攝一切佛法〉一文當中，將「大乘不共法」細分為三宗：⑴法性空慧宗，即印順導師所說的《三論》；⑵法相唯識宗，即印順導師所說的唯識學；⑶法界圓覺宗，即天台、賢首（華嚴）、禪、淨、密等各宗。（詳見《太虛大師全書》（二），頁五二三～五二五。）其中，第⑶之「法界圓覺宗」，即是以「如來藏」、「佛性」等觀念為中心的佛教。這一佛教，在印順導師的作品當中，稱為「真常唯心系」，是繼「性空唯名系」（即《三論》）和「虛妄唯心系」（即唯識學）之後的最後期大乘佛教。（詳見力嚴（即印順導師），〈法海探珍〉，收錄在張曼濤編，《現代佛教學術叢刊(99)・大乘佛教的問題研究》，臺北：大乘文化出版社，一九七九，頁二七～五八。又見印順導師，《印度之佛教》，臺北：正聞出版社，一九八五，二版，一二～一五章。）

〇三〇 日本佛教學者的治學方法

一九三七年，正當印順導師住在武昌佛學院時，讀到了日本佛教學者高楠順次郎、木村泰賢、結城令聞等人的著作，因而使他在「探求佛法的方法，有了新的啟發」。印順導師自述說：「從現實世間的一定時空中，去理解佛法的本源與流變，漸成為我探求佛法的方針……覺得惟有這樣，才能使佛法與中國現實佛教界的距離，正確的明白出來」❶。這一方法學上的突破，乃在佛教內部事務的研究上，加入時間與空間變化的考慮因素。也就是說，印順導師開始有了下面這種強烈的思想傾向：時間與空間的變化，是促使純正佛法變質的原因之一。這意味著：並不是後來的佛教思想就是好的，也不是中國的佛教就高人一等的。所以，當他自述「對佛法的基本信念」❶時，曾說：

> 印度佛教的興起，發展又衰落，正如人的一生，自童真、少壯而衰老。童真，充滿了活力，（純真）是可稱讚的……老年經驗多，知識豐富，表示成熟嗎！也可能表示接近衰亡。所以我不說愈古愈真，更不同情於愈後、愈圓滿、愈究竟的見解。……我是中國佛教徒，中國佛法源於印度，適應（當時的）中國文化而自成體系。佛法，應求佛法的真實以為遵循，所以尊重中國佛教，而更（著）重印度佛教（並不是說印度來的樣樣好）。我不屬於宗派徒裔，也不為民族情感所拘蔽。❶

---

❶ 引見《六十年》，頁九。

❶ 印順導師在《六十年》頁五〇～五四當中，曾說到他自己「對佛法之基本信念」，共有八點。目前所引句子，出現在第五和第七條當中。

❶ 引見《六十年》，頁五三。

在這種「不說愈古愈真，更不同情於愈後、愈圓滿、愈究竟的見解」，乃至「尊重中國佛教，而更（著）重印度佛教」、「不屬於宗派徒裔」、「不為民族情感所拘蔽」的體認之下，印順導師所追尋的是「純正的佛法」；而他所謂的「純正佛法」，無疑地，是「人間佛教」的理念。所以，他下結論說：

> 我的修學佛法，為了把握純正的佛法。從流傳的佛典中去探求，只是為了理解佛法；理解佛法的重點發展及方便適應所引起的反面作用，經怎樣的過程，而到達一百八十度的轉化。如從人間成佛而演進到天上成佛……這種轉化，就是佛法在現實世間中的轉化。泛神化（低級宗教「萬物有靈論」的改裝）的佛法，不能蒙蔽我的理智，決定要通過人間佛教史實而加以抉擇……。確認佛法的衰落，與演化中的神化、俗化有關，那末應從傳統束縛，神秘催眠狀態中，振作起來，為純正的佛法而努力！ ⓲

從以上的引文可以清楚地看出，印順導師是以「人間佛教」做為標準，來判斷佛法的「純正」與否。而這一標準，除了受到他自己對佛法的認識，以及太虛大師之思想的影響之外，也受到日本佛教學者之治學方法的啟示；這一治學方法的基本精神是：把佛法視為時空變化中的相關產物。

⓲　引見前書，頁五四。

(四)小　結

　　總之，印順導師「人間佛教」的這一理念，一者來自於他早年對於《三論》、唯識法門的鑽研心得，二者受到了太虛大師所提倡的「人生佛教」之啟發，三者來自於《阿含經》和廣《律》中所含有的「現實人間的親切感，真實感」，最後影響他的，則是以時空變化來考察佛法之流變的日本學者。

　　另外，宋、明以來「出佛歸儒」之新儒家學者的闢佛風尚，恐怕也是間接影響印順導師的負面原因之一。有關這點，可以從印順導師所說的一段話看出來：

> 二十七年（一九三八）冬，梁漱溟氏來山（縉雲山），自述其學佛中止之機曰：「此時、此地、此人」。吾聞而思之，深覺不特梁氏之為然，宋明理學之出佛歸儒，亦未嘗不緣此一念也。……吾心疑甚，殊不安。時治唯識學，探其源於《阿含經》，讀得「諸佛皆出人間，終不在天上成佛也」句，有所入。釋尊之教，有十方世界而詳此土，立三世而重現在，志度一切有情而特以人類為本。釋尊之本教，初不與末流之圓融者同，動言十方世界，一切有情也，吾為之喜極而淚。 ❶❾

　　由此可見，印順導師的「人間佛教」，共有五個思想來源；它們是：《三論》與唯識法門，太虛大師的「人生佛教」，《阿含經》和廣《律》，日本佛教學者，以及梁漱溟等「出佛歸儒」的新儒家學者。

---

❶❾　引見《印度之佛教・序》，頁一～二。

二　「人間佛教」的提出

㈠「人間佛教」乃時代風潮

　　「人間佛教」的首次提出者，並不是印順導師，而是《海潮音》雜誌社、慈航法師，以及法舫法師等人❷⓪。由於文獻的收集不易，這些雜誌和人士所提倡的「人間佛教」，是否和印順導師所提倡的一樣，並不清楚。但是，既然印順導師在他的著作當中，提到了這些雜誌和人士❷①，可見他（它）們的主張，對於印順導師，起了一定程度的影響。

　　印順導師第一次明確地用到「人間佛教」這一名詞，是在一九四一年左右。這時，也正是印順導師所自述的五段「修學歷程」中的第三段——「思想確定」時期的開始（詳前文）。他曾這樣記載他剛開始寫作的情形：「……我開始成部的寫作，與講說而由別人的記錄成

---

❷⓪　印順導師，〈人間佛教緒言〉，曾說：「民國以來，佛教的法師、居士，都有適應社會的感覺，或辦慈善、教育事業等。……人間佛教的論題，民國以來，即逐漸被提起。民國二十三年（一九三四），《海潮音》出過人間佛教專號，當時曾博得許多人的同情。後來，慈航法師在星洲，辦了一個佛教刊物，名為《人間佛教》。抗戰期間，浙江縉雲縣也出了小型的《人間佛教月刊》。前年法舫法師在暹羅，也以『人間佛教』為題來講說。」（引見印順導師，《妙雲集⑭‧佛在人間》，頁一八。）

❷①　詳前註。

書。……如三十年（一九四一）所寫的〈佛在人間〉、〈佛教是無神論的宗教〉、〈法海探珍〉，都是闡揚佛法的人間性，反對天（神）化；探求佛法本質，而捨棄過了時的方便。」**❷**另外，以「人間佛教」為主題，而有深入分析的作品，則相繼發表於一九五一年左右。印順導師在《契理契機》中說：

> 我早期的作品，多數是講記，晚年才都是寫出的。講的寫的，只是為了從教典自身，探求適應現代的佛法，也就是脫落鬼化、神（天）化，回到佛法本義，現實人間的佛法。我明確的討論人間佛教，民國四十年（一九五一）曾講了：〈人間佛教緒言〉、〈從依機設教來說明人間佛教〉、〈人性〉、〈人間佛教要略〉。**❷**

㈡「人間佛教」的四個含義

　　印順導師並且在《契理契機》中**❷**，依照〈人間佛教要略〉一文，而簡略地歸納出「人間佛教」所應有的四個含義；它們是：(1)「論題核心」，是「人，菩薩，佛——從人而發心修菩薩行，由菩薩行圓滿而成佛」。也就是說，「人間佛教」的第一個要件是：從「人」（而不是鬼怪或天神）為出發點，向著菩薩、佛陀的境界，浩浩前進。(2)「理論原則」，是「法與律合一」、「緣起與性空的統一」，以及「自利與利他的統一」**❷**。(3)「時代傾向」，是「青年時代」、「處世時代」、「集

---

❷　引見《六十年》，頁一二～一三。

❷　引見《契理契機》，頁四七。

❷　詳見前書，頁四七～四九。

體（組織）時代」。為了適應「青年時代」，佛教應該「重視少壯的歸信」，「必然的重於利他」。為了適應「處世時代」，佛教「應該做利益人類的事業，傳播法音」。而為了適應「集體（組織）時代」，「不但出家的僧伽，要更合理（更合於佛意）化，在家弟子學修菩薩行的，也應以健全的組織來從事利他而自利」。⑷「修持心要」，「應以信、智、悲為心要」。

　　在以上所說到的四點當中，第⑴點最足以看出「人間佛教」的特色。印順導師甚至認為，像這種「從人而學習菩薩行，由菩薩行修學圓滿而成佛」的「人間佛教」，是「古代佛教所本有的」，因此，把它提出來，「不是創新，而是將固有的『刮垢磨光』」❷。因此，我們將

---

❷　其中，所謂「法與律合一」，印順導師曾解釋說：「用集團力量來規範自己的行為，淨化內心的煩惱，是根本佛教的特色。後代學者而尊律的，但知過午不食，手不捉持金錢，而大都漠視僧團的真義。一分重禪的──近於隱遁瑜伽的，或以佛法為思辨的論師，都輕視律制。不知佛法的流行於世間，與世間悉檀的律制，有著最密切的關係。律的不得人重視，為佛法發達中的一大損失。所以人間佛教，必須本著佛教的古義，重視法與律的合一原則。」（〈人間佛教緒言〉，《妙雲集⑭‧佛在人間》，頁一〇六。）其次，對於「緣起與性空的統一」，則解釋說：「緣起不礙性空，性空不礙緣起；非但不相礙，而且是相依成成。世出世法的融攝統一，即人事以成佛道，非本此正觀不可。既不偏此，又不偏彼，法性與法相並重，互相依成，互相推進，而達於現空無礙的中道。」（同前書，頁一〇八～一〇九。）又說：「緣起與性空的統一，他的出發點是緣起，是緣起的眾生，尤其是人本的立場。因為，如泛說一切緣起，每落於宇宙論的，容易離開眾生為本的佛法，如泛說一切眾生，即不能把握『佛出人間』，『即人成佛』的精意。」（引見前書，頁一〇九。）而對於「自利與利他的統一」一點，印順導師則解釋說：「菩薩的自利，從利他中得來，一切與利他行相應。……大乘道的自利，不礙利他，反而從利他中去完成。」（同前引）

在下面做比較詳細的分析。

三 「人間佛教」的內容和本質

㈠從「凡夫菩薩」到「賢聖菩薩」和「佛菩薩」

所謂「從人而學習菩薩行，由菩薩行修學圓滿而成佛」，乃是把佛法的修習過程，區分為三個階段: (a)凡夫菩薩; (b)賢聖菩薩; (c)佛菩薩❷。其中，尤以第(a)之「凡夫菩薩」，最足以顯示「人間佛教」的本質。印順導師解釋說:

> 凡夫菩薩: 十善，本是人乘的正法。初學菩薩而著重於十善業，即以人身學菩薩道的正宗。……以人間凡夫的立場，發心學菩薩行，略有兩點特徵: 一、具煩惱身: 凡夫是離不了煩惱的，這不能裝成聖人模樣，開口證悟，閉口解脫，要老老實實地覺得自己有種種煩惱，發心依佛法去調御他，降伏他。……凡依人身而學菩薩行，務要不誇大，不眩神奇。如忽略凡夫身的煩惱覆蔽，智慧淺狹，一落裝腔作勢，那末如非增上慢人 (自以為然)，即是無慚無愧的邪命。……二、悲心增上: 初發菩薩心的，必有宏偉超邁的氣概。菩薩以利他為重，如還是一般人

---

❷ 〈人間佛教要略〉，《妙雲集⑭·佛在人間》，頁九九。

❷ 詳見前書，頁一〇〇。

那樣的急於了生死，對利他事業漠不關心，那無論他的信心怎
樣堅固，行持怎樣精進，決非菩薩種姓。專重信仰，與一般神
教相近。專重修證，必定墮落小乘。初發菩提心的，除正信正
見以外，力行十善的利他事業，以護持佛法，救度眾生為重。
經上說：「未能自度先度他，菩薩是故初發心」。應以這樣的聖
訓，時常激勵自己，向菩薩道前進。❷❽

　　由引文可以看出，印順導師所謂的「人間佛教」，必須先由「凡
夫菩薩」做起，然後漸漸地進入「賢聖菩薩」乃至「佛菩薩」的更高
境地。而所謂的「凡夫菩薩」，字面的意思是：以凡夫身而發心修習
（以十善為主的）菩薩行。但實質的意思有兩點：(I)內心存有「具
煩惱身」的自知之明，因此絕不「裝成聖人模樣」，絕不「裝腔作勢」，
相反地，「務要不誇高大，不眩神奇」。(II)「悲心增上」，亦即「以利
他為重」，絕不「急於了生死」，絕不「專重信願」，絕不「專重修證」，
要以「未能自度先度他」這一聖訓，來激勵自己。

㈡「人間佛教」與「人天乘」的差異

　　另外，有兩點必須特別留意，才能正確無誤地了解印順導師所說
的「人間佛教」。首先是：印順導師以為，具有前文所說之意義的「人
間佛教」，也是太虛大師的「人生佛教」所著重的❷❾。其次，這種意

---

❷❽　引見前書，頁一〇二～一〇三。

❷❾　〈人間佛教要略〉說：「凡夫菩薩：十善是人乘的正法……太虛大師宣
　　說『人生佛教』，即著重於此。大師平時，坦白地說：我是凡夫而學修
　　發菩薩心的。」（引見《妙雲集⑭·佛在人間》，頁一〇二。）

義的「人間佛教」，和「人天乘」不同。在這兩點當中，若就「人間
佛教」演化自太虛大師的「人生佛教」而言，前文已略有論及，下面
還會另闢篇幅詳細討論。至於「人間佛教」和「人天乘」的差別，印
順導師自己解釋說：

> 有的人因誤解而生疑難：行十善，與人天乘有什麼差別？這二
> 者是大大不同的。這裏所說的人間佛教，是菩薩道，具足正信
> 正見，以慈悲利他為先。……這與人乘法，著重於偏狹的家庭，
> 為自己的人生福報而修持，是根本不同的。❸

由此可見，印順導師所提倡的「人間佛教」，有別於一般所說「人
天乘」。（事實上，太虛大師所提倡的「人生佛教」，也不同於「人天
乘」。）二者之間的差異，乃在「人天乘」僅止於家庭生活的合於倫理、
個己生命（為人、升天）的獲得福報而已。而「人間佛教」（或「人
生佛教」），指出一條超越人、天的聖者之路，直向更高的「賢聖菩薩」
和「佛菩薩」的大道走去。因此，「人間佛教」（或「人生佛教」）所
標示的：從「凡夫菩薩」到「賢聖菩薩」，再到「佛菩薩」的「進化」
過程，必須特別留意，才不會誤解它（們）的本意。

(三)「人間佛教」和「人生佛教」的差異

「凡夫菩薩」的第一個特色是「具煩惱身」，因此「不能裝成聖
人」、「不誇高大，不眩神奇」、不「裝腔作勢」，「不會標榜神奇，也
不會矜誇玄妙，而從平實穩健處著手做起」❸。無疑地，這是印順導

---

❸　〈人間佛教要略〉，《妙雲集⑭·佛在人間》，頁一○三～一○四。

師所提倡的「人間佛教」當中，最重要，也最感人之處。事實上，這
也是「人間佛教」有別於太虛大師之「人生佛教」的地方。印順導師
曾自述他的「人間佛教」，和太虛大師之「人生佛教」之間，有著極
不相同之處：

> 太虛大師在民國十四、五年（一九二五～一九二六），提出了
> 「人生佛教」。在抗戰期間，還編成一部專書——《人生佛教》。
> 大師以為：人間佛教不如人生佛教的意義好。他的唱道「人生
> 佛教」，有兩個意思：一、對治的：因為中國的佛教末流，一
> 向重視於——一死，二鬼，引出無邊流弊。大師為了糾正他，
> 所以主張不重死而重生，不重鬼而重人。以人生對治死鬼的佛
> 教，所以以人生為名。……二、顯正的：大師從佛教的根本去
> 了解，時代的適應去了解，認為應重視現實的人生。……人生
> 佛教是極好了，為什麼有些人要提倡人間佛教呢？約顯正方面
> 說，大致相近；而在對治方面，覺得更有極重要的理由。……
> 佛教是宗教，有五趣說，如不能重視人間，那末如重視鬼、畜
> 一邊，會變為著重於鬼與死亡的，近於鬼教。如著重羨慕那天
> 神（仙、鬼）一邊，即使修行學佛，也會成為著重於神與永生
> （長壽、長生）的，近於神教。……所以特提「人間」二字來
> 對治他：這不但對治了偏於死亡與鬼，同時也對治了偏於神與
> 永生。……所以，我們應繼承「人生佛教」的真義，來發揚人
> 間的佛教。❸❷

---

❸❶　最後一句引見前書，頁一○四。
❸❷　引見前書，頁一八～二二。

　　在這一長段的引文當中，印順導師說到了下面幾個重要的事情，它們指出了「人間佛教」之所以不同於「人生佛教」的原因，也指出了「人間佛教」之所以以「人間」為名的原因。因此，這段引文可以說是了解「人間佛教」最關鍵性的文字。其中說到了太虛大師之所以提倡「人生佛教」，一者是為了「對治」一向重視死後（往生極樂世界）與鬼神的傳統中國佛教，二者是為了「時代的適應」。而印順導師認為，傳統中國佛教所應對治的不只是死與鬼，而且必須同時對治佛法的「天神化」。因此，「天神化」的對治與否，是「人間佛教」和「人生佛教」的分野❸。要說明這點，就必須更進一步了解印順導師的「佛身觀」和「判教」思想。

---

❸　印順導師在其《六十年》中曾說：「虛大師說『人生佛教』，是針對重鬼重死的中國佛教。我以印度佛教的天（神）化，情勢異常嚴重性，也嚴重影響到中國佛教，所以我不說『人生』而說『人間』，希望中國佛教，能脫落神化，回到現實的人間。」（引見《六十年》，頁一八～一九。）可見印順導師之所以主張「人間佛教」，而對他的老師——太虛大師的「人生佛教」有所更改和批評，乃是有見於印度佛教和中國佛教的逐漸走向「天（神）化」的緣故。因此，「天神化」的對治與否，正是「人生佛教」有別於「人間佛教」之處。

四　印順導師的佛身觀

㈠諸佛世尊皆出人間

　　印順導師的佛身觀，可以具體而微地，從他的〈人間佛教緒言‧人間佛教的三寶觀〉一文當中的一段，看出來：

> 釋迦牟尼佛，不是天神，不是鬼怪，也從不假冒神子或神的使者。他老實的說：「諸佛世尊，皆出人間，非由天而得也」（《增壹阿含經》）。這不但是釋迦佛，一切都是人間成佛，而不會在天上的。又說：「我亦是人數」。佛是由人而成佛的，不過佛的斷惑究竟，悲智功德一切到達無上圓滿的境地而已。佛在人間時，一樣的穿衣、吃飯、來去出入。他是世間的真實導師……《法句經》說：「具眼兩足尊」，眼即知見，知見的具足圓滿者，即是佛，佛在兩足的人類中，處最可尊敬的地位。佛出人間，人間才有正法。❸❹

　　從這段引文可以清楚地看出，印順導師是把佛陀的色身，視為和人間凡人的色身完全相同。佛陀之有別於人間的凡人，不在肉體上的殊勝，而在心靈或精神上的高超。也就是說，印順導師以為：佛陀的偉大，是在心靈或精神上，具有比人間的凡人更加廣大的智慧和悲

❸❹　引見《妙雲集⑭‧佛在人間》，頁二三～二四。

心，而不是在肉體上具有什麼超人的（天）神力。他以為歷史上真實
的佛陀，不是（天）神而是人。佛陀的色身之所以走上（天）神化，
則是由於「佛涅槃後，佛弟子對佛的永恆懷念」，以致「不免漸漸的
理想化、神化」。有關後面這點，他解釋說：

> 「佛」是印度迦毗羅衛的王子，經出家、修行而成佛、說法、
> 入涅槃，有印度的史迹可考。《增一阿含經》說：「諸佛皆出人
> 間，終不在天上成佛也」。佛不是天神、天使，是在人間修行
> 成佛的；也只有生在人間，才能受持佛法，體悟真理（原註：
> 法）而得正覺的自在解脫，所以說：「人身難得」。「佛出人間」，
> 佛的教化，是現實人間，自覺覺他的大道，所以佛法是「人間
> 佛教」，而不應該鬼化、神化的。不過在佛法的長期流傳中，
> 由於「佛涅槃後，佛弟子對佛的永恆懷念」，不免漸漸的理想
> 化、神化，而失去了「如來兩足（原註：人）尊」的特色！ **㉟**

「佛涅槃後，佛弟子對佛的永恆懷念」一語，是印順導師在其《初
期大乘佛教之起源與開展·序》中的用詞。他說：「從『佛法』到『大
乘佛法』，主要的動力，是『佛涅槃以後，佛弟子對佛的永恆懷念』。」
又說：「所以『佛涅槃後，佛弟子對佛的永恆懷念』，為通曉從『佛法』
而『大乘佛法』的總線索。」又說：「『原始佛教』經『部派佛教』而
開展為『大乘佛教』，『初期大乘』經『後期大乘』而演化為『秘密大
乘』，推動的主力，正是『佛涅槃以後，佛弟子對佛的永恆懷念』。」**㊱**

㉟　引見《契理契機》，頁三三。

㊱　引見《初期大乘佛教之起源與開展》，臺北：正聞出版社，一九八九，
　　五版，頁三～五。

印順導師再三強調:「佛涅槃以後,佛弟子對佛的永恆懷念」,乃是引生純正的「(原始)佛法」,一再隨著時空而變質為「部派佛法」、「初期大乘」、「後期大乘」,乃至「秘密大乘佛教」的根本原因。這一變質,一言以蔽之,即是「人間佛教」之精神的淪喪、佛陀天神化的日趨嚴重。尤其是發展到印度佛教最後期的「秘密大乘佛教」,其天神化的程度最為嚴重。印順導師在其《印度之佛教・密教之興與佛教之滅(第十七章)》中曾說:「綜觀密教發展之勢,即鬼神崇拜而達於究竟。」❸❼他甚至認為,像這樣逐步走上天神化的「秘密大乘佛法」,乃是佛教在印度滅亡的原因。有關這點,從其章名——〈密教之興與佛教之滅〉,即可看出端倪。

㈡佛身流變的三階段

事實上,這一流變是漸進的。印順導師在其〈從依機設教來說明人間佛教〉一文當中,曾把印度佛教天神化的流變過程,分成三個階段而加以說明:⑴初期「以出家的聲聞僧為中心」,他們的特色是「自在解脫」、「現出清淨自在的精神」。其次才是以在家的弟子為中心,例如給孤獨長者、頻婆娑羅王、波斯匿王等。他們的特色是:「重布施、持戒,盡力於對國對家對人應作的正事」。而最不重要的,是「從淨居天到餓鬼、畜生」的「鬼神」,「在佛教中,處於不關重要的地位」。他們的特徵有二: (a)「貪求」,「對世間的五欲,貪心最極強烈」; (b)「忿怒」❸❽。印順導師下結論說:「此初期的佛教,鬼神僅是世間悉

---

❸❼　引見《印度之佛教》,頁三一八。

❸❽　以上引號內的字句,都引自《妙雲集⑭・佛在人間》,頁三九。

檀，不加尊重，也不否定。神教色彩極淺，迷信的方便極少。內重禪慧，外重人事，初期以出家解脫為中心的佛教，是如此。」❸

其次是第(2)期的印度佛教：在家菩薩取得了為主的地位，出家弟子轉成為輔的狀況，而鬼神的地位也相對提高了。印順導師描述說：

> 佛滅後五百年的佛教情況，即大乘教興起的時代……佛教的中心是演變了。處於佛教中心的佛與弟子，都現為在家相。如文殊、觀音、普賢、維摩詰、善財、常啼等菩薩，可說都是在家的。大乘歸極的佛陀，為毘盧遮那佛，也是有髮髻，戴頭冠的，身上瓔珞莊嚴的在家相。……當時，出家解脫相的聲聞僧（連釋迦佛在內），被移到右邊去，不再代表佛法的重心，而看作適應一分根性的方便了。……天（鬼畜），不遠處於外圍，地位擡高了，處在左邊的地位。舉例說：傳說佛在世時有護法神——金剛力士，本是夜叉而已。在大乘佛教中，就尊稱為菩薩化身。海龍王、緊那羅王、犍闥婆王、阿修羅王，稱為菩薩的也不少，連魔王也有不可思議大菩薩。❹

總之，第(2)期的佛教（大乘佛教初興時期），人間佛陀和出家弟子的地位降低了，取而代之的是在家菩薩和鬼神的地位。印順導師下結論說：「這一期的佛教……也是適應於崇奉天神的在家婆羅門而發

---

❸ 引見前書，頁四〇。引文中所說到的「世界悉檀」，是龍樹菩薩在《大智度論》卷一當中所提到的四種「悉檀」之一。（另外的三種「悉檀」是：各各為人悉檀、對治悉檀和第一義悉檀。）「世界悉檀」是佛為了度化眾生，而隨順眾生的見解，所方便宣說的道理。例如宣說有車、有人等。（詳見《大正藏》（二五），頁五九中～下。）

❹ 引見《妙雲集⑭·佛在人間》，頁四〇～四一。

揚起來。……天的傾向發達起來，天神的地位也顯著起來。所以，這是佛教的人間化，也是天化。」❹

　　最後是第(3)期的佛教，也就是後期的秘密大乘佛教。它的特色是：鬼神的地位提升到最高點，相對地，佛陀和出家弟子、在家菩薩的地位低落。這和第(1)期的「原始佛教」時期，正好倒過來。印順導師描述說：

> 第三期的佛教，一切情況，與初期佛教相比，真可說本末倒置。
> 處於中臺❷的佛菩薩相，多分是現的夜叉、羅剎相，奇形怪狀，
> 使人見了驚慌。有的是頭上安頭，手多，武器多，項間或懸著
> 一顆顆貫穿起來的骷髏頭，腳下或踏著兇惡相的鬼神。而且在
> 極度兇惡──應該說「忿怒」的情況下，又男女扭成一堆，這
> 稱為「具貪相」。那些現在家慈和的菩薩，又移到外圍去了。
> 至於現出家解脫相的，最在外圍，簡直是毫無地位！這種境況，
> 從密宗曼荼拏中，可以完全看出。由於天神（特別是欲界的低
> 級的）為佛教中心，所以一切神教的儀式、修法，應有盡有的
> 化為佛法方便。❸

---

❹　引見前書，頁四一。值得注意的是，引文中，印順導師用了「佛教的人間化」一語，似乎是說第(2)期佛教更接近「人間佛教」的精神了。然而，實際上正好相反。印順導師在此所說的「人間化」，並不是「人間佛教化」；事實上，它是「（人間）世俗化」、「（庸）俗化」，也就是「天神化」的意思。

❷　依據秘密大乘教的世界觀（曼荼拏），世界（曼荼拏）的中心是佛陀真身（法身佛）的寶座，名為「中臺」。

❸　引見《妙雲集⑭‧佛在人間》，頁四二～四三。事實上，印順導師在其《印度之佛教》章一七節三──「秘密教之特色」當中，曾描寫最後期

在以上所說的三期佛教中，主張「人間佛教」的印順導師，自然要提倡前兩期（特別是第一期）的佛身觀，而貶抑第三期的佛身觀。他說：「初期佛教以聲聞乘為中心，中期以人（天）菩薩為中心，後期以天（菩薩）為中心。……現在所提倡的人間佛教，我們是人，應以人為中心，應攝取印度初中二期佛教的人菩薩的慈悲與智慧，特應從悲起智，而不取後期佛教的天菩薩法。」❹總之，印順導師以為：由於「佛涅槃以後，佛弟子對佛的永恆懷念」，因此經過三期的流變，以「人間佛教」為特色的佛身觀，逐漸起了本質上的改變。這一改變，即是平實、樸素之佛身的（天）神化。而引生其變質的觸媒，則是重視天神祭祀的婆羅門教。純正的佛法，在流變當中，大量引進了婆羅門教的「外道」思想和儀禮，以致失去了原初之「人間佛教」的色彩。

佛教的特色是「淫欲為道」；他說：「密教所崇事之本尊，無不有明妃。『事部』則彼此相顧而悅，『行部』則握手，『瑜伽部』則相擁抱，『無上瑜伽』則交合；此固順欲界欲事之次第而成立者。前三部雖有相視、相抱事，而行者每以悲智和合解之，然無上瑜伽則付之實行。……『無上瑜伽』者，以欲樂為妙道，既以金剛、蓮華美生殖器，又以女子為明妃，女陰為婆伽曼陀羅，以性交為入定，以男精、女血為赤、白二菩提心，以精且出而久持不出所生之樂觸為大樂。眩佛教之名，內實與御女術同。」（引見《印度之佛教》，頁三二三。）更有甚者：「凡學密者必先經灌頂，其中有『密灌頂』、『慧灌頂』，即授此法也。其法，為弟子者，先得一清淨之明妃，引至壇場，弟子以布遮目，以裸體明妃供養於師長。師偕明妃至幕後，實行和合之大定，弟子在外靜聽之。畢，上師偕明妃至幕前，以男精、女血（甘露）即所謂『菩提心』者，置弟子舌端。據謂弟子此時，觸舌舌樂，及喉喉樂，能引生大樂云。」（引見前書，頁三二三～三二四。）這真是令人結舌瞠目的描述！在這一陣陣淫風穢雨的摧殘之下，印度佛教焉有不滅亡的可能！

❹ 引見《妙雲集⑭‧佛在人間》，頁四三。

印順導師在「天神化」和「人間性」之間，甚至抱持著絕不妥協的堅
定立場；他說：「人間佛教的信仰者，不是人間，就是天上，此外沒
有你模稜兩可的餘地。」**❹⑤** 他甚至對於當代提倡「人間佛教」的人士，
試圖將異教和佛法相通的作法，抱持著批判的態度，認為「這對佛法
的純正化、現代化，不一定有前途，反而有引起印度佛教末後一著（為
神教侵蝕而消滅）的隱憂。」**❹⑥** 就印順導師而言，無疑地，他是一個
完全不和異教妥協、商量的佛教高僧。

五　印順導師的教判

㈠〈法海探珍〉的「三系」教判

　　要想澈底了解印順導師的「人間佛教」，除了知道他所主張的「佛
身觀」之外，還應知道他所提出來的「判教」。他的「判教」思想，
先是在一九四一年，寫了〈法海探珍〉一文，說到了印度佛教史上的
三個思想體系，並把這三個思想體系和諸行無常、諸法無我、涅槃寂
靜等三法印相匹配。他說：

　　　　從凡夫立足處的無常出發，通過空無我的實踐，踏入無生寂滅
　　　　的聖境，這緣起三法印，是佛法一貫的坦道。佛法不能離三法

---

❹⑤　引見前書，頁一五。
❹⑥　引見《契理契機》，頁六六。

印，佛教的演變，不外適應眾生的機感，給以某一法印的特深解釋罷了！不同的深刻發揮，不免有側重某一法印的傾向，這使佛教分流出三個不同體系。這三個體系，雖然徹始徹終都存在，但特別在印度三期佛教中成為次第代起的三期思潮的主流。就是說這三個體系，適應思想發展的程序，從三藏教——小乘的無常中心時代，演進到共大乘教——大乘的性空時代，再演進到不共大乘——一乘的真常中心時代。**❹**

從引文可以清楚地看出，印順導師所說的印度佛教三體系，是指：(1)以「諸行無常」印為主要教義的小乘「三藏教」；(2)以「諸法無我」印為主要教義的「共大乘教」；(3)以「涅槃寂靜」印為主要教義的「不共大乘」。其中，第(1)期包含了釋迦入滅之後到部派分裂時的佛教；而第(2)期又稱為「性空中心時代」，則以《般若經》乃至龍樹、提婆所撰寫之論典為主的早期大乘佛教，它的主要主張是「性空」，因此和「諸法無我」印相對應。而最後的第(3)期，則又稱為「一乘的真常中心時代」，它「展開了萬有本真常淨的實在論」，「佛性、如來藏、圓覺、常住真心、大般涅槃的思想，雄據了法界的最高峰」，「達到一切眾生成佛——一乘的結論」**❹**。無疑地，這一期的佛教，相對應於「涅槃寂靜」印。另外，在〈法海探珍〉一文當中，也以「無常論」、「性空論」和「真常論」等三名，來分別稱呼這三體系的印度佛教思想**❹**。

---

❹　〈法海探珍〉，《大乘佛教的問題研究》，頁三二，收錄在張曼濤編，《現代佛教學術叢刊》(99)。

❹　引見前書，頁三四。

❹　參見前書，頁四一～四四。

　　事實上，第⑶階段的佛教還可以更加詳細地區分為許多不同的體系；首先，釋迦入滅後第七─九世紀之間，「婆羅門教漸漸擡頭⋯⋯真常論者（漸漸）代替性空大乘」。印順導師稱呼這種佛教為「真常唯心論」或簡稱為「真常論」。其次，「（釋迦入滅後第）十世紀中，無著師資，唱道⋯⋯妄心生滅、三乘究竟、念佛是方便」；「這都是與中期（指第⑵期）性空者相同」。但是「它批判一切無自性⋯⋯轉上唯心論」，則和第⑵期佛教有著根本的差異。印順導師在文中則以「虛妄唯心（論）」來稱呼這種佛教。第三，到了釋迦入滅後第十一世紀，「秘密佛教與真常論締結不解緣，在真常本淨的理論上發達起來」，「發達到幾乎與印度教渾然一體的地步」，「念佛（天）三昧，欲為方便，印度群神無不是佛菩薩的化身。」這即是一般佛教史中所說的「秘密大乘教」❺。總之，在第⑶期的印度佛教當中，還可以更加詳細地分出三個階段：⒜真常唯心論萌芽的時期；⒝虛妄唯識論流行的時期；⒞秘密大乘教（與真常唯心論密切結合而）流行的時期。因此，我們還必須從印順導師的另一佛教史的分期當中，才能看出他對印度佛教史之全面性的觀點。

㈡《印度之佛教》的五期教判

　　事實上，印順導師在《印度之佛教》中，曾把整個印度佛教的發展，區分為五個階段，它們是：㈠「聲聞為本之解脫同歸」；㈡「傾向菩薩之聲聞分流」；㈢「菩薩為本之大小兼暢」；㈣「傾向如來之菩薩分流」；㈤「如來為本之梵佛一體」❺。在一般佛教史中，㈠稱為

---

❺　參見前書，頁三四～三五。

「根本佛教」或「原始佛教」，亦即釋迦在世時和入滅後一百年左右的佛教。依據印順導師自己的說法，這一時期的佛教具有下面三個特色：⑴「於現實人生的佛教，反侵略而歌頌無諍，闢四姓階級而道平等」；⑵「於未來生天之佛教，崇善行以代祭祀萬能，尊自力以斥神力、咒力」；⑶「於解脫究竟之佛教，以不苦不樂為中道行；不以瑜伽者之狂禪為是，而以戒為足，以慧為目」❷。

其次的第⑵，在一般佛教史中，則稱為「部派佛教」；它是真正的「小乘佛教」。部派，意味著佛教已是分裂的狀態；位於印度西北方的上座部，乃是保守的部派；位於東方的大眾部，則是傾向大乘佛教的部派。印順導師解釋說：「分化之方式不一，而實為急於己利（聲聞）與重為人（菩薩）兩大思想之激盪。」❸無疑地，印順導師以為：上座部偏於「己利」，而大眾部則偏於「為人」。

而第⑶「菩薩為本的大小兼暢」，則是以龍樹論師為主的，主張「一切皆空」的「中觀派」佛教。印順導師解釋說：

> 佛元四世紀至七世紀……大乘佛教乃盛。……就中龍樹菩薩，以南方學者而深入北方佛教之堂奧，闡一切法性空而三世幻有之大乘，尤為大乘不祧之宗。……此第三期之佛教，說三乘共同一解脫，與根本佛教相契應；然佛世重聲聞，今則詳菩薩之利他，可曰：「菩薩為本之大小兼暢」。❹

---

❺ 詳見《印度之佛教·序》。

❷ 詳見前書，頁四。

❸ 引見前書，頁五。

❹ 引見前書，頁六。

　　釋迦入滅後第七世紀至千年之間，大乘佛教又分出了「虛妄唯識學」和「真常唯心論」。這即是第㈣期的佛教──「傾向如來的菩薩分流」。而分流出來的原因，依印順導師的說法，乃在「如來傾向之潛流」，亦即「如來」的梵天化、神化。他指出，「如來」一詞有兩個意思：其一是「外道神我的異名」，亦即「如如不動而為流轉、解脫之當體」。另一則是「佛陀之異名」，「即證如如之法性而來成正覺者；如法相而解者；如法相而說者」。在這第㈣期的佛教中，這兩種意義的「如來」被混淆了，以致佛陀被神格化了 ❺❺。所以，他說：

> 如來者，一切有情有如來性，無不可以成佛。如來性真常不變，即清淨本具之心體。……此真常淨心，易與婆羅門之梵我相雜，而其時又適為婆羅門──印度教復興，梵我論大成之世，佛陀漸與梵天同化矣。❺❻

　　從引文可以清楚地看出，印順導師以為：這一期的佛教，特別是「真常唯心論」，受到婆羅門教之「神我」（梵我）的影響，以致佛陀和婆羅門教的「梵天」漸漸同化、合一。無疑地，這是他所最為反對的。

　　最後第㈤期的印度大乘佛教是「如來為本之梵佛一體」，那即是促使印度佛教走向衰亡之路的秘密大乘教。印順導師說：

> （釋迦入滅後）千年以降，佛教自各地萎縮而局促於摩竭陀以東。以如來不可思議之三密為重點；立本於神秘、唯心、頓入

---

❺❺　詳見前書，頁六。
❺❻　引見前書，頁五～六。

之行解，為一切學派、內外思想之綜合，為一切秘密、迷信之
綜合。唱一切有情成佛，不復如大乘初興之重於利他，而求即
心即身之成佛。奄奄六百年，受異教者之壓迫而衰滅。❺❼

(三)「三系」和五期教判的比較

　　以上五期的印度佛教，其實可以和前面提到的「三系」或「三論」
相匹配。印順導師在其《契理契機》當中❺❽，就曾製作了一個表格，
來說明這兩種「判教」之間的關係：

（五期）	（三系）	（四期）	（三期）
聲聞為本之解脫同歸		佛法	佛法
菩薩傾向之聲聞分流			
菩薩為本之大小兼暢	性空唯名論	初期大乘佛法	大乘佛法
	虛妄唯識論	後期大乘佛法	
如來傾向之菩薩分流	真常唯心論		
如來為本之天佛一如		秘密大乘佛法	秘密大乘佛法

　　總之，儘管有「三系」（三論）、「五期」，甚至其他「判教」的不
同，但是，印順導師有一不變的理念是：後期大乘佛教，特別是表格
中的「真常唯心論」和「如來為本之天佛一如」（秘密大乘佛法），乃

---

❺❼　引見前書，頁七。

❺❽　參見《契理契機》，頁九。

是受到印度婆羅門教深重影響的佛教；因此也是婆羅門教化（梵化、天化、神化）的佛教。而在印順導師的眼裏，佛教的衰亡，正是由於這一婆羅門教化的結果。他在「五期」判教的最後曾說：「印度佛教凡經五期之演變，若取喻人之一生，則如誕生、童年、少壯、漸衰而老死也。」❺❾他曾沉痛地說：

> 夫人之所求者，現實人間樂，未來（人）天上樂，究竟解脫樂三者而已。其即人事以向天道，以天道明人事者，神教也。即解脫以入世利生，依人間悲濟之行以向解脫者，佛教也。解脫思想興則神教衰，天神崇拜盛則佛教衰，此必然之理也。……佛教以反《吠陀》之精神，代婆羅門教而興。……惜佛教徒未能堅定其素志，一轉為忽此土而重他方，薄人間而尊天上，輕為他而重利己。融攝神教之一切，彼神教以之而極盛者，佛教以之而衰滅，（婆羅門教演化所成之）印度教又起而代之矣！❻⓿

　　由此可見印順導師的「判教」確實認為：後期佛教較前期佛教含有更多不純正的「外道」素質在內，因此必須加以批判、揚棄。他在〈法海探珍〉中也明白地抱著相同的態度，並據而批判中國佛教。因為在印順導師的看法裏，中國佛教受到這一「外道」化之印度佛教的深重影響。他說：

> 後期佛教是衰老，一直向滅亡前進。它的經驗豐富，哲理的思辨，中期也有不及它的地方。它的惰性漸深，暮氣沉沉，專為

❺❾　引見《印度之佛教》，頁七。
❻⓿　引見前書，頁八～九。引文中所提到的《吠陀》，共有四種，是婆羅門教的主要經典。

子女玉帛打算，口口聲聲說為人。……現階段的中國佛教，不
但理論是後期的大乘，唯心的、他力的、速成的行踐，也都是
後期佛教的本色。我們如果要復興中國佛教，使佛教的救世成
為現實，非推動中期的少壯青年的佛教不可。**㉑**

　　總之，印順導師從「三系」（三論）、「五期」等判教當中，說明
印度佛教越是後期越是走向婆羅門教的「梵化」、「天化」、「神化」的
衰亡之路上去。而中國佛教由於受到後期佛教（真常唯心論）的深重
影響，因此也是一個天神化的宗教，充滿了後期佛教迷信、衰敗的「老
態」。他並在這一點上，指出他和太虛大師的不同之處；他說：

宣揚「人間佛教」，當然是受了太虛大師的影響，但多少是有
些不同的。㈠……虛大師……以為……應「依著人乘正行，先
修成完善的人格……乃可進趣大乘」。這是能適應現代根機，
但末法時期，應該依人乘而趣大乘行，沒有經說的依據，不易

㉑ 引見《大乘佛教的問題研究》，頁五六～五七。引文中所謂「中期的少
　　壯青年的佛教」，指的是「性空唯名論」。印順導師曾在〈法海探珍〉中
　　說：「探索三大思想的教典，性空論到底是正確而深刻的。」（引見《大
　　乘佛教的問題研究》，頁四五。）又說：「初期似乎是多說三法印；後期
　　多說一實相印。唯有在中期佛教中，才能一以貫之，沒有離一實相的三
　　法印，也沒有離三法印的一實相。」（引見前書，頁四八。）可見印順導
　　師在「三系」當中，特別讚美第二系的「性空唯名論」。事實上，他在
　　《中觀今論·自序》中，一開頭即說：「在師友中，我是被看作研究《三
　　論》或空宗的（即第三系的『性空唯名論』）。我曾在〈為性空者辨〉中
　　說到：我不能屬於空宗的任何學派，但對於空宗的根本大義，確有廣泛
　　的同情！」（引見《妙雲集⑨·中觀今論》，頁一。）可見印順導師雖然否
　　定他是「性空唯名論」的信徒，但承認他對「性空唯名論」有著深厚的
　　感情。

為一般信徒所接受。反而有的正在宣揚：稱名念佛，是末法時期的唯一法門呢！所以我要從佛教思想的演化中，探求人間佛教的依據。㈡大師的思想，核心還是中國佛教傳統的。台、賢、禪、淨……的思想，依印度佛教思想史來看，是屬於「後期大乘」的。這一思想在中國，我在〈談入世與佛學〉中，列舉三義：〈一〉「理論的特色是至圓」；〈二〉「方法的特色是至簡」；〈三〉「修證的特色是至頓」。在信心深切的修學者，沒有不是急求成就的。「一生取辦」，「三生圓證」，「直指人心見性成佛」，「立地成佛」，或「臨終往生淨土」，就大大的傳揚起來。真正大乘精神，如彌勒的「不修（深）禪定，不斷（盡）煩惱」，從廣修利他的菩薩行中去成佛的法門，在「至圓」、「至簡」、「至頓」的傳統思想下，是不可能發揚的。**❷**

　　引文中印順導師說到了幾件重要的事情：⑴太虛大師所提倡的「人生佛教」，有可能走回傳統中國佛教中「稱名念佛」的淨土老信仰去。⑵太虛大師的思想，仍以傳統中國佛教中的天台、華嚴、禪、淨各宗的信仰為主。⑶中國佛教的特色有三：⒜理論「至圓」；⒝（修行）方法「至簡」；⒞修證（的道理）「至頓」。這意味著中國佛教的信徒們，寄望以極少的修行功德，獲得至高無上的道理和果位。無疑地，那是一種「小因證大果」的幻想，也是一種投機取巧的作為。這正和印順導師所提倡：以平實的修行法門，從「凡夫菩薩」一步一步修起的「人間佛教」，有著截然不同的本質。

　　印順導師對於中國佛教的批判，僅從上面這些分析，並無法看出

---

❷　引見《契理契機》，頁四三～四五。

全貌，還應從其他方面做更深入的探討。特別是他對淨土宗的批評，最能看出他對中國佛教的意見，也最能看出他所提倡的「人間佛教」的特色。因此，下面將以剩餘的篇幅，來探究印順導師的淨土思想。

六　特論印順導師的淨土思想

　　印順導師在《六十年》中曾說：「另一部《淨土新論》，是依太虛大師所說：『淨為三乘共庇』，說明佛法中的不同淨土。在『往生淨土』以外，還有『人間淨土』與『創造淨土』。這對只要一句彌陀聖號的行者，似乎也引起了反感！」❸在這段短短的引文，說到了三件重要的事情：⑴印順導師《淨土新論》一書中的淨土新思想，受到了太虛大師之「淨（土）為三乘共庇」這一說法的影響。⑵《淨土新論》中的新淨土思想是：在「往生淨土」之外，還有「人間淨土」和「創造淨土」：前者是傳統中國佛教所理解的淨土宗思想，而後兩者則是印順導師所開展出來的新淨土思想。⑶印順導師所開展出來的淨土新思想，受到了中國佛教傳統淨土宗人士的反感。其中，由於篇幅的關係，第⑴本文不打算討論，第⑶筆者已有專文討論❸。因此，本文只想處理第⑵點。

　　第⑵點中的「往生淨土」，無疑地是指傳統中國佛教所發展出來

❸　引見《六十年》，頁一九～二〇。
❸　詳見楊惠南，〈臺灣佛教的「出世」性格與派系紛爭〉，刊於《當代》期三一～三二，一九八八年十一、十二月。另外，江燦騰先生也有一篇論文，討論到相同的事件：〈臺灣當代淨土思想的新動向〉，刊於《當代》期二八，一九八八年八月。

的淨土宗。第(2)點還說到了「人間淨土」和「創造淨土」，它們的意
義是什麼呢？無疑地，那是指彌勒淨土、阿閦佛國、藥師淨土等其他
和西方阿彌陀佛淨土無關的淨土；其中，尤以彌勒淨土最為重要。有
關這點，可以從下面這段《淨土新論》中的引文看出來：

> 彌勒菩薩，當來下生成佛，這是佛法中所共認的。……一般學
> 佛人，都知道彌勒菩薩住在兜率天，有兜率淨土；而不知彌勒
> 的淨土，實在人間。……求生兜率淨土，目的在親近彌勒，將
> 來好隨同彌勒一同來淨化的人間，以達到善根的成熟與解脫；
> 不是因為兜率天如何快活。彌勒的淨土思想，起初是著重於實
> 現人間淨土，而不是天上的。這如《彌勒下生經》所說。 **❻❺**

㈠各類淨土的比較

事實上，印順導師在其《淨土新論》當中，把大乘經所提到的淨
土，一一加以描述、比較，並且平等地看待所有的淨土，包括西方阿
彌陀佛的極樂世界、東方阿閦佛的阿閦佛國和藥師如來的琉璃光淨
土，以及未來現實世界（娑婆世界）的彌勒人間淨土。例如，當他比
較東方阿閦佛國和西方極樂世界時，即說：「阿彌陀佛淨土，為佛果
的究竟圓滿；阿閦佛淨土，為從菩薩發心得無生法忍。」 **❻❻** 又說：

> 所以，這一東一西的淨土，是說明了菩薩從初發心乃至成佛的
> 完整的菩提道。……但現在的念佛者，丟下阿閦佛的一邊，著

---

❻❺　引見印順導師，《妙雲集⑰·淨土與禪》，頁一六。

❻❻　引見前書，頁二八。

重到西方的一邊，不知如來果德的無量，必要從菩薩智證的不動而來；惟有「以無所得」，才能「得無所礙」。忽略理性的徹悟，即不能實現果德的一切。所以特重西方的淨土，不能不專重依果德而起信。不解佛法真意的，不免與一般神教的唯重信仰一樣了。**❻❼**

這意味著位於東方的阿閦佛淨土，代表著因位時的修行；因此也最適合還在因位之眾生的修習。相反地，位於西方的彌陀淨土，由於是果位的代表，反而不應成為因位眾生所迷信的地方。這一說法，顯然和一般以彌陀淨土為信仰中心的淨土宗人不同。因此，印順導師受到淨土宗人的批評是必然的。

再如，在比較彌陀淨土和彌勒淨土的不同時，印順導師說：

> 西方淨土，代表著佛果的究竟的清淨莊嚴，彌勒淨土代表著在五濁惡世來實現理想的淨土。也可以說：西方淨土是他方淨土，容易被誤會作逃避現實；而彌勒淨土是即此世界而為淨土。**❻❽**

無疑地，把彌陀淨土看成是「逃避現實」，這也是傳統的中國淨土宗信徒所無法接受的觀點。而在比較彌陀淨土和位於東方的藥師如來淨土時，印順導師也批評說：「中國人有一特殊意識，即東方是象徵著生長的地方，是代表生機的，故演變為現實人間的消災延壽。阿彌陀佛在西方，西方是代表秋天的，屬於肅殺之氣，是死亡的象徵。

---

❻❼　引見前書，頁二九。

❻❽　引見前書，頁三〇～三一。

……故西方淨土為人死後所生處。這樣，東方藥師佛，成了現生的消災延壽；西方的阿彌陀淨土，即成了死後的往生。……所以西方淨土盛行以後，佛法被人誤會為學佛即是學死。到此，阿彌陀佛的淨土思想，可說變了質。」**⑲**

在比較了這幾種不同性質的淨土之後，印順導師總結地說：

> 中國人特重西方淨土，也即是重佛德而忽略了菩薩的智證大行（阿閦佛國淨土）；又忽略了現實人間淨土（彌勒淨土）的信行；這已經是偏頗的發展了。等到與藥師淨土對論，彌陀淨土，也即被誤會作「等死」、「逃生」，這那裏是阿彌陀佛淨土的真義！ **⑳**

㈡「易行道」和「難行道」的比較

印順導師不但在比較各種淨土時，藉機批判中國傳統的彌陀淨土信仰者，而且還從這些彌陀淨土之信仰者的修行方式，來加以批判。導師以為：這些彌陀淨土的信仰者，所採取的修行方法，正是龍樹菩薩在其《十住毘婆沙論》中所批判的「易行道」**㉑**。他認為淨土

---

⑲ 引見前書，頁三二。

⑳ 引見前書，頁三二～三三。

㉑ 龍樹菩薩在《十住毘婆沙論》卷五～六中，曾把修行成兩種：⑴「易行道」，那是一種「以信方便易行」，「念是十方諸佛名稱」，「於諸佛所懺悔、勸請、隨喜、迴向」的修行方式。由於這種修行方式，像「水道乘船則樂」，因此稱為「易行道」。像這樣的「易行道」，乃是「懦弱怯劣，無有大心，非是丈夫志幹之言」，乃是「怯弱下劣之言，非是大人志幹之說」。⑵「難行道」，這是一種「不惜身命，晝夜精進，如救頭燃」，

宗人，歪曲了「易行道」一詞的原義，以為那是一種容易成佛的法門；
而實際上，以念佛為主的「易行道」，反而是一種不容易成佛的法門。
他說：

> 禮佛、念佛、讚佛、隨喜、迴向、勸請，特別是口頭稱名，這
> 比起捨身捨心去為人為法，忍苦忍難的菩薩行，當然是容易得
> 多，這是易行道的本義。通常以為由於彌陀的慈悲願力，所以
> 能念佛往生，橫出三界，名易行道，這並非經論本意。修此等
> 易行道，生淨土中，容易修行，沒有障礙，這確是經論所說的。
> 但易行道是難於成佛，難行道反而容易成佛。❼❷

　　總之，印順導師透過各類淨土的比較，以及「易行道」和「難行
道」的比較，得到下面的結論：成立於中國的阿彌陀佛淨土信仰，是
一不重視現世、人間，相反地，重視死後「往生（極樂世界）」的信
仰。而在修行上，則是「易行道」，信徒們錯誤地以為少量的因地修
行，即可獲得殊勝的果地功德；那是一種投機取巧的心理。而且，由
於彌陀淨土屬於果地淨土，殊勝至極、圓滿無缺，因此也容易染上神
教偏重信仰而不重智證的色彩❼❸。

　　　乃至「勤行精進」的修行方式。就像「陸地步行則苦」一樣，所以是「難
　　　行道」。（以上詳見《大正藏》（二六），頁四一上～四五上。）無疑地，
　　　在這兩種修行方式當中，龍樹菩薩是讚嘆「難行道」而貶抑「易行道」
　　　的。這才是這兩種修行方式的原義。
❼❷　《淨土新論》，引見《妙雲集⑰‧淨土與禪》，頁七〇。另外，印順導師
　　　在〈念佛淺說〉當中，也有類似的主張。（詳見《妙雲集⑰‧淨土與禪》，
　　　頁九二～九三。）
❼❸　事實上，印順導師在《淨土新論》中曾說：「仔細研究起來，阿彌陀佛
　　　與太陽有關係的。印度的婆羅門教，有以太陽為崇拜對象的。佛法雖本

㈢「創造淨土」和「人間淨土」

　　既然中國的彌陀淨土信仰，有著這許多缺陷，那麼，印順導師所讚揚的淨土信仰，又是什麼呢? 無疑地，那是前文所提及的「創造淨土」和「人間淨土」。所謂「創造淨土」，意味著淨土可以被眾生和佛、菩薩所共同創造。而其創造的方式和過程是: 淨土中的佛，在菩薩的修行因位而未成佛時，攝化一些和他意願、思想相同的眾生，來到淨土中（注意: 此時淨土尚未成熟），共同改造淨土中的惡劣環境，使它成為真正的淨土。印順導師解釋說:

> 佛與眾生展轉增上相攝的淨土，是菩薩行因時，攝化一分同行同願者共同所創造的，依此攝受一分眾生，使眾生也參加到淨土中來。這是淨土施教的真正意義，也是淨土的特色所在，如彌陀淨土、阿閦淨土等。❼

　　依此，印順導師總結地說:「總之，說到淨土，即是諸佛、菩薩與眾生輾轉互相增上助成的。在佛土與眾生土間，不能忽略菩薩與佛共同創造淨土，相助攝化眾生的意義。」❼ 在這樣的體認之下，印順

　　無此說，然在大乘普應眾機的過程中，太陽崇拜的思想，也就方便的含攝到阿彌陀中。」（引見《妙雲集⑰・淨土與禪》，頁二二。）另外，印順導師在其《初期大乘佛教之起源與開展》，頁八〇三～八〇四，除了再度指出彌陀信仰與太陽崇拜有關之外，還更進一步指出它和波斯的一種拜火、拜太陽的宗教──瑣羅斯德教 (Zoroaster) 的「無限光明神」──Ormuzd──有關。

❼　《淨土新論》，引見《妙雲集⑰・淨土與禪》，頁三六～三七。

❼　引見前書，頁三七。

導師特別強調大乘經論當中所說到的「莊嚴淨土」或「莊嚴國土」。他並以這一觀點，再度批評中國的淨土行者，背離了大乘經論所教示的這一道理。他說：

> 中國淨土宗，發展得非常特別。但知發願往生，求生淨土。而淨土從何而來，一向少加留意。一般都以為，有阿彌陀佛，有佛就有淨土，而不知阿彌陀佛，並不是發願往生而得淨土的。大乘經中，處處都說莊嚴淨土，即菩薩在因地修行時，修無量功德，去莊嚴國土，到成佛時而圓滿成就。現在只聽說往生淨土，而不聽說莊嚴淨土，豈非是偏向了！ **㊆**

　　總之，印順導師的淨土思想，以為淨土是由佛、菩薩和眾生三者所共同創造（莊嚴）的。被創造出來之後，供人「往生」的淨土（如彌陀淨土）是為適合修習「易行道」的「懦弱怯劣，無有大心」的眾生，而方便設立的，並不是佛法的正常大道。依據這一體認，印順導師批評了中國的淨土行者，不忠實而過分高擡了彌陀淨土的地位，以致相對地，忘失了佛法中設立淨土的本意。也依據相同的這一體認，印順導師讚嘆那些重視因位（如阿閦佛淨土）、重視人間（如彌勒淨土）、重視「莊嚴國土」的淨土思想。他曾總結地這樣說：「不知莊嚴淨土，不知淨土何來，而但知求生淨土，是把淨土看成神教的天國了。了知淨土所來，實行發願莊嚴淨土，這才是大乘佛法的正道。」**㊆**

　　透過了對於淨土思想的分析，無疑地，我們對於印順導師的「人間佛教」，有了更加深層的理解。那就是：做為眾生之一環的「人」，

㊆ 引見前書，頁三八。
㊆ 引見前書，頁四一。

必須試著去和佛、菩薩，共同在「人間」創造新的淨土。相反地，不是在「往生」到他方的世界去「逃避」現實世界（五濁惡世）的煩惱或不幸。這才是附合「人間佛教」的淨土觀。

七　結　論

印順導師曾被譽為明末以來中國佛教界的第一具有思想內涵的高僧 **⓲**，然而，他的許多見解，並沒有受到當代中國佛教界的應有重視和尊敬。一些不屬於佛教界的新儒家學者，例如杜維明先生，甚至為他不受國際學術界的重視，而大抱不平 **⓳**。事實上，印順導師的思想，受到誤解和批評的，恐怕比受到諒解（不要說了解）和讚美的，來得還要多。在中國大陸，他所提出來的印度佛教「三系」（三論）的判教，不但受到默如等法師的批評，甚至還受到他所尊敬的老師——太虛大師的質疑 **⓴**。而在臺灣，他的《淨土新論》一書，更引起某些傳統淨土信仰者的大力反彈；他們一方面展開焚燒《淨土新論》的作為，二方面誣告印順導師「為匪宣傳」 **㉑**。至於不曾形諸文字和

⓲　聖嚴法師，〈近代中國佛教史上的四位思想家〉，曾把印順導師視為明末以來中國佛教界的四大思想家之一，而和蕅益智旭、太虛、歐陽竟無等三人並列。（參見印順導師編，《法海微波》，頁三一九～三二三。）

⓳　詳見杜維明，〈苦參・傳心與弘法——禪宗在北美發皇的內因〉，刊於《當代》期二六，一九八八年六月。

⓴　這些批評文章大都收錄在張曼濤編的《大乘佛教的問題研究》。而印順導師的回辯，則一部分收錄在同書，一部分收錄在《妙雲集⑳・無諍之辯》當中。

㉑　詳見印順導師，〈平凡的一生〉，《妙雲集㉓・華雨香雲》，頁五三～九一。

行動的各種批評，至今依然不時傳之於耳。

　　事實上，從古至今，舉凡新思想的開創者，大都曾經遭到來自傳統而又保守之人士的莫名批評和攻訐。其中，較為當代佛教徒所熟知的例子，即是印順導師所敬愛的老師——太虛大師。太虛大師由於提倡「人生佛教」，而且又倡言僧制、寺產的革命，因而遭到來自傳統中國佛教各方勢力的批評和阻撓❽。

　　而在古代，相似的例子也是屢見不鮮。南北朝時，來自印度的禪宗第一代祖師——菩提達摩，就曾傳聞被他的思想上的敵人——菩提流支所毒殺❽。竺道生倡言「一切眾生皆可成佛」而被擯出僧團，以致流落江蘇虎丘山，為石頭說法，則是另外一個眾人皆知的佛教小掌故❽。另外，天台宗的慧思（智顗大師的師父），也曾被他思想上的敵人，誣告圖謀反叛陳主❽。至於唐朝時，南禪的開創者——惠能禪師，受到北禪不肖子弟的一再追殺而大難不死，則因隨著禪宗的廣大流傳，已經成了人們津津樂道的奇人奇事了❽！

　　另外，一個簡略的描述和分析，請參見❻所引兩篇論文。

❽　詳見《妙雲集⑬·太虛大師年譜》；又見太虛大師，〈我的佛教革命失敗史〉，《太虛大師全書》（五七）。另外，一個簡略的說明，請參見楊惠南，〈從「人生佛教」到「人間佛教」〉，《諦觀》期六二，臺北：諦觀雜誌社，一九九〇年七月。

❽　詳見〈景德傳燈錄（三）·第二十八祖菩提達摩傳〉，《大正藏》（五一），頁二二〇上。

❽　詳見慧皎，〈高僧傳（七）·竺道生傳〉，《大正藏》（五〇），頁三六六下～三六七上。

❽　詳見道宣，〈續高僧傳（一七）·釋慧思傳〉，《大正藏》（五〇），頁五六三中～下。

❽　詳見〈六祖大師法寶壇經〉，《大正藏》（四八），頁三四九中～下，三五六上。

　　這些斑斑史跡，有些固然可能經過後代信徒渲染的結果（例如菩提達摩、竺道生和惠能的事跡），然而卻透露出某些寶貴的訊息，那就是：宗教思想上的開創者，往往比那些維持傳統信仰的人士，來得步履艱辛。印順導師曾自嘲是一個「冰雪大地撒種的癡漢」❽，從這一自嘲當中所散發出來的辛酸和不屈不撓的堅忍情愫，多少印證了筆者在上面所細數的殘酷史實。

　　無疑地，印順導師並不會寂寞，他在冰雪大地上所撒下的種子，也必有發芽的一天。這證諸菩提達摩、竺道生、慧思，乃至惠能的思想，在受到無情的批判之後，仍然成為後代盛極一時的主流思想，即可肯定這一斷言！

　　（本文口頭宣讀於一九九〇年十二月由高雄佛光山所主辦的「國際佛教學術會議」。並收錄在釋聖嚴等主編之《佛教的思想與文化》，臺北：法光出版社，一九九一，頁八九～一二二。）

---

❽　詳見印順導師，〈冰雪大地撒種的癡漢〉，《當代》期三〇，一九八八年
　　十月。

儒家在印順導師之「人間佛教」中的地位

印順導師在佛學上的學養,範圍極為廣大,內容也甚為豐富;但是「人間佛教」,無疑地,是他所最極力提倡的新佛教❶。在這一新佛教中,有著高深的學理基礎,有著繁複的討論內涵;其中,對於儒家思想的比較和批判,(雖然不是最重要,但)也是值得注意的一環。本文即是試圖從印順導師之「人間佛教」的立場,來探討他對儒家思想的態度和看法。

一 自然宗教、社會宗教與自我宗教

為了要了解儒家在印順導師之「人間佛教」中的地位,讓我們先來看看他對宗教的分類,然後進而了解儒家在他的眼光中,到底屬於哪一類的「宗教」?

有關宗教的種類,印順導師在其〈我的宗教觀〉一文當中,曾把

---

❶ 有關印順導師所提倡的「人間佛教」,一個簡略的說明,請見印順導師,《契理契機之人間佛教》。至於本文稱他所提倡的「人間佛教」,是一種「新佛教」,原因是由於那是一個傳統中國佛教所不曾出現過的佛教信仰。

宗教分為三種：自然宗教、社會宗教和自我宗教❷。所謂「自然宗教」
是：「以自然現象，自然界的事物為信仰對象，而認為是神，或有神
主宰這些事物。例如日神、月神、雷神……竈神等等。」❸其次的「社
會宗教」是：「如我國的祭祀祖先。」那是「本為種族繁衍的意欲表
現」❹。在此，印順導師並沒有給「社會宗教」下過一個比較明確而
嚴謹的定義，但是我們還是可以理解他所謂的「社會宗教」，是指那
些具有凝聚家族、社會（氏族）之功能的宗教而言❺。

　　而第三類宗教，是他所謂的「自我宗教」。印順導師這樣地介紹
它：「人類是要求自我生命的永恆、福樂、平等、自由、智慧、慈悲
的。耶教、回教、佛教、印度教中的吠檀多派等，都著重於自我的淨
化、完成，都屬於此類。」❻依此看來，所謂「自我宗教」，是指那些
試圖實現「自我」之美善意義的宗教。

　　印順導師在做了宗教的這三大類的區分之後，又總結地評論說：

------

❷　參見《妙雲集（下編⑥）‧我之宗教觀》，頁一～二九。

❸　引見前書，頁一八。

❹　同前引。

❺　印順導師曾說：「古代宗教，雖是多神的自然宗教，然都含有社會宗教
　　的意義。因為古代的宗教，都是氏族的宗教。耶和華『是以色列人的上
　　帝』……日本的神教，我國古代的帝（上帝、炎帝等），印度的婆羅門
　　教，都是。從多神演化出的大神，雖看作宇宙主，但還是一族的祖先。
　　社會宗教的祖神，成為團集一族一國的力量。……凡有家族或國家形態
　　的神世界，都有此意義。不過中國式的祖先崇拜，最顯著與自然、自我
　　宗教不同而已。」（引見《妙雲集（下編⑥）‧我之宗教觀》，頁一九～二
　　○。）由這段引文可以清楚地看出，印順導師所說的「社會宗教」，是指
　　那些具有「團集一族一國的力量」的宗教。

❻　引見《妙雲集（下編⑥）‧我之宗教觀》，頁二○。

自然宗教，為人類意欲表現於自然界的，顯示人類對於自然的
態度。社會宗教，為人類意欲表現於社會界，顯示人類的社會
性。自我宗教，為人類意欲表現於自己身心，而顯示了怎樣的
傾向於身心淨化、自我完成。自我宗教是最高的，如傾向於個
人自由與唯心，會逐漸漠視社會的意義。 ❼

在這段引文當中，印順導師除了再一次說明他所說的三種宗教
的特質之外，還明白地論及「自我宗教是最高的」。但是，他還警告：
信仰「自我宗教」的人，不能因為「傾向個人自由與唯心」，而變成
「漠視社會的意義」。在印順導師這種宗教「進化論」的預設之下 ❽，
他顯然以為，真正的「人間佛教」，即是這種沒有「傾向個人自由與
唯心」，以致沒有「漠視社會意義」的宗教。無疑地，那是最好、「最
高」的宗教。他說：「佛教的人間性，人間佛教，才從自我宗教的立
場，含攝得社會宗教的特性。原始佛教的僧團組合，便是絕好的例
證。」 ❾

---

❼ 引見前書，頁二一。

❽ 印順導師顯然是主張宗教會「進化」的，這可以從下面的一段話看出來：
「……人類，由於知識的開發增長，從低級而進向高級；宗教也就發展
起來，從低級而不圓滿的，漸達高尚圓滿的地步。」（引見《妙雲集（下
編⑥）‧我之宗教觀》，頁二。）他甚至認為，宗教的「進化」，是和政
治的進展，維持著「平行的關係」。他說：「如政治，從酋長制的部落時
代，到君主制的帝國時代，再進到民主制的共和時代。宗教也是從多神
的宗教，進步為一神的宗教，再進展為無神的宗教。」（引見前書）而他
所認為最「進步」的宗教，無疑地，是指三種宗教中的「自我宗教」；
而其最佳代表，則是符合「人間佛教」精神的原始佛教（釋迦佛在世時
的佛教）。

❾ 引見《妙雲集（下編⑥）‧我之宗教觀》，頁二一。

　讓我們覺得好奇的是：中國到底有沒有宗教？如果有宗教，那麼中國的宗教到底是三種宗教中的哪一種呢？對於第一個問題，印順導師的答案是肯定的；他說：「……中國古代到底是有宗教的。」❿對於第二個答案，印順導師雖然沒有明文說到，但是，猜想大約是介於「自然宗教」和「社會宗教」之間的一種宗教型態，這一猜想應該不會離事實太遠。現在，讓我們做比較詳細的說明和分析：

　首先，印順導師在其〈中國的宗教興衰與儒家〉一文當中，曾說到中國宗教的兩個特色：一、「適合於宗法制、父家長制、階級制」⓫。二、「世俗的」。就這兩個中國古代宗教的特色而言，印順導師對於第二個特色——「世俗的」，有下面的這段說明：

---

❿　印順導師，〈中國的宗教興衰與儒家〉，《妙雲集（下編⑥）・我之宗教觀》，頁三二。

⓫　所謂「適合於宗法制、父家長制、階級制」，印順導師在其〈中國的宗教興衰與儒家〉一文當中，有這樣的說明：「中國固有的民族宗教，如古典的《書》、《詩》、《禮》、《易》、《春秋》（諸子一分）等所傳說的，是上層的，王侯士大夫的宗教。諸子傳說的一分，與《山海經》等所傳說的，有著較遲的、民間的庶民宗教的成分。……諸侯，依封地所在祭名山大川。庶民不過祭祖宗、祭里社（土地廟）、祭竈等而已。『禮不下庶民』；上層的宗教，也是庶民無分的。天神、地祇、人鬼，有著多神教的特色，而被組織化、層級化，織成秩然有序的神界，適應於政治的封建世界。」（引見《妙雲集（下編⑥）・我之宗教觀》，頁三一～三二。）由此可見，所謂「適合於宗法制、父家長制、階級制」，是指中國古代的宗教，存在著兩種階級性的宗教：其一是（以「四書」、「五經」為代表的）上層的、貴族的宗教；另一則是（以諸子一分傳說、《山海經》為代表的）下層的、庶民的宗教。而且二者都環繞著家族的綿延生存為中心；因此以祭祖先、祭里社、祭竈為主。有關這點，下文還會有更詳細的分析。

中國宗教的又一特質，是世俗的，這因為停滯於自然宗教的緣
故。以人間罪惡苦痛而求生天國；以世間為虛幻而尋求解脫：
這種西方式與印度式的宗教，在中國不能發展成長。生天與自
我解脫的宗教要求，在以自然哲學為基礎的道家中，發展為神
仙說，也還是充滿人間現實樂的內容。天地人間，有著高尚宗
教成分的神格，被局限為上層者的宗教。而民間信仰、祭祖、
祭竈而外，始終為鬼教與巫教的領域。中國宗教的分化，就是
政治上大人與小人的分化，勞心的治者與勞力的被治者的分
化。宗教的精神，始終是世俗的、功利的（如宗教精神墮落，
就是賄賂的）。❷

　　在這段說明中，一開始，印順導師即說到中國宗教「停滯於自然
宗教」。但是，後來又說到：中國的宗教「分化」為「上層者的宗教」
和（下層者的）「民間信仰」兩種。而這兩種不同的宗教，乃是反映
著「政治上大人與小人的分化，勞心的治者與勞力的被治者的分化」。
（其實，這種分化，即是前文他所謂的「宗法制……階級制」的特
色❸。）中國古代宗教的「功利」性或「世俗」性，即在於它反映了
政治上的「勞心者」與「勞力者」，乃至「治者」與「被治者」之間
的關係。中國古代的宗教，不管是「勞心的治者」或「勞力的被治者」
所信仰的宗教，都只是為了維持「宗法制」或「階級制」之合理性的
工具。無疑地，這是社會宗教的一種。因此，中國古代是有宗教的，
它是介於「自然宗教」和「社會宗教」之間，那是一種不是最高，也

───────────────

❷　引見《妙雲集（下編⑥）‧我之宗教觀》，頁三二。

❸　有關中國古代宗教的分化情形，請參見❶。

不是最「進化」的宗教。

二 儒家的反宗教精神

　　另外一個更有興味的問題是：儒家到底是不是宗教？儒家的宗教態度，如何影響中國宗教（特別是佛教）的發展？對於第一個問題，印順導師的回答是：儒家原本是一個宗教，孔子和孟子之後（特別是孟子之後），儒家才逐漸染上非宗教的濃厚色彩。他說：

　　儒，本是宗教師（如以主持婚喪禮節為職業，即是「小人之儒」），而傾向於現實的教育與政治。……孔子是儒家的集大成者，對於上層的宗教信仰，也是有的。如「迅雷烈風必變」；「鄉人儺，朝服而立於阼階」等，都可以看出他有某些宗教情緒。然而，在他傾向現實政治與教育中，孔子雖不是反宗教的，卻有非宗教的濃厚色彩。「未能事人，焉能事鬼」？「未知生，焉知死」？「子不語怪力亂神」。「六合之外，聖人存而不論」。雖尊重祭禮，但不說「神在」，而說「如神在」。凡有關宗教的——宇宙的來源，死後的命運，鬼神的情況，神秘的現象，這都被孔子置而不論。「敬鬼神而遠之」，確是孔子以來的儒家精神。特別是「聖人以神道設教」，充分表示了不知宗教是什麼，但知利用宗教，作為統治愚民的工具。這種非宗教的功利觀，與唯物論者的宗教觀，實在看不出有什麼不同。❹

---

❹ 〈中國的宗教興衰與儒家〉，《妙雲集（下編⑥）・我之宗教觀》，頁三

在這段冗長的引文當中，印順導師一開頭即肯定孔子以前的儒家，原本是古代的宗教師。儒家這個「宗教」，在前文所提到的三種宗教當中，屬於哪一種呢？印順導師並沒有明白地說到，但是，從上面的分析，以及從引文中對於「小人之儒」的描述——「主持婚喪禮節」看來，古代的儒家應該是某種意義的「社會宗教」。

引文中還說到，儒家的這種宗教特質，到了孔子之後，才改變為「非宗教的濃厚色彩」。這種「非宗教的濃厚色彩」，表現在對鬼神的不確定性之上，而以「如神在」來描述；也表現在雖「敬鬼神」，但卻必須「遠之」的分離心態；更表現在利用宗教做為統治工具的「聖人以神道設教」一語之上。

孔子的這種宗教態度，到了孟子更變本加厲，而發展出「偏激的唯心論」，並且發揮了攻擊楊朱、墨翟等非儒家哲人的批判精神，以致影響了後來宋、明理學家的闢佛態度。印順導師說：

> 儒家的孟子，是值得注意的人物。在儒家中，他不大重視禮樂，而好談心身性命。……他不但弘道，而自認為衛道者，大罵楊朱、墨翟，以為「無父無君，是禽獸也」。儒者的中道精神，代以偏激的唯心論；對於未來的宋儒，起著重大的示範作用。❶⑤

宋、明理學家如何發揮孟子一系儒家的攻擊精神呢？印順導師認為主要在兩個觀點上發揮：(1)民族感情；(2)禪者的「出離精神」。他說：

三。

❶⑤ 引見前書，頁三五。

一、由於異族憑陵所激起的民族感情，下意識地輕視印度傳來
（其實早已成為中國文化內容）的佛教。二、禪者重於自了與
出離精神，不能為重人事、重現實的儒者所同意。新的儒者，
面對隆盛的佛教——其實是禪宗，而從辨夷夏、道倫常的立
場，抨擊佛教——其實是禪宗的自私、遺棄人事。透過佛道思
想而重新活躍的儒家——理學，師承了孟子的攻擊精神。孟子
攻訐楊、墨，現在轉化為攻訐佛、老。……孔子的非宗教精神，
到理學家的排斥佛老，才充分的發揮出來。❶

　　宋、明儒對於佛教的這兩點批評當中的第二點，印順導師似乎是
抱著同情的態度而加以認同。他認為北魏以來的佛教，發展出兩個
「漠視經教的重行學派」：「一是曇鸞、道綽、善導以來的持名念佛；
一是達摩門下，到六祖而大盛的參禪。」❶宋、明儒所理解的佛教，
即是這兩派中的禪宗；那是一個「偏重心性的體證，過著山邊林下的
淡泊生活，有著急了生死的精神，雖自稱為教外別傳的最上乘，而作
風卻活像聲聞行徑」❶的宗派。宋、明儒所理解的佛教，既然正是這
種「作風活像聲聞行徑」的禪宗❶，就難怪主張入世的宋、明儒，會

❶ 引見前書，頁四一～四二。
❶ 引見前書，頁三九。
❶ 引見前書，頁四一。
❶ 印順導師在〈中國的宗教興衰與儒家〉中，曾說：「理學與禪學的關係，
　我曾說過：『宋代理學鉅子之故鄉，十九為四百年來南禪盤根錯節開化
　之區。理學家之精神作風，無一不出於自信自尊，重質輕文，體道篤行，
　雄健精嚴之禪風。如程門師資之往返，有類參謁。居敬，窮理，明道統，
　有語錄，亦類禪宗。象山之即心即理，明其在我，一掃注疏之繁，倡六
　經為我注腳，則尤近矣。』」（引見《妙雲集（下編⑥）‧我之宗教觀》，

大力批判佛教（禪宗）了。但是，在印順導師看來，禪宗畢竟只是佛教的一個流派，而且是一個不正常發展下才形成的流派，因此宋、明儒就不應該以偏概全地宣稱（全體）佛教是不重人事、不重現實的宗教。

印順導師以為，宋、明儒在結合政治力量，取得了「獨尊」的絕對勢力之後，這種排斥（佛、老等）宗教的心態，自然是「宗教界的苦難」。但是，他還進一步以為，「這不但是宗教界的苦難，（也）是中國民族、中國社會的莫大損害」；因為「中國民族逐漸的成為拘泥、怯弱、妄自尊大，囿於狹小的現實，不再有雄渾、闊大、強毅、虛心的漢唐盛德了」[20]！他曾帶著嘲諷的口吻說：「時代開始大改變，西方的勢力，跟著堅利的艦隊而來。儒家無法適應，迅速的沒落了。……全中國的孔廟，都不知怎樣的變了，還比不上飽經摧殘壓迫的佛教與道教，多少能為了拆廟毀像而呼號反對。」[21]他更把這一現象歸咎於儒家的非宗教精神；他說：「這便是非宗教的、無信仰的上層文化，缺乏堅強力量的真憑實據。」[22]他在一篇名為〈學佛三要〉的短文當中，還說：「代表中國文化主流的儒宗，稱智、仁、勇為三達德，為人類行道（修齊治平）的共通德性。」但是，卻由於「儒家過分重庸常的人行，缺乏豐富的想像，信願難得真切」，以致「勇德也就不能充分的發揮」，「缺乏堅韌的、強毅的、生死以之的熱忱」[23]。他甚至

頁四〇～四一。）可見印順導師以為宋、明理學所理解的佛教，其實是禪宗。

[20]　〈中國的宗教興衰與儒家〉，《妙雲集（下編⑥）・我之宗教觀》，頁四四。

[21]　引見前書，頁五一。

[22]　同前引。

認為，唯物的共產主義之所以能夠佔據中國大陸，宋、明以來理學家的反宗教精神，必須負起一部分的責任❷。他還強調地說：「我是神教迷信的反對者，然而我堅決的相信，迷信比沒有信仰好得多！」❷五也許，印順導師寧可迷信，也不要沒有信仰的說法，是極富爭議性的，但也可以看出他強烈反對儒家之非宗教（甚至反宗教）精神的一斑。

三　儒家與佛教之間的關係

儘管（宋、明）儒家對佛教（禪宗）展開無情的攻擊，但是，印順導師卻曾經在〈修身之道〉、〈人心與道心別說〉等文章當中，試著調和佛、儒兩家。他在〈修身之道〉這篇長文當中，即以儒家的重要典籍——《大學》為中心，把其中「修身、齊家、治國、平天下」的說法，拿來和佛教的教理一一比對分析。並且說：

我覺得：佛法與儒學，在其文化背景，學理來源，及其要求實

---

❷ 印順導師，〈學佛三要〉，《妙雲集（下編②）·學佛三要》，一九八八，八版，頁六九。

❷四 印順導師說：「五四運動的領導者——胡適他們，都是繼承傳統的非宗教者（指儒家）……決心要引導中國民族去全盤西化……。結果，唯物的共產主義，據有了中國大陸……。近來少數的有心人，痛心五四以來的全盤西化，打倒孔門禮教，弄得神州陸沉。而不知從中國人心中，摧毀最強大的反共力量——宗教信仰，不是別的，是宋明以來的理學。」（〈中國的宗教興衰與儒家〉，《妙雲集（下編⑥）·我之宗教觀》，頁五二。）

❷五 〈中國的宗教興衰與儒家〉，《妙雲集（下編⑥）·我之宗教觀》，頁五三。

現的究極目的，顯然是不同的。但在立身處世的基本觀念，及修學的歷程上，可說是大致相近的。如現在要說到的「修身之道」——為人以修身為本，以修身為關要，就是儒佛非常一致的問題。❷❻

這篇長文名為〈修身之道〉，從篇名即可知道著重於《大學》所說第一階段——「修身」的分析。因此，就「修身」的這一階段來說，印順導師又把《大學》中所說的修身次第——「格物、致知、誠意、正心、修身」，拿來和佛法中的修學次第相比擬。而他的結論則是：

> 儒者經過致知、誠意、正心的學程，完成修身的自立自達；學佛者經過信、戒、定的學程，而達成慧證的己利。這兩者的深度雖不相同，而修成無私無我的明智，作為利人利世的根本，卻是一樣的。❷❼

既然佛、儒在「修身」上並沒有本質上的差異，那麼，佛、儒的不同又在哪裏呢？印順導師以為，佛、儒的不同，表現在對於「修身」之後的「齊家、治國、平天下」的不同了解。他說：

> 儒者的大學，始終是政治第一，「學而優則仕」。所以自修其身，只是實現政治理想的應有私德，而目的是經齊家治國，而達到明明德於天下。……學佛者，要從自利而能利他，雖與儒者的精神一致，而利他的方式與次第，卻與儒者不同。這一主要的差別，在乎佛法並不是「政治至上」的。……利人的事，什麼

---

❷❻ 引見《妙雲集（下編⑥）‧我之宗教觀》，頁五五。

❷❼ 引見前書，頁一三二～一三三。

工作都有意義，不像儒者那樣，偏以政治為大人之學，而以農
工商為小人之事。❷⑧

　　從引文可以清楚地看出來，印順導師以為儒家的「利他」工夫，
偏重在政治的「大人之學」；而佛教則以為，只要是有利於人的，不
管是不是政治上的「大人之學」，都是值得去從事。印順導師以為，
由於在「利他」上的意見不盡相同，儒家才會排斥佛教的出家制度。
他說：「儒者重於家本位的德化政治，後代又多少拘泥了齊家治國，
由親近而疏遠的次第。所以對利他的不定性，尤其是佛教的出家制，
不能理解同情。」❷⑨他甚至還以儒家「移孝作忠」、「大義滅親」做為
例子，指責儒家既然可以拋棄家庭、親情，為的只是具有更重大意義
的「忠」、「義」，為什麼不能像佛教那樣，更進一步拋棄家庭、親情，
為更具廣大的全體人類和眾生而出家呢❸⓪？

　　總之，在透過《大學》為中心的儒、佛比對之下，印順導師以為
二者並沒有本質上的差異，所不同的是二者之間表現方式或對象的
不同而已。也就是說，「儒者是世間的，佛法是出世的（小乘），是出
世而又入世，世出世間無礙的（大乘）」❸①。

---

❷⑧　〈修身之道〉，《妙雲集（下編⑥）‧我之宗教觀》，頁一三四。
❷⑨　引見前書，頁一三五。
❸⓪　詳見前書，頁一三七～一三八。
❸①　詳見前書，頁一四四～一四五。

四　特論
印順導師對熊十力之《新唯識論》的批評

前文已經論及，印順導師認為孟子一系的儒學，對宋、明儒及其後的儒者，有著決定性的影響；他甚至以「偏激的唯心論」來稱呼孟子的儒學。繼承了孟子這種「偏激的唯心論」之攻擊精神的當代新儒家，印順導師也有不同的意見。他說：「像梁漱溟、熊十力、馬一浮、馮芝生，都對中國文化有認識，而且也接觸到佛教，但對宗教都是缺乏真切信解的。」❸而他最費心力批評的，莫過於熊十力。

㈠熊十力《新唯識論》的主要內容

熊十力著有《新唯識論》❸，由書名即知道是批判唯識學的一部

---

❸　〈中國的宗教興衰與儒家〉，《妙雲集（下編⑥）・我之宗教觀》，頁五三。

❸　熊十力，〈附錄：略談有宗唯識論大意〉，一文當中，曾這樣地自述撰寫《新唯識論》的心路歷程：「余初服膺無著世親之學，嘗據其義以造論。潛思既久，漸啟疑端。民國十一年，講世親唯識之論於北庠。（原註：國立北京大學）忽不自安，遂輟講。翌年，改造《新論》。（原註：《新唯識論》，省稱《新論》。）仍以未定稿講於北庠，自是歷十年，稿亦屢易。壬申（原註：民國二十一年）始刪定成書，自印行世，是為《新論》原本。戊寅（民國二十七年）以後，復依原本而改用語體文重述之，於是《新論》別有語體本。」（引見熊十力，《新唯識論》（語體文本），臺北：文津出版社，一九八六，頁六二四。）

巨著❸。這部巨著，對於無著、世親所建立之唯識學的批評，固然是全面性的；但是最主要的，不外下面幾點：(1)二重本體的過失；(2)本體與現象對立的過失；(3)真如無為、無起作的過失；(4)阿賴耶識雜多的過失。

所謂「二重本體」，是指：一者、阿賴耶識中的「種子」是「現行」諸法的「本體」，因此，「種子」是第一重本體。其次，又在種子和現行法上建立起「真如」，以真如為萬法的本體；因此，真如成為第二重本體。於是有種子和真如這兩重本體，這即是熊十力所說的「二重本體過」。他說：「有宗墮二重本體過」，「他們既建立種子為諸

❸ 熊十力，〈附錄：略談有宗唯識論大意〉，一文即明白地說，《新唯識論》
是批判唯識學的一部作品：「《新論》之旨，本出入儒佛，而會其有極。
（原註：極謂理之至極而不二也。觀眾與之極而會其通，則不二。）然
原其所由作，則以不愜意於無著一派之學，而不容已於言，故書中評及
有宗（指唯識學）者特多。」（引見熊十力，《新唯識論》，頁六二四。）
另外，〈附錄：答問難〉一文中也說：「吾書之作，由不滿有宗之學而引
發，不曰《新唯識論》，而將何名？」（引見《新唯識論》，頁六七一。）
另外，熊十力，〈轉變〉也說：「有人說，我的哲學是援儒入佛的。這話，
好像說得不錯。其實，個中甘苦，斷不是旁人所可知的。我從前有一個
時代，是很傾向於印度佛家思想的。……我嘗問無著和世親一派之學於
歐陽大師（指歐陽漸），也曾經服膺勿失。其後，漸漸素閱百家之說，
佛家和其他（原註：連孔家在內）一概不管，只一意反己自求。……久
之我所證會者，忽然覺得與孔門傳授之《大易》的意思，若甚相密契。
因此，才把舊日所依據無著和世親一派的主張而造作的《唯識學概論》，
全毀其稿，又誓改造《新唯識論》，以救其失。」（引見前書，頁三四八。）
由這兩段冗長的引文，可以知道：熊十力早年熱衷於印度論師——無著、
世親所創立的唯識學，並和支那內學院的歐陽漸（歐陽竟無）先生學習
唯識學。後來才站在儒家，特別是《易經》《大易》的立場，來批判
佛教唯識學。而其代表作品，即是《新唯識論》。

行之因，即種子已是一重本體」，「又要遵守佛家一貫相承的本體論，
即有所謂真如是為萬法實體。」❸❺

　　熊十力不但認為唯識學犯了種子和真如這兩重本體的過失；而
且，更嚴重的是，這兩重本體之間，到底存在著什麼關係？他認為唯
識學並沒有說明清楚。這樣一來，真如這一重本體，「直是閒物」，成
了沒有意義的東西。他說：有宗一方面「建立多元的和生滅不斷的種
子，來作諸行的因緣」；二方面又談「不生滅」、「無起作」的「真如」
本體。這生滅與不生滅（無起作）的兩重本體之間，到底「作何關係，
有宗也無所說明」。他說：「既立種子為諸行因，此種又不即是真如現
起，真如直是閒物。所以說，有宗有二重本體過。」❸❻

　　由此可見，熊十力之所以批判有宗（唯識學），而另立「新論」，
其中第(1)個原因，乃是認為唯識學犯了「(種子和真如) 二重本體」
的過失。

　　其次，熊十力認為唯識學還犯了第(2)個過失：本體與現象對立的
過失。事實上，這是前面第(1)點——「二重本體過」的延伸。也就是
說，熊十力以為，唯識學一方面建立起種子和現行兩界的對立，二方
面又建立起真如和種子（及現行）之間的對立。因此，唯識學在熊十
力看來，犯了本體界與現象界互相對立的過失。其中，本體界有二義：
一、相對於種子和現行法的「真如」；二、相對於現行法的「種子」。
而現象界也有二義：一、相對於真如的「種子」（和現行法）；二、相
對於種子的「現行法」。不管是什麼意義的本體和現象，熊十力以為，
它們二者都是互相對立的。因此，熊十力以為唯識學犯了「本體與現

---

❸❺　詳見〈功能〉，《新唯識論》，頁四二七。

❸❻　詳見前書，頁四二八。

象對立的過失」。他說：「有宗學說，根本只是一個對待的觀念。」這不但是因為種子與現行法對立、能緣識與所緣境對立，而且是種、現之有為法和真如之無為法的互相對立，甚至是能證之「正智」與所證之「真如」的相互對立。所以熊十力認為，「有宗唯識之論雖極其繁密，而骨子裏究是一個對待的觀念」**❸**。

熊十力認為唯識學所犯的第(3)個缺失是：「真如無為、無起作」。也就是說，熊十力認為，唯識學把（做為二重本體之一的）真如，視為凝然不變的本體，和現象界中的一切事物之間，沒有任何的關係。因此，唯識學的真如是偏重於「無為」（「無起作」），卻不說「無不為」。也就是說，是偏重於消極而忘失了積極的意義。他說：在有宗的教義當中，「無為法或真如者，似只是有為法所依托的一個世界」或「實體」，而不說「有為法是此無為世界自身的呈現」。因此，「無為世界畢竟是與有為法相對的，非可說即有為即無為」**❸**。

不過，熊十力以為，這種「真如無為、無起作」的過失，並不是只有唯識學才觸犯；他認為是佛教各宗各派都共同觸犯這一過失。他說：「印度佛家，從小乘各部至大乘空有二宗，於體上都只說是無為，不肯說是無不為。易言之，都不曾說此本體是生生化化的物事，即不能說此本體是顯現為大用的。」因此，他認為，佛教不管是大、小兩乘或是空、有二宗，「在本體論上的見地，最好是對宇宙論純取遮撥的態度」。而其原因，則是「由其不許本體是生生化化的物事，而只許說是無為的、無起作的」**❸**。

---

❸ 〈附錄：略談有宗唯識論大意〉，《新唯識論》，頁六三九～六四○。

❸ 同前註。

❸ 詳見〈功能〉，《新唯識論》，頁四○九。

　　熊十力以為，由於佛教把真如本體視為「無為」、「無起作」的，因此，佛教「畢竟是出世的思想」❹⓿、「畢竟是有所偏蔽在」❹❶。他甚至認為，「佛家經論處處表現其不甘淪溺生死海的精神」，以致「其談本體，特別著重空寂，而不涉及生化」，甚至有「欲逆遏生化」的傾向。因此，他認為：「佛家原期斷盡一切情見，然彼於無意中始終有一情見存在，即出世的觀念是也。」❹❷

　　最後，熊十力所認為的有宗第⑷個過失是：「阿賴耶識雜多」的過失。所謂「阿賴耶識雜多」，有兩種可能的意思：其一是，人人有個阿賴耶識，則成「多我論」；而且，由於每一個人的阿賴耶識都能「生心物諸行」，因此也和「外道神我論」雷同。所以他批評說：「夫謂人各具一本識（指阿賴耶識），含藏一切種，是生心物諸行。如其說，則與外道神我論同其根底，且為極端的多我論者。」❹❸

　　「阿賴耶識雜多」的另外一個更重要的意思是：每一個眾生的阿賴耶識當中，都含藏著無窮無盡的（雜多的）種子，以致破壞了本體的絕對唯一性。熊十力說：「有宗功能（指種子）說為粒子性，是各各獨立的，是多至無量數的。……這種說法，也可謂之多元。」他認為，這種「多元」的功能（種子）說，違背了本體的「絕對」、「全」的特質。他說：「殊不知，一切物的本體，元是絕對的，元是全的，既曰多元，便是相對的物事，如何可以多元來談本體?」❹❹

---

❹⓿　引見前書，頁四〇三。

❹❶　引見前書，頁三九五。

❹❷　詳見前書，頁四〇二～四〇三。

❹❸　〈成物〉，《新唯識論》，頁四七一。在原註中，熊十力說：「從來談佛法者，皆謂佛家破我。實則佛家之本識，非神我而何? 眾生各各有一本識，即是多我論。」

　　事實上，熊十力不但批判有宗（唯識學），而且也批判《般若經》和龍樹等印度論師所建立的空宗思想；只不過比起有宗來，他對空宗有較多的讚美而已。他認為，空宗和有宗一樣，在所要證入的本體——「真如」這方面，都是偏於空寂的**④⑤**，但是，卻不像有宗那樣，還觸犯了「二重本體」、「本體與現象對立」，乃至「本體（阿賴耶識）雜多」的過錯。

　　熊十力甚至還認為，空宗把真如本體視為空寂，那是一種不得已的方便；空宗真正的用意是「破相顯性」。也就是說，空宗的真正用意，是試圖借由破除法相的手段，來達到讓法性顯現出來的目的；而法性，依熊十力看來，即是本體的別名。所以他說：

> 空宗的全部意思，我們可蔽以一言，曰破相顯性。（原註：此云相者，謂法相。性者，實性，即本體之異名。後倣此。）空宗極力破除法相，正所以顯性。因為他的認識論，是注重在對

---

④ 詳見〈功能〉，《新唯識論》，頁四四三。

⑤ 例如，〈功能〉曾這樣地批評空宗：「我們要知道，依據空宗的說法，是無所謂宇宙論的。……他只站在認識論的觀點來破除法相，便於法相所由形見，絕不究問。易言之，即不肯說真如實性顯現為一切法相。我們玩味空宗的語勢，在空宗可以說真如即是諸法實性，而決不肯說真如顯現為一切法。」（引見《新唯識論》，頁三七三～三七四。）另外，熊十力還以兩句話來區分空宗和他所要主張的思想之間的不同；這兩句話是：㈠真如即是諸法實性；㈡真如顯現為一切法。他說：「甲語便完全毀壞法相，乙語則不然，法相仍可施設，但明其無自性，只是真如的顯現，則即法相而見為真如。」熊十力並且下結論說：「甲是說明空宗的意思，乙則隱示本論（指《新唯識論》）有與空宗不同處。」（詳見前書，頁三七四～三七五。）可見熊十力以為，在本體論上，空宗雖然比起有宗要來得具有真知灼見，但是仍然「破毀法相」，不免有偏於空寂之嫌。

治一切人底知識和情見（原註：以下，省稱知見。）所以破相，
即是斥駁知見，纔好豁然悟入實性。知見是從日常現實生活中
熏習出來的，是向外馳求物理的，決不能返窺內在的與天地萬
物同體的實性。❹❻

　　以上是熊十力對於佛教空、有二宗的批判內容。至於他是基於什
麼樣的哲學信念，才會提出這樣的批判？筆者以為，無非是基於下面
兩個信念：⑴絕對唯一的本體唯（真）心論；⑵體、用合一的真性流
行論。

　　首先是絕對唯一的本體唯（真）心論：儘管熊十力一再地辯解自
己的哲學並不是唯心論，也不是唯物論；但是，仍然有許多的學者認
為他是絕對唯心論者❹❼。有關這點，我們將在下面詳細討論。目前先
來看看熊十力對「本體」的主張：熊十力以為，無常變化的「一切行」，
「並不是實在的東西」。其中，一個非常重要的問題是：「誰個為能變？」
熊十力自問自答地說：要解答這個問題，「就不得不承認萬變不窮的
宇宙，自有他的本體」❹❽。也就是說，本體是為了說明無常變化之宇
宙萬象，而不得不施設的東西。像這樣一個做為「變化」之基石的「本
體」，到底具有什麼特質呢？熊十力說：⑴「本體是備萬理、含萬德、
肇萬化，法爾清淨本然」；⑵「本體是絕對的」；⑶「本體是幽隱的，
無形相的，即是沒有空間性的」；⑷「本體是恆久的，無始無終的，

---

❹❻　〈功能〉，《新唯識論》，頁三七二。

❹❼　有關近三、四十年來，中國學術界對熊十力的評價概況，請參見郭齊勇，
　　　《熊十力與中國傳統文化》，臺北：遠流出版公司，一九九〇，九章一
　　　節。

❹❽　以上詳見〈轉變〉，《新唯識論》，頁三〇八。

即是沒有時間性的」;(5)「本體是全的，圓滿無缺的，不可剖割的」;
(6)「若說本體是不變易的，便已涵著變易了」，另一方面，「若說本體
是變易的，便已涵著不變易了」，因此「他（本體）是很難說的」❹。
在這六點有關「本體」的說明當中，前五點應該是容易理解的。但是
最後的第(6)點——「本體既是變易又是不變易」，卻必須做更詳細的
分析；我們將在稍後說明熊十力的「體、用合一的真性流行論」時，
再做討論。目前，筆者還要進一步指出的是，熊十力的這種「本體論」，
其實是唯心的，而且是唯真（常）心的。

　　熊十力以為，我人的「心」，可以分為「本心」和「習心」兩種。
習心即是一般所謂的心，也是唯識學所說的八識；那是必須依靠認識
器官——「根」和認識對象——「塵」相對待，才能產生的一種「官
能之靈明」、「形氣之靈」❺。相反地，所謂「本心」，又叫「真性」
等等；那是「吾身與萬物所同具的本體」，是「吾與萬物渾然同體之
真性」。當它「主乎身（時），曰心」，當它做為我人「所生之理（時），
曰性」，當它是「萬有之大原（時），曰天」。它具有兩個特色：(1)「虛
寂」，亦即「無形無相」、「性離擾亂」;(2)「明覺」，亦即「離闇」、「無
惑」❺。由以上的描述，我們可以肯定地說，熊十力所說的「本體」
乃是絕對唯（真）心論的本體❺。

---

❹　詳見前書，頁三一三～三一四。

❺　有關「習心」之說明，請見〈明宗〉，《新唯識論》，頁二五三。

❺　詳見前註所引書，頁二五一～二五二。

❺　林安梧，〈當代儒佛論爭的幾個核心問題——以熊十力與印順為核心的
　　展開〉（口頭發表於一九九〇年夏，東方宗教研討會年會中），曾說：「印
　　順一開首在『引言』中即判熊氏為玄學的唯心論，此可見彼一開頭即以
　　此設限，此設限頗不洽於熊著之義。依熊著，彼著當屬於體用合一論，

　　前文說到，熊十力所理解的「本體」共有六個內涵，其中第(6)是：「本體既是變易，又是不變易」。要澈底了解這點，必須進一步說明熊十力的「體、用合一的真性流行論」；熊十力以為，絕對的本體並不像佛教空、有二宗所了解的真如那樣，是無為、無起作的空寂之物。相反的，是大用流行。他以為，絕對的本體之中，含藏著兩股「相反相成」的勢力：一是具有「攝聚而成形向」、「成為形質」、「幾乎要完全物化」的「動勢」、「趨勢」、「勢用」，稱為「翕」❸；另一則是具有「剛健的、運行於翕之中、而能轉翕從己」的「勢用」，稱為「闢」❹。

　　是一本體論、宇宙論及人生論皆合而為一之論。」言下之意，熊十力的「本體」並不是印順導師所以為的「玄學的唯心論」。另外，陳榮捷（廖世德譯），《現代中國的宗教趨勢》，頁一六九，也說：「熊（十力）既然將心及物與擴散及收縮等同視之，認為皆是一個實體的兩面，則他便不該將他的體系稱為『新唯識論』。」言下之意也是認為，熊十力的「本體」既然內含「心」（擴散）、「物」（收縮）兩股勢力，就不應偏說它是「唯識」。但是，實際上不管是林先生或是陳先生的說法，都是有所偏頗的論斷，有違熊十力自己的說法，也有違一般學者的評判（參見❹）。事實上，《新唯識論》中的本體，確實像陳先生所說的，內含兩股相反相成的勢力，稱為「翕」和「闢」；前者是物，而後者是心（詳下文）。就這一意義而言，熊十力的本體論，確實不可偏說是一「（玄學的）唯心論」或「唯識論」。但是，問題是，不管是「心」（闢、擴散）或「物」（翕、收縮），都只是附屬於本體的兩股勢力。本體則是「絕對心」，它超越了（相對於「物」（翕）的）相對「心」（闢）。無疑地，那是相當於佛法中的「真常心」。因此，印順導師批評熊十力的本體論，是一「玄學的唯心論」，並沒有錯誤。有關這點，下文還會更加詳細地討論。

❸　在字典上，「翕」字含有收縮、斂息、合聚等意義。而熊十力自己的解釋則是：「夫翕，是成形的，是有方所的，是有下墜的趨勢的。據此說來，翕的勢用是與其本體相反的……。」（〈轉變〉，《新唯識論》，頁三二一。）

❹　在字典上，「闢」字含有打開、疏通、排除等意義。而熊十力對「闢」

無疑地，「闢」是存在於本體中，具有阻止「翕」之物化的作用，而且進一步成為「翕」之主宰者的反作用力❺❺。而這兩股「相反相成」的勢力，則是絕對之本體的「用」。正因為絕對的本體當中，存在著「翕」和「闢」這兩股「相反相成」的「用」（勢力），因此，「變化」才有可能發生。所以，熊十力說：「因為有相反，才得完成其發展，否則只是單純的事情，那便無變動和發展可說了。」❺❻他在較晚年的作品──《明心篇》中也說：「余敢斷言，本體，是具有生命、物質、種種複雜性。不可任意想，而輕斷定其為單純性。……萬化萬變之大源，倘是單純性，則其内部本無分化的可能，云何成變化？云何有發展？」❺❼而其所謂「變化之大源」（本體）中的「複雜性」，無疑地，即是「相反相成」的「翕」和「闢」這兩股勢力（用）。這即是熊十力所謂的「翕闢成變」的道理，無疑地，這是受到《易經》（以及《老子》）的影響而後發展出來的哲學❺❽。

的解釋則是：「夫闢，是有相而無形，（原註：闢的勢用，非空無故，斯云有相，但此相非有質故，非有對故，復云無形。）是無所不在的，是向上的，（原註：清淨而無滯礙，說為向上。）是伸張的，是猛進的。」（〈轉變〉，《新唯識論》，頁三二一。）

❺❺ 以上參見〈轉變〉，《新唯識論》，頁三一五～三三一。

❺❻ 引見前書，頁三一六。

❺❼ 引見《明心篇》，臺北：臺灣學生書局，一九七六，二版，頁一五。

❺❽ 〈初印上中卷序言·附筆札〉中曾說：「本論明變而表以數，立二數或三數以示之，至道無餘蘊矣。二者，一翕一闢也。三者，恆轉（本體之別名）是一，其現為翕則二也，復現為闢則三也。……本論初出，世或以黑格爾辯證法相擬，實則本論原本《大易》，其發抒《易》、《老》「一生二、二生三」之旨，若與辯證法有似者。但吾書根本意思，要在於變易而見真常，於反動而識沖和，於流行而悟主宰，其於黑格爾氏，自有天壤懸隔處。」（引見《新唯識論》，頁二四四。）由此可見，熊十力的「翕

　　由於熊十力所了解的本體，是一內含著「相反相成」，而且「具有生命物質種種複雜性」的存在體，因此這一本體所顯現出來的「用」，即是生滅變化。他在《新唯識論（語體文本）・初印上中卷序言・附筆札》中即說：「本書談生滅，是就一翕一闢之勢用新新不住而言。換句話說，即顯大用流行，無有些子滯積而已。」❺他常把生滅變化視為本體的「功能」或「大用」，其實即是「翕」和「闢」所相互組成的、具有開展宇宙萬物的功能。而這功能，在熊十力看來，是和本體構成了不可分割的整體。所以他說：

　　……本體舉體成用（原註：舉體二字吃緊。）譬如水，舉其全體，悉成為一切冰塊，故水非離一切冰塊而獨在。本體之現為功用，是舉其全體悉成為一切功用。這種用是流行無礙的，是能運用翕而為翕之主宰的。（原註：闢名為心。翕名為物。今如吾心為吾身之主，而交乎一切物，能裁斷不夾焉，即此而知闢是主宰。）此闢所以為殊特。❻

　　既然生滅變化是本體的「大用流行」，是本體的自然顯現，並不是本體受到來自於本體之外的「惡」所污染，而後流變出來的東西，因此，生滅變化的本質也和本體一樣，乃是至真、至善、至美，而值得讚嘆和珍視的。基於這樣的理由，熊十力批評佛教把生滅變化（世間）視為「惡」，而必須超越（出世間）的信仰。他認為，不管是空宗或是有宗，都錯誤地把本體視為寂靜而無生滅變化的存在實體。他

　　闢成變」的思想，受到《易經》、《老子》中之「變化」概念的啟發。
❺　引見《新唯識論》，頁二四五。
❻　〈轉變〉，《新唯識論》，頁三二一～三二二。

說：「印度佛家各宗派，都是以寂靜言性體（即本體）。換句話說，性體就是寂靜的了。本來，性體不能不說是寂靜的。然至寂即是神化，化而不造，故說為寂，豈捨神化而別有寂耶？」❻ 他下結論說：「印度佛家，畢竟是出世的人生觀。所以，於性體無生而生之真機，不曾領會，乃但見為空寂而已。」❻

綜上所述，由於熊十力的本體論是絕對一元的本體論，因此對於唯識學所建立的真如、阿賴耶識、種子和現行的理論，視為觸犯了他所謂的「二重本體」、「本體與現象對立」，乃至「本體雜多」的過失。其次，他還把真如視為空、有二宗所共同追尋的本體（性體），以為空、有二宗的教理，都是為了「（破相）顯性」。但是，另一方面，熊十力卻又認為，不管是空宗或是有宗，對於本體的理解，都是偏於空寂而無生滅變化的一面，違背了他那「體、用合一」、「真性流行」的哲學。因此，他的結論是：「本書（指《新唯識論》）的意義，畢竟有和舊學（指有宗等佛教）天壤懸隔的地方」❻。

(二)印順導師對《新唯識論》的批評

時刻以傳統儒家信徒自居的熊十力❻，被某些學者譏為「雖身處

---

❻ 〈功能〉，《新唯識論》，頁三七八～三七九。

❻ 引見前書，頁三八二。

❻ 〈轉變〉，《新唯識論》，頁三○六。

❻ 習傳裕等人曾去探望熊十力，看見他的牆上貼著三張字條，當做牌位供奉著。中間的字條寫著「孔子」，左、右兩邊的字條，則各寫著「王陽明」和「王船山」。（詳見郭齊勇，《熊十力與中國傳統文化》，頁四六。）可見熊十力不但把儒家視為修身的學問，還把儒家視為一種宗教。（也

於『五四』之後，然心卻仍在辛亥之時」，而其哲學則被視為「上升時期的中國資產階級的思想意識的昇華物」❻。甚至，也有一些學者認為，熊十力的哲學，在中國社會及思想界的影響極小，終究會被時代的思想洪流所澈底掩蓋❻。但是，儘管是這樣，熊十力的著作仍然引起當代思想、宗教(佛教)界的注意❻。特別是他一生的代表作——《新唯識論》出版之後，立刻引起了正反兩面的熱烈回響；印順導師的書評——〈評熊十力的新唯識論〉(一九四八)，即是其中有力的一篇❻。

許受了當時有人把儒家視為「儒教」的影響吧?)

❻　引見郭齊勇，《熊十力與中國傳統文化》，頁八六。

❻　參見李澤厚，《中國現代思想史論》，臺北：風雲時代出版公司，一九九〇，頁三五一。

❻　詳見郭齊勇，《熊十力與中國傳統文化》，第九章。

❻　佛教界對《新唯識論》的批評，來自三方面：一是熊十力曾經求學過的支那內學院(代表「南(方)歐(陽竟無)派」)，代表作是劉衡如(定權)的〈破新唯識論〉(一九三二)；這是站在護法系唯識學的觀點，來評《新唯識論》。二是北京「三時學會」(代表「北(方)韓(清淨)派」)，代表作是周叔迦的〈新唯識三論判〉(一九三三)，既批評《新唯識論》，也批評劉衡如。三是以太虛大師為主導的出家僧人，代表作有太虛大師的〈略評新唯識論〉(一九三三)、〈再評新唯識論〉，以及印順導師的〈評熊十力的新唯識論〉(一九四八)。對於這些來自佛教界的批評，熊十力的主要反駁是兩篇文章：一是針對支那內學院劉衡如之〈破新唯識論〉而作的〈破「破新唯識論」〉(一九三三)；另一則是針對印順導師之〈評熊十力的新唯識論〉而作的〈申述新論旨要平章儒佛攉惑顯宗記〉(一九四八)。後者以黃艮庸為名發表，但相傳是熊十力口授，而由黃氏筆錄。(以上參見郭齊勇，《熊十力與中國傳統文化》，頁一九五～一九六，二三六～二四九。又見林安梧編，《現代儒佛之爭‧卷前語》，臺北：明文書局，一九九〇。)

在這篇文章當中,印順導師無疑地,是採取「人間佛教」的一貫立場,來批評熊十力的觀點。「人間佛教」是印順導師最重要的主張,筆者已有論文專門處理 ❻❾;因此,本文不打算再做介紹。但是,「人間佛教」背後所預設的「判教」思想,卻必須簡略地說明;這樣才有助於我們了解他的觀點。

印順導師的「判教」思想,建立於印度佛教在時間流變上的轉化。他認為,越是晚期的印度佛教,越有可能吸收印度婆羅門教的「外道」思想。因此,凡是主張「如來藏」、「佛性」、「常、樂、我、淨」等思想的經論。大都受到了這一「外道」思想的影響,以致和原來的純正佛法有所出入。基於這樣的「判教」思想,他自己這樣自我解剖:「我不說愈古愈真,更不同情於愈後、愈圓滿、愈究竟的見解。」❼❿ 也是基於同樣的理由,他並不認為中國的佛教,來得比印度佛教偉大或純正;相反地,對於中國佛教的各宗各派,不管是重視義理研究的天台、華嚴,或是注重修行的禪、淨二宗,他大體都是採取貶抑的看法 ❼❶。所以他說:「尊重中國佛教,而更(著)重印度佛教。」❼❷ 而在印度佛教當中,除了最早的「原始佛教」或「根本佛教」之外,他最讚美的,

---

❻❾ 參見楊惠南,〈佛在人間──印順導師之「人間佛教」的分析〉,《佛教的思想與文化》,臺北:法光出版社,一九九一。

❼❿ 引見印順導師,《遊心法海六十年》,頁五三。

❼❶ 印順導師在《契理契機之人間佛教》,頁四四～四五,曾這樣地批評天台、華嚴、禪、淨等四宗中國佛教:「依印度佛教思想史來看,是屬於『後期大乘』的。」而其「理論的特色是至圓」的,「(修行)方法的特色是至簡」的,「修證的特色是至頓」的,而且又是「急求成就」的;因此他進一步依據他的老師──太虛大師,把這些中國佛教的宗派,判定為「說大乘教,修小乘行」,以至於不是真正的大乘佛教。

❼❷ 引見《遊心法海六十年》,頁五三。

自然是早期的大乘佛教——中觀佛教，亦即熊十力所說的「空宗」。他在《中觀今論‧自序》中，開宗明義即說：「在師友中，我是被看作研究《三論》或空宗的。我曾在〈為性空者辯〉中說到：我不能屬於空宗的任何學派，但對於空宗的根本大義，確有廣泛的同情！」❼❸由此可見印順導師在「判教」上的看法：以空宗和原始佛教中的「人間佛教」，做為評斷佛教是非、對錯、純正與否的標準。而他評判熊十力的《新唯識論》，自然也是以這一觀點來進行。

　　儘管熊十力的《新唯識論》中，甚少提到天台和華嚴二宗的思想❼❹，但是包括印順導師在內的許多學者，都曾經指出《新唯識論》援引了許多天台、華嚴的思想在內❼❺。印順導師甚至認為，《新唯識

❼❸　引見印順導師，《妙雲集（中編②）‧中觀今論‧自序》，頁一。

❼❹　《新唯識論》除了「水、漚一體」的譬喻，來自於華嚴宗的思想之外，甚至也很少採用天台、華嚴二宗所慣用的術語。只有在〈附錄：答問難〉的部分，說到「佛家自小迄大，只分空有兩輪。」因此，「雖中土自創之宗如天台、華嚴等，其淵源所自，能外於大有大空乎？」也就是說，熊十力認為，天台、華嚴等中國所創立的佛教宗派，都可劃歸為印度空、有二宗之中。他並據而辯解為什麼《新唯識論》中只討論印度空、有二宗，而不討論中國之天台、華嚴等宗的原因。（詳見《新唯識論》，頁六五三。）

❼❺　例如，太虛大師，〈略評新唯識論〉，即說：「頃熊君之論出，本禪宗而尚宋明儒學，斟酌性、台、賢、密、孔、孟、老、莊，而隱摭及數論、進化論、劫化論之義，殆成一新賢首學……。」（引見林安梧編，《現代儒佛之爭》，頁一八九。）無疑地，太虛大師以為熊十力所建立的理論，是一「新賢首學」。其次，郭齊勇，《熊十力與中國傳統文化》，頁七七，即指出：熊十力「喜玩老莊、玄學、公羊春秋和天台、華嚴、禪宗」。另外，一九八五年十二月，熊十力故鄉——湖北黃州，召開了國際性的「紀念熊十力先生誕生一百周年學術討論會」，與會學者石峻即認為：熊十力有「泛唯識思想，傾向華嚴一派」。熊十力「把禪宗的『見性』，

論》之所以談天台、華嚴，「不是掠美，便是藏拙」！意思是，《新唯
識論》「有所取於（天）台、賢（首）」，卻又「掠美」、「藏拙」，而不
肯老實承認❼。既然，熊十力的思想，來自於中國的天台、華嚴、禪
宗的教義，而這些中國宗派，前文已經論及，在印順導師的「判教」
裏，是屬於「後期大乘佛教」的思想，乃是受到婆羅門教之「外道」
思想所污染而失去純正性的佛法，因此，印順導師必然會站在原始佛
教和初期大乘佛教──中觀學派（空宗）的「人間佛教」立場，來批
判熊十力的作品。

　　依照印順導師的看法，中觀學派（空宗）所宣揚的「一切皆空」
的思想，一方面並不是「破毀法相」，二方面也不是主張有一「本體」
（性體）的真實性。相反地，熊十力的《新唯識論》卻認為空宗的原

華嚴的『明心』在心性問題上相互配合，相互發明，從而對道德修養境
界作了本體論的證明。」（引見前書，頁二二〇。）其次，陳榮捷（廖世
德譯），《現代中國的宗教趨勢》，頁一七〇，也指出：熊十力對現代中
國思想有兩點貢獻，其中第二點是：加強了天台、華嚴二宗的「折衷融
合的精神」。而林安梧，〈當代儒佛論爭的幾個核心問題──以熊十力與
印順為核心的展開〉，也指出：《新唯識論》「較為接近《大乘起信論》
的立場，走的是真常心的路子。」由此可見，熊十力的《新唯識論》中，
儘管很少提到天台、華嚴的思想，但仍然受到這兩個中國自創宗派的深
重影響。
❼ 印順導師說：「我讀《新（唯識）論》，覺得他於般若及唯識，有所取，
有所破；在修持上，還相對的同情禪宗……有人問到台、賢，他以為「至
其支流，可置勿論」。而且，『天台、華嚴等，其淵源所自，能外乎於大
空大有乎』？這似乎說：台、賢不出於大空大有，所以無須再說。然而，
《新論》是不會誤認台、賢為同於大空大有的，《新論》是有所取於台、
賢的，輕輕的避開去，不是掠美，便是藏拙！」（引見《妙雲集（下編⑦）‧
無諍之辯‧評熊十力的新唯識論》，頁一六。）

意，是「破（法）相（而後）顯（體）性」❼。因此，印順導師對於熊十力這種空宗乃「破相顯性」的說法，展開了嚴厲的批判。

首先是印順導師對於空宗乃「破相」這一說法的反駁：他認為，《新唯識論》把空宗看做是「破相」，以為空宗是要「遮撥一切法」、「蕩除一切法相」，乃至「遮撥現象」的，這是對於空宗的誤解。他說：「這（「破相」等）那裏是空宗面目！這是破壞因果的惡取空者！」他認為空宗的「精義」，應該是：「不壞假名（不破現象）而說實相」。他還引據龍樹《中論》中的一句話——「以有空義故，一切法得成」，來證明空宗「不但不破一切法，反而是成立一切法」，並說：「這是空宗獨到的深義」❽。

事實上，《新唯識論》把空宗視為「破相」，並不是熊十力的獨特看法。早在古印度，《解深密經》即批評《般若經》是「誹撥三相」❾；而在中國，包括天台宗的智顗、華嚴宗的法藏，都認為空宗是「偏真」、

---

❼　《新唯識論》主張空宗的原意是「破相顯性」，這點已在前文略有論及。目前還可以從下面這段讚美空宗的引文，得到進一步的證明：「總之，空宗密意唯在顯示一切法的本性。所以空宗要遮撥一切法相，或宇宙萬象，方乃豁然澈悟，即於一一法相，而見其莫非真如。空宗這種破相顯性的說法，我是甚為贊同。古今談本體者，只有空宗能極力遠離戲論。」見〈功能〉，《新唯識論》，頁三七七～三七八。

❽　詳見《妙雲集（下編⑦）・無諍之辯・評熊十力的新唯識論》，頁二二～二三。

❾　《解深密經》（二），把一切法相區分為遍計所執、依他起、圓成實等三相，以為這三相是實有的。並據而提出有名的三時教判：第一時說《阿含經》之「有」，第二時說《般若經》之「空」，第三時說唯識之「中道」。其中，第二時所說之「空」，即是「誹撥三相」（誹撥是誹謗而否定的意思），因此是不了義教，甚至會因而「退失廣大無量善法」。（詳見《大正藏》（一六），頁六九三上～六九七下。）

「偏空」，因而是不了義、不究竟的教理❽。而「破相」一詞，最早
可能出現在隋·淨影慧遠的《大乘義章》卷一當中❾，後來廣為歷代
各宗高僧所沿用。例如，介於禪宗和華嚴宗之間的高僧——唐宗密，
在其《原人論》中就立有五教，其中第四教名為「大乘破相教」，它
的特色則是：「破前大小乘法相之執，密顯後真性空寂之理」。並且明
指它的代表經典是「諸部《般若》」❽。由此可見熊十力之所以把空
宗視為「破相」，並不是沒有根據的。這一根據即是古來中、印經論、
高僧對於《般若經》的刻板印象，以為那是破壞一切法相而偏空的不
了義經。這更說明了熊十力確實如印順導師所說的：「《新論》是有所
取於台、賢的」。基於不滿天台、華嚴等中國佛教的理由，印順導師
自然試圖從純正中觀學派（空宗）的立場，來為《般若經》的「空」
理做辯護，以為「空」理並不是像熊十力（其實是《解深密經》、天
台、華嚴等經論和高僧們）所說的那樣，乃是「破相」、「遮撥一切法」、
「遮撥現象」的不了義教。

　　《新唯識論》對空宗的第二個了解是：「顯性」。這是和「破相」
連結在一起的；也就是說，「破相」之後（或同時），就是「顯性」。
其實，這也是來自於古代高僧們對於空宗的理解。有關這點，可以從
圭峰宗密對於「破相宗」一詞的說明，得到證明。（詳前文。）而印順

---

❽　這可以從天台、華嚴的判教看出來。天台宗把空宗判為「通教」，僅高
　　於小乘的三藏教，是介於大、小二乘之間的初淺之教。而華嚴宗更露骨
　　地把空宗視為兩種「（大乘）始教」之一，稱為「空始教」（另一是唯識
　　的「相始教」）。既稱為「（大乘）始教」，就表示它只不過是大乘的初門
　　罷了。

❾　參見《大正藏》（四四），頁四八三上～四八七中。

❽　參見前書，卷四五，頁七〇九下～七一〇上。

導師，同樣是基於純正空宗的立場，提出他的反駁；他說：

> 《新論》以空宗為「破相顯性」，即「遮撥現象以顯實體」。說
> 「般若無量言說，只是發明生滅如幻本空」；「豈可誤會實體亦
> 空」！「空宗的密意，本在顯性」。然而，「不可誤會」，即是《新
> 論》的誤會處；「密意」，即是《新論》的曲解處！試問《新論》：
> 《般若經》何處說實性不空？ ❽❸

引文中，印順導師明白地說到：空宗並沒有說「實性不空」，因
此並不如熊十力所說的那樣：空宗原意是在「顯性」。他甚至認為，
「顯性」不但不是空宗的原意，相反地，那是空宗的敵對者——有宗
所主張的。他說：「然而我敢說：『破相顯性』，不是空宗的空，決非
《般若經》與龍樹的空義；反而是空宗的敵者——有宗。」 ❽❹ 又說：
「《新論》以空宗為破相顯性，不知這是空宗的敵者」 ❽❺。他並把空
宗的「敵（對）者」——有宗，分成兩類：⑴「虛妄（為本的）唯識
論，如無著、世親學」；⑵「真常（為本的）唯心論，如《勝鬘》、《涅
槃》、《楞伽經》等」。前者雖然以為「遍計所執」是空，但「依他起」
和「圓成實」都是不空。如能在「依他起」上去掉「遍計執」，那即
是「顯（圓成實）性」。後者以為「真常淨心——淨性為不空的，有
無量稱性功德」。而不管是第⑴種意義或第⑵種意義的有宗，都從各
自的「顯性」理論，來批判《般若經》是不了義的「破相宗」。了義
的教理應該和「虛妄唯識論」或「真常唯心論」一樣，把不空的「圓

---

❽❸　引見《妙雲集（下編⑦）・無諍之辯・評熊十力的新唯識論》，頁二三。

❽❹　引見前書，頁二二。

❽❺　引見前書，頁二四。

成實」或「真常淨心」（淨性）顯現出來。印順導師認為，熊十力所說的「破相顯性」，其實並不是空宗的教義；相反地，卻是空宗的「敵者」——這兩類有宗（特別是「真常唯心論」者）的主張 **❻**。

印順導師不但站在純正空宗的立場，來駁斥熊十力以「破相顯性」來描述空宗，而且，還用了許多篇幅，證明純正的佛法不談「本體」，認為「本體」的主張，乃是「情見戲論的產物——神的變形」**❼**。並批評熊十力誤把佛法中的「真如」，視為即是「本體」**❽**。他站在空宗所說「未曾有一法不從因緣生」（《中論》語）的立場，認為「離開相依相待的緣起觀，是不能淨息眾生的愛見戲論而現覺的」。因此，像《新唯識論》那樣，離開「緣起觀」而談「一翕一闢」而成變的「本體」，仍然「不出無明坑，不外乎神的別名」**❾**。他甚至以為，「本體」的探尋，只能滿足求知的願欲，不能解決人生解脫的問題，因此並不是釋迦所熱衷於回答的問題。他說：「《新論》『體用說』的根本假定，根源於滿足求知的願欲，為了給宇宙以說明。然而，釋迦說法，不是為了如何說明宇宙，如何滿足求知者的願欲。相反的，遇到這樣的玄學者，照例是默然不答……讓他反躬自省去！」**❿**

儘管有些學者批評印順導師的這一說法有「反知」的傾向，相反地，熊十力一心探求本體的努力，反而是「主智」的**⓫**。但是，印順

---

❻ 詳見前書，頁二五～二六。

❼ 詳見前書，頁五。

❽ 詳見前書，頁三四。

❾ 詳見前書，頁三五～三六。

❿ 引見前書，頁二～三。

⓫ 參見林安梧，〈當代儒佛論爭的幾個核心問題——以熊十力與印順為核心的展開〉。

導師堅持不追求渺不可知的本體，這一態度，的確標舉出佛法和世間
學問的不相同處，而且是上承了原始佛法不回答形上學問題的基本
精神❷。事實上，即使是熊十力的好朋友──曾經研讀佛法後又迴入
儒門的梁漱溟，也曾這樣地批評熊十力的作品：「始終站在佛法的外
面，來玩弄那些理論而已」，僅僅「以思想理論為事」，相反地，卻「疏
怠乎實踐」、「不實際解決問題」，以致「其於佛法這真實的學問之全
不相干」❸。可見，印順導師批評熊十力的作品只能滿足求知的願欲，
並不是像某些學者所說的，僅是一味「反知」的一己偏見。

　　以上所說，偏重於印順導師對於熊十力之「本體」論的批評。事
實上，印順導師的批評是多方面的❹，但是由於篇幅的關係，本文剩
下的篇幅，只打算用來分析印順導師對於《新唯識論》之「生滅變化」
（翕闢成變）一語的批判。

　　依照《新唯識論》的說法，佛教之所以走向偏空、出世的道路，
原因在其所證入的「本體」（性體）是寂靜而無生滅變化（無「大用
流行」）。有關這點，已在前文屢有論及。《新唯識論》的這一說法，
印順導師做了完全不同的辯解。他認為，佛法是「不壞假名而說實相」
的，是「即俗而真」的，怎麼可以說佛法不重視世俗或假名呢❺？他

---

❷　《中阿含經》（六○），第二二一經（一般稱為《箭喻經》），鬘童子曾向
　　釋迦問了十個形上學的問題，結果釋迦以毒箭為喻，說明他只宣說四聖
　　諦的道理，而不回答形上學的問題。（參見《大正藏》（一），頁八○四
　　上～八○五下。）

❸　詳見梁漱溟，〈憶熊十力先生〉，《憶熊十力先生──附勉仁齋讀書錄》，
　　臺北：明文書局，一九八九，頁四○～四四。

❹　印順導師在〈評新唯識論自序〉一文當中，曾自述他對熊十力的批評，
　　主要是集中在「儒佛、空有、心物、體用」之上。（參見《妙雲集（下
　　編⑩）・華雨香雲》，頁二七五。）

還引據經論，證明佛法也談「空空寂寂的即是生化」，並據而反駁《新唯識論》對於佛教的批評——佛教是「離用言體」，是偏於空寂而不涉生化。他說：

> 經（應是《維摩詰經》）中說：「依無住本，立一切法」；「不動真際建立諸法」。論（應是《中論》）中說：「以有空義故，一切法得成」。誰說佛家只能說生生化化即是空寂，而不能說空空寂寂的即是生化？《般若經》的「色即是空，空即是色」；《中論》的「即空即假即中」；《迴諍論》的「我說空、緣起、中道為一義」；《智論》的「生滅與不生滅，其實無異」：誰又能說佛法是離用言體？ ❻

佛教既然並不是像《新唯識論》所說的那樣，「離用言體」或「偏於空寂」、「不涉生化」，那麼，佛教是不是像《新唯識論》所說的那樣，乃是一個「出世」的宗教呢？對於這個問題，印順導師先是批評儒家乃代表「庸眾的人生觀，缺乏出世思想」❼。而其所強調的「生生不已」的哲理，只是「愛」見——「顧戀過去，耽著現在，希樂未來」，因此「本是庸常的心境，平常不過」❽。然後，印順導師接著說明，真正的「出世」並不排斥「入世」，相反地，卻「更是入世」。他說：

> 依《阿含》來談談佛法：在如實的自證中，世間與出世，都是

---

❾ 詳見《妙雲集（下編⑦）・無諍之辯・評熊十力的新唯識論》，頁三五。
❻ 引見前書，頁三七。
❼ 詳見前書，頁九。
❽ 詳見前書，頁一三。

閒話。在一般心境，安於現實的世間，不滿現實的世間，都是情見。愛著世間是「有愛」，厭毀世間是「無有愛」。佛家從出世的情見——涅槃見中，開發出「空相應緣起」的智見。真能有所契合，應該不但是出世，而更是入世——不是戀世的。❾❾

印順導師不但認為出世不礙入世（世間），而且糾正了一般人對「出世」即是「出家」或「到天國」、「乘桴浮於海」的誤解❿❿。相反地，他認為真正的「出世」，極富辯證的性格：彷彿消極，卻內含著「肯定的建設性」。他借用《新唯識論》中「翕闢成變」之一（本體）、二（翕）、三（闢）的思維方式（詳前文），來說明「出世」的這種辯證性格：

> 如依《新論》一二三的方式來說：庸眾的愛樂人生觀，是一——正。生死的毀訾，否定我愛根源的生生不已，是二——反。出世，不但是否定、破壞，而更是革新、完成。行於世間而不染，既利己更利他，精進不已，是三——合。這即是出世的真義，真出世即是入世的。出世不僅是否定，而富於肯定的建設性。⓵⓵

----

❾❾ 引見前書，頁一〇～一一。

❿❿ 詳見前書，頁一一。

⓵⓵ 引見前書，頁一四。引文中採用了《新唯識論》中的一、二、三，來表達真正「出世」的辯證性格。依照《新唯識論》，一、二、三是用來說明由本體而生起萬象的過程。〈轉變〉說：「老子說：『一生二、二生三。』這種說法，就是申述《大易》每卦三爻的意義。本來，《大易》談變化的法則，實不外相反相成。……每卦列三爻，就是一生二，二生三的意思，這正表示相反相成。……因為有了一，便有二，這二就是與一相反的。同時，又有個三，此三卻是根據一，而與二相反的。因為有相反，

　　無疑地，印順導師的反駁，是站在純正佛教而發的；也就是說，是站在佛教的「應然」，而不是佛教的「實然」而發的。依照佛教的「應然」，佛教應該像印順導師所說的那樣。但是，現實中的佛教，卻不是如此；相反的存在著偏於出世的禪宗和淨土。這也是印順導師所注意到，而一再引以為憂的。有關這點，我們在本文的一開頭即已論及，因此不再贅言。

　　印順導師不但是站在守勢的立場來為佛教辯解，而且是進一步展開他對《新唯識論》的嚴厲批判。他的批判重點放在「翕闢成變」的本體說；他認為，這一本體說，並不能圓滿地解釋下面的問題：心如何馭物？惡如何而來？

　　原來，熊十力把「心」分為「本（來的）心」和「習（氣現起之）心」。本心又名「性智」，「是吾人與萬物所同具之本性」；而這個人與萬物所同具的「本性」，又叫「本體」。他說：「本性猶云本體。以其為人物所以生之理，故說為性。性者，生生義也。」因此，所謂「本心」其實就是「本體」的別號。而「習心」呢？習心又名「量智」❿❷，它是「依根取境」，亦即依靠眼、耳、鼻、舌、身等五根，而認識（取）外在境界而後獲得的知識。它雖然「依本心的力用故有」，但是「畢竟自成為一種東西」。這是因為它在「依根取境」的時候，「易乖其本」、「迷逐於物」，而「失其本然」的緣故❿❸。有關這些，我們已於前文

────────────

　　才得完成其發展，否則只是單純的事情，那便無變動和發展可說了。」
　　（引見《新唯識論》，頁三一六。）

❿❷　「量智」乃相對於「性智」而言。「量」，是佛教因明學中的術語；即現量、比量、聖言量等三量。乃我人獲得外在知識的三種方式。現量是感官知覺，比量是推理，聖言量是聽聞有知識者所說的話。

❿❸　詳見〈明心〉，《新唯識論》，頁五四八～五四九。

略有所論；因此簡單重述如上。

　　依此看來，《新唯識論》中所說的「心」，並不是單純的概念；相反地，卻是含有惡的成分在內。「本心」固然是性本善的，但「習心」卻是惡的。這一習心中所含具的惡，雖然是後天習得的，但畢竟無法否認它存在的事實。（而且一切都來自於絕對唯一的本體，哪裏有真實的「後天」？）因此，一個必須面對的問題是：對於一個主張本體絕對唯一而又至善的熊十力來說，如何解釋習心之惡的來源？熊十力曾用「依根取境」，以致「失其本然」來說明惡的來源，這已在前文論及。事實上，他又採用《易經》「坎卦」和「離卦」的道理，來說明生命（心靈之別名）「畢竟不捨自性」、「畢竟能轉物而不至物化」，乃至「本心」必能勝過「習心」❿❹。

　　對於這樣的解釋，印順導師顯然仍然無法滿意；他首先再一次肯定地指出：「《新論》的心，即神的別名」、「《新論》傾向於神化的唯心論」、「《新論》是從重心輕物，到達唯心非物的本體論」，那是一種「宗教及神學式的玄學的老調」，「實在庸俗得可以」❿❺！然後，印順

────────────

❿❹　熊十力說：「坎卦一陽在中，為險象，以其受陰之錮蔽故也。離卦一陰在中，而陽則破陰暗以出。故為明象。」（〈成物〉，《新唯識論》，頁五二〇。）又說：「離之為卦，陽則破除陰闇險陷以出。闢以運翕也，陰履中道，而不為陽之障。翕不礙闢也，由坎而離，則知天化終不爽其貞常。而險陷乃生命之所必經，益以見生命固具剛健、升進等等盛德。畢竟能轉物而不至物化，畢竟不捨自性，此所以成其貞常也。」（引見前書，頁五二八。）

❿❺　詳見《妙雲集（下編⑦）‧無諍之辯‧評熊十力的新唯識論》，頁四〇～四二。值得注意的是，熊十力一再地否認自己所說的「心」或「本體」，是宗教意義的「神」。他說：「實則本體不可視同宗教家所擬為具有人格的神……。」又說：「……他不是超脫於萬殊的功用或一切行之上而為創

導師進一步指出：這種「神化的唯心論」，所必須面對的問題是：違反「心」之本性的「物」怎麼來的？還有，由物慾而引生的「惡」是怎麼來的？他說：

> 真常唯心論者，在從心而物，從善而惡的解說中，包含有同一性質的難題。如論到心與物，《新論》以「本心即是實體」，強調心的自在，不失自性。但在現實世界中，極難同意。此難是極為徹底的。這等於責難上帝：上帝是全能的，一切是上帝造的，為什麼世界一塌糊……《新論》在這裏，以坎、離來解說。坎陷與出離的現象，確乎是有的。然在坎陷的階段，決不能忽略被陷者本身的缺陷，或外來力量強大而自身過於渺小。假使說心為物陷，這必是心的微弱渺小，心的本身不夠健全，不能幻想此心為盡善的、自由的、能主宰的！在坎陷的階段——如奴隸社會中的奴隸，充滿缺陷、不自由，不能抹煞事實而說他還是盡善的、自由主宰的！唯心論者，並不能答覆此鐵的事實。❿

造者……。」（〈轉變〉，《新唯識論》，頁三一四。）而在前文也已論及，熊十力曾批評唯識學的「阿賴耶識」具有「神」的特性。儘管如此，印順導師還是從比較廣義的「神」，指稱熊十力的「心」或「本體」，其實就是某種意義的「神」。他說：「《新論》只是神學式的，從超越時空數量的『神化』、說體、說用、說變、說心。用『至神至怪』、『玄之又玄』等動人的詞句去摹擬他，使人於『恍恍惚惚』中迷頭認影。」又說：「……依佛法來看，作為萬化根源而能給宇宙以說明的本體，不管是向內的、向外的，一切都是情見戲論的產物——神之變形。」（以上引見《妙雲集（下編⑦）·無諍之辯·評熊十力的新唯識論》，頁四～五。）

❿ 引見《妙雲集（下編⑦）·無諍之辯·評熊十力的新唯識論》，頁四三～四四。

　　無疑的，印順導師所指出的這一難題，乃是所有主張至善至美之唯心論者所共同面臨的難題。也因為這樣，所以引文的一開頭，即指出「真常唯心論」一詞。在印順導師的用語裏，這一詞往往是指印度後期的大乘佛教——如來藏系的佛教。依照印順導師看來，《新唯識論》和真常唯心論者都一樣，必須面對物慾和惡的無所來源的困難。印順導師提倡原始佛教和初期大乘空宗，而其內容則是「人間佛教」；這已於前文論及。無疑地，他即是以這一立場，來批評《新唯識論》中「神化的唯心論」。

　　其次，《新唯識論》曾把惡的源頭，歸諸物質和根身（詳前文）。對於這點，印順導師除了駁之以理之外，還以現實世界的混亂做為反例，而否定了這種說法的可靠性。他說：

> 《新論》的善惡說：是「吾人本性無染，只徇形骸之私，便成乎惡」。「惑非自性固有，乃緣形物而生」。……這樣的將一切罪惡根源，推向物質、根身，歸咎於根的逐物，反顯心體的本淨性。這等於國政荒亂，而歸咎於人民，歸咎於官吏，而聖王無罪。論理，心為本體的流行，形物不過似相，心體總是主宰而自由的。就以人類來說，也應該善多而惡少，「性智」顯現者多而妄執者少。然而，除了「滿街都是聖人」的幻覺而外，有眼有耳者是誰也不會贊同的。真心論者與神我論者，真是一丘之貉！ ❿

　　事實上，並不是只有印順導師提出這樣的批評；陳榮捷在其《現代中國的宗教趨勢》一書當中，也曾引據燃犀〈熊十力著《新唯識論》

---

❿　引見前書，頁四五。

批評〉（刊於《海潮音》卷一四號二）中的說法，而指出：熊十力主張「一方面心是自由的，一方面卻又被習性束縛，這可是要另外費一番口舌的。」因為，「構築外在世界的心是由習性的傾向組成」、「是一種習性」，這和「熊（十力）的『心是自由』的基本觀念相違背」⑩。由此可見，熊十力的「本體論」確實存在著某些理論上的困難。這些困難，依照印順導師看來，是所有主張「唯（真）心論」者，所共同面臨的問題。這在以「人間佛教」為立場的印順導師來說，是必須加以強力批判的。

五　結　語

　　佛教自從東漢末年傳入中國以後，就不斷地受到來自儒家為主之中國文化的批判。早期的批判者，主要是站在我族中心主義的種族偏見，或風俗習慣的差異之上。偶而也有站在國家稅賦、兵役的觀點，來批評佛教的。但少有以哲理來說服佛教徒的。宋、明以後，隨著新儒學的興起，儒家的學者吸取了佛教（主要是禪宗）的教理，發展出一套屬於自己的哲理，才對佛教展開較具哲理性的批評。然而，不管是早期的舊儒學或宋、明的新儒學，無疑地，都是站在印順導師所謂「非宗教」，甚至「反宗教」的立場，來批判佛教。活躍於清末、民

---

⑩　詳見陳榮捷（廖世德譯），《現代中國的宗教趨勢》，頁一六九。值得注意的是：陳先生所引據的燃犀大作，原題應是〈書熊十力著所謂新唯識論後〉。（參見郭齊勇，《熊十力與中國傳統文化》，頁二三七。）這一出入大概是譯者所造成的吧？

初的熊十力，自然也不能例外於這一新、舊儒學的傳統。依照印順導師看來，儒家的這一「非宗教」甚至「反宗教」的傳統，是不足取的，是促使中國走向「功利」、「拘泥」、「怯弱」、「妄自尊大」，乃至「神州陸沉」的結局。（詳前文。）

　　然而，儒家對於佛教的批評，對於佛教而言，也並不是完全沒有意義。這特別是指宋、明新儒的哲理性的批評。這一哲理性的批評，促使明末的一些高僧們，例如憨山德清、紫柏真可、雲棲祩宏、蕅益智旭等人，開始省思佛、儒之間的異同問題，因而也相對地提出「（儒、釋、道）三教相（互）資（助）」甚或「（儒、釋、道）三教同源」的理論，來應付新儒家的學者❿。然而，明末高僧們的努力，並沒有辦法挽救逐漸走下坡的佛教。這主要是由於這些明末的高僧們，大都是站在「道理」之上，來談佛、儒之間的一致性，而沒有意識到（或意識了但卻沒有在意）佛教受到儒家的攻擊，乃是因為「實際」上，禪宗為主的佛教，已經發展出走入山林的「出世」宗教；而這正是儒家所極力批判的現象。而且，即使是在教理上來談「三教同源」，也往

---

❿　採取「三教相資論」的明末高僧，以雲棲祩宏（蓮池大師）為代表。他以為「覈實而論，則儒與佛不相病而相資」。（引見祩宏，《蓮池大師全集（二）・雲棲法彙・竹窗二筆》，頁二五。）他認為真正的儒者——「超脫儒」，應該是：「不惟不闢（佛），而且深信（佛）；不惟深信，而且力行。」（同前引）另外，採取「三教同源」的明末高僧，則以憨山德清為代表。他曾註《老子》與《莊子》，認為三教的差異只是「迹」，其「心」本無不同。他說：「不獨三教本來一理，無有一事一法不從此（如來藏）心之所建立。」又說：「不獨三聖本來一體，無有一人一物不是毘盧遮那海印三昧威神所現。」（引見德清，《觀老莊影響論》，頁一一～一二。）無疑地，憨山德清的「同源論」，是建立在「如來藏」的思想之上；特別是建立在他對《華嚴經》「海印三昧」的信仰之上。

往是以印度後期大乘佛教──「真常唯心論」（如來藏系）的教義，做為「同源」的基礎。因為，也只有在這一基礎之上，才能得到「佛、儒同源」的結論❿。而「真常唯心論」的思想，明末高僧們固然可以拿來做為「同源」的理論基礎；儒家的學者們，又何嘗不能善用同樣的思想，做為揚儒、抑佛的理論基礎呢？熊十力的《新唯識論》，建立在「真常唯心論」上，即為一例。因此，不管是理論上或實際上，試圖調和佛、儒的這些明末高僧，並沒有成功；相反地，反而促使佛教更加迅速地走上衰微之路。以致到了清末、民初，佛教呈現在中國人的眼裏，只是一個「經懺應赴」的「香火道場」，「寺廟中的出家人，沒有講經說法的，有的是為別人誦經、禮懺；生活與俗人沒有太多差別」，而「在家信佛的，只是求平安，求死後的幸福」⓫。印順導師即是在這樣的大環境下接觸佛法而後出家的，對於佛法的衰敗，自然來得比別人更加感觸深沉⓬。

　　在這一感觸深沉之下，印順導師採取了另一種面對佛、儒問題的態度，而和明末高僧所倡言的「三教同源」，有著大大不同之處。那即是：理論上，不再像明末高僧那樣，以「真常唯心論」做為調和佛、儒之間的差異；相反地，則以原始佛教和初期大乘佛教──空宗（中觀學派）為中心的「人間佛教」，做為論斷佛、儒之間的是非、優劣的標準。在這一標準之下，印順導師雖然融貫佛、儒，卻在最緊要處，不說「佛、儒同源」。儒家的最終目標是「治國、平天下」，是只把政

❿　參見前註。

⓫　引見印順導師，《遊心法海六十年》，頁五。又見印順導師，〈平凡的一生〉，《妙雲集（下編⑩）‧華雨香雲》，頁四。

⓬　詳見前註所引書。

治視為「大人之學」的。而佛教的最終目標，則是在「普度眾生」當中自求解脫，是「即入世而出世」的。因此，佛、儒之間，可謂「迹」同而「本」（心）異；不像明末高僧（例如憨山德清）那樣，本末倒置地以為佛、儒之間是「迹」異而「本」（心）同。而且，即使是在「普度眾生」的「迹」上，也並不限於政治的「大人之學」，舉凡利益眾生的行為，都在佛教的勵之列。

　　因此，本文一開始所敘述的，雖然著重在印順導師對於佛、儒二家的融通之上，但是真正面目的印順導師，應該是一位極力反對混淆佛、儒（以及其他「外道」）的高僧。他在〈評新唯識論自序〉一文當中曾說：「我以為，儘可發揚儒家的微言大義，儘可發表個人獨到的思想，儘可說佛法不及我的見解好。在思想自由的環境裏，似乎不必附會，用不著竊取！」⑬無疑地，他認為熊十力的《新唯識論》有竊取佛法之嫌。他的這一輕視融合的治學態度，並不是只針對熊十力，而是全面的、一貫的。因此，他也批評「（宋、明）理學心傳的論法」，說他們是「莫須有法」、「陽拒陰取法」；也就是說，理學家們這種一方面取之於佛，二方面又批判於佛的治學態度，是他「老大不同情」的⑭。這和熊十力的治學態度──「《新論》之旨，本出入儒佛，而會其有極」⑮，顯然有著天淵之別。

　　最後，筆者必須再做聲明的是：熊十力的《新唯識論》，內容豐富；本文僅就「本體」之絕對唯一、唯心，以及「本體」內含相反相成之兩股勢力──「翕」（物）和「闢」（心），來說明。因此，相對

---

⑬　引見《妙雲集（下編⑩）・華雨香雲》，頁二五七～二五八。

⑭　詳見前書。

⑮　〈附錄：略談有宗唯識論大意〉，《新唯識論》，頁六二四。

地，在介紹印順導師的批評時，也僅依照這兩方面而加以展開，而不論及其他各點批評。無疑地，這是掛一漏萬，而有所偏頗的。但是限於篇幅，也只有這樣了！

（本文口頭宣讀於一九九一年四月由臺北佛教青年會所主辦的「印順導師思想研討會」。該研討會乃為慶祝印順導師八六華誕而舉行。）

◎ 淨土或問・導讀　陳劍鍠／著

　　《淨土或問》是元朝臨濟宗天如惟則禪師的著作，以問答的方式提出二十六對問答，一一剖析淨土法門的各種信仰問題，不但讓一般讀者，即使高才博學者亦能受益匪淺，是一本涵蓋思想理論及修持方法兩方面的淨土要典。作者以「闡述」的方式代替翻譯，僅將個人對原文的認知，直接入題敘議，希望讓出更多的思考空間給讀者，於咀嚼文意之際頓悟了脫生死之真諦。

◎ 覺與空──印度佛教的展開

竹村牧男／著　蔡伯郎／譯

　　「覺」與「空」，無疑是一切學佛的實踐者與研究者最關注的兩個課題，然而這兩個課題的內容並不容易說清楚。此書正是以這兩個課題為主軸，透過作者精闢扼要的論述，來討論從釋尊以來佛教的發展與流傳，可說是一部生動簡明的佛教史。

◎ 業的思想　佐佐木現順／著　周柔含／譯

　　業的觀念在佛教的世界裡，可以說是無所不包的：為善是造業，作惡也是造業；言語會造業，舉措也會造業。既然業的思想與人的生活如此緊密難分，人的一切作為似乎都離不了業力，那麼「業」、「業力」究竟是什麼呢？本書試圖以包圍的方式將業的思想輪廓描繪出來。藉由抽絲剝繭的過程，我們可以漸漸掌握業思想的主要內涵，明白業力在我們生活中所扮演的角色。

◎ 圓通證道──印光的淨土啟化　陳劍鍠／著

　　佛教自清朝雍正皇帝以降，因未能防止無賴之徒剃度為僧，故僧流猥雜，使得佛法面臨滅法的劫難。在這種逆流的環境下，印光大師續佛慧命，啟化佛教信徒要能慎思明辨、確立正信；並提倡他力往生的淨土思想，建立求生西方極樂的堅定信念，為人世間開闢了一片希望的淨土。

◎ 佛法與醫學　川田洋一／著　許洋主／譯

　　醫生通常可以告訴你生了什麼病，卻無法確切地告訴你為什麼會生病；「人為什麼會生病」這個問題，似乎牽涉到生命意識的深層結構。本書由世尊的覺悟內容做為起點，有系統地論述身體與宇宙韻律的關係，並詳盡介紹佛門的醫療方法，為您提供一條健康喜悅的生命之道。

◎ 頓悟之道——勝鬘經講記　謝大寧／著

　　如果眾生皆有無明住地的煩惱，是否有殊勝的法門可以對治呢？本書以「真常唯心」系最重要的經典——《勝鬘經》來顯發大乘教義，剖析人間社會的結構性煩惱，並具體指出眾生皆有如來藏心；而唯有護持這顆清淨心，才能真正斷滅人世煩惱，頓悟解脫。

◎ 唯識思想入門　橫山紘一／著　許洋主／譯

　　疏離的時代，人類失去了自己本來的主體性，並正被異化、量化為巨大組織中的一小部分，而如果罹患了疏離感的現代人不做出主動且積極的努力，則永遠不得痊癒。唯識思想的歷史是向人類內心世界探究的歷史，而它的目的就在於：使人類充滿污穢又異化的心，恢復清淨及正常的本質。

◎ 大乘佛教思想　上田義文／著　陳一標／譯

　　大乘佛法的義理精闊艱深，諸如「色即是空」及「生死即涅槃」等看似矛盾的命題，更是一般人所無法清楚地理解；而如果我們不先將這些基本概念釐清，則勢必求法無門。本書以清晰的思路帶領讀者思考大乘佛教的基本概念，並對佛學研究方法提出指引，使初學佛法者與研究者皆能從中獲益。